ÉCONOMIE SOCIALE.

BORNAGE CADASTRAL

BORNAGE. — CADASTRE. — IMPÔT.
CONSTITUTION PHYSIQUE, JURIDIQUE ET FISCALE
DE LA PROPRIÉTÉ RURALE,
SÉCURITÉ DE SA TRANSMISSION,
CONSERVATION DU CADASTRE

PAR

Eugène FREYSSINAUD,

Ancien Juge de Paix du canton nord de Limoges,
Ancien avocat, ancien avoué d'appel et de 1re instance à Limoges,
Ancien maire
Président honoraire de la section juridique de la Société nationale des Géomètres
de France, d'Algérie et de Tunisie.

« *L'adversité est notre mère, la*
« *prospérité n'est que notre*
« *marâtre* ». (Montesquieu).

BRAY-SUR-SEINE,
LOUIS COLAS, IMPRIMEUR
13, Rue du Pont

1899

BORNAGE CADASTRAL

ÉCONOMIE SOCIALE.

BORNAGE CADASTRAL

BORNAGE. — CADASTRE. — IMPOT.

CONSTITUTION PHYSIQUE, JURIDIQUE ET FISCALE

DE LA PROPRIÉTÉ RURALE,

SÉCURITÉ DE SA TRANSMISSION,

CONSERVATION DU CADASTRE

PAR

Eugène FREYSSINAUD,

Ancien Juge de Paix du canton nord de Limoges,

Ancien avocat, ancien avoué d'appel et de 1re instance à Limoges,

Ancien maire

Président honoraire de la section juridique de la Société nationale des Géomètres
de France, d'Algérie et de Tunisie.

« *L'adversité est notre mère, la*
« *prospérité n'est que notre*
« *marâtre* ». (Montesquieu).

BRAY-SUR-SEINE,

LOUIS COLAS, IMPRIMEUR

13, Rue du Pont

1899

Cet ouvrage a été tiré à 500 exemplaires numérotés. Il est ainsi limité pour être réservé à ceux dont l'auteur recherche la bienveillance et les conseils. — Cette édition contient des indications personnelles. Si les documents qui s'y trouvent peuvent être utiles à la propriété foncière rurale, une autre édition modifiée, rectifiée, augmentée, pourra être autorisée.

N° 301

DÉDICACE

La première partie de ce livre est dédiée à mon parrain (1) illustre, M. Cheysson, Professeur à l'Ecole des mines, Inspecteur général des ponts et chaussées, membre de la Société nationale d'Agriculture, en reconnaissance des encouragements, des conseils et des témoignages de sympathie dont il a bien voulu m'honorer.

La seconde partie de ce livre est dédiée à M. Saint-Paul, Chef de bureau à l'administration générale des contributions directes, en souvenir de nos rapports affectueux pendant mon installation au ministère des finances, en reconnaissance de ses doctes renseignements, de son utile collaboration à mes travaux. Pour indiquer le bénéfice que j'ai tiré de mes relations avec M. Saint-Paul, il faut rappeler sa participation au Congrès de 1892 (page 59 de ce livre), où il a présenté le plan d'une organisation remarquable du cadastre au point de vue de la propriété foncière. Il faut aussi dire qu'en plusieurs endroits de son rapport, M. Cheysson a parlé en des termes très élogieux des travaux de ce fonctionnaire distingué, et de *ses utiles services* sur les questions du bornage cadastral.

Disons aussi que M. Saint-Paul est à l'administration des contributions directes l'âme de ces questions et qu'il a reçu de ses chefs un *blanc-seing* pour la direction de tout ce qui s'y rapporte. — Enfin M. Saint-Paul, délégué du ministre des finances aux essais du bornage cadastral sur le territoire de la commune de Massy, a rédigé pour les propriétaires fonciers de cette commune un projet de conventions, si sage et si précautionné, que nous croyons utile de le produire aux annexes de ce livre. La loi du 17 mars 1898 nous a mis en divergence ; mais je suis certain de la continuation de ses sentiments distingués pour moi.

(1) **Société d'Economie sociale et politique.**

La troisième partie (physique, juridique et pratique), la plus importante, est dédiée en premier lieu, à mon très honoré collègue à la Société d'économie sociale, M. le président Glasson, Professeur de droit, Doyen de la Faculté de droit de l'Université de Paris, Membre de l'Institut, en second lieu, à MM. les professeurs de droit chargés d'expliquer l'article 616 du code civil, et finalement à MM. les Etudiants en droit de première année qui trouveront dans mes travaux le mode simple pour l'initiative dans les affaires du pays.

Je ne sais plus qui a dit, qu'une belle destinée consistait à avoir, dans l'âge mûr, réalisé quelque rêve généreux de sa jeunesse? Mais il avait bien raison.

Le grand principe d'action n'est-il pas, en effet, de se proposer quelque haut idéal.

Or, entre tant de rêves que l'on peut former, tant d'ambitions qui se présentent à l'esprit, en est-il une seule qui dépasse en grandeur celle de contribuer, pour si peu que ce soit, à la gloire, à l'autorité, au crédit de son pays?

Paris, le 3 Août 1899

EUGÈNE FREYSSINAUD.

DIVISION DU TRAVAIL.

INTRODUCTION.

Considérations générales. — Bornage, cadastre. — Impôts.

PREMIÈRE PARTIE.

Historique du bornage, du cadastre et des impôts divisé en trois périodes : 1º Temps anciens, jusqu'à 1789 ; 2º Temps modernes, de 1789 à 1870 ; 3º Epoque actuelle, postérieure à 1870. — Revenu global. — Impôt global.

DEUXIÈME PARTIE.

Chapitre I. — Consistance territoriale de la France.

Chapitre II. — Origine des biens de l'Etat, des forêts domaniales.

Chapitre III. — Communaux.

Chapitre IV. — Division de la propriété rurale par grande, moyenne et petite propriété ; réforme dans son intérêt.

Chapitre V. — Act' Torrens, Cadastre, Livers terriers.

TROISIÈME PARTIE.

Guide pour le bornage.

Chapitre I. — Bornage cadastral, palladium de la propriété rurale. — Livre terrier personnel, réel, général, international, collectif, particulier, judiciaire, fiscal et agricole.

Chapitre II. — Délimitations. — Bornages. — Vues générales. — Législation sur le bornage. — Loi du 17 mars 1898. — Enseignement agricole. — Modes de procéder, en général.

Chapitre III. — Bornages internationaux.

Chapitre IV. — Bornage administratifs. — Bornages mixtes.

Chapitre V. — Bornage des propriétés particulières.

ANNEXES.

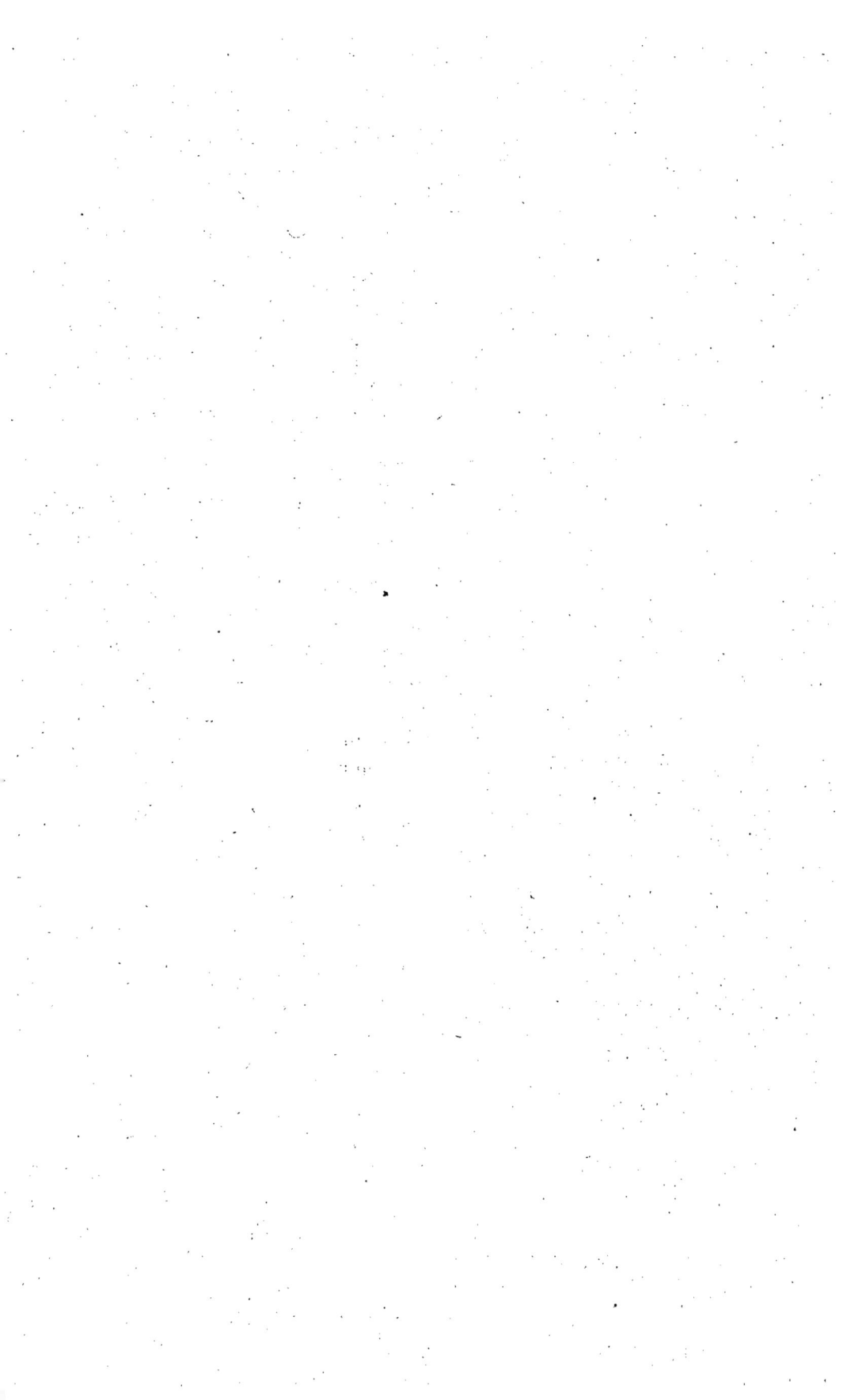

INTRODUCTION.

CONSIDÉRATIONS GÉNÉRALES.

Nous avons été encouragé dans nos études par M. Boutin, Directeur général des contributions directes, qui a bien voulu apprécier nos travaux en ces termes : « Par leur côté simple et pratique à la fois, vos intéressants travaux me paraissent appelés à rendre de réels services ; ils sont assurément de nature à fixer l'attention de tous les hommes compétents ». Nous lui témoignons notre reconnaissance pour l'accueil bienveillant qu'il nous a manifesté. Nous le remercions de nous avoir donné place dans les bureaux de sa direction, d'y avoir fait installer nos plans et documents, et de nous avoir fourni l'occasion de nous mettre en rapport avec les hommes éminents qui s'occupent de la question du Livre terrier cadastral.

Dans le travail que nous nous proposons sur des questions anciennes, déjà traitées, nous appuierons nos observations et nos assertions sur des écrits, des discours des rapports et des publications de personnes compétentes auxquelles nous demandons la permission d'emprunter des passages entiers. Nous espérons ainsi obtenir l'autorité qui nous manque, pour faire accepter un système qui a contre lui des préventions en quelque sorte natives et sans fondement sérieux.

Les savants, en grand nombre, qui s'occupent de la question réellement sociale de la constitution physique, juridique et fiscale de la propriété foncière, veulent faire grand; chacun a son système ; et de là, un chaos nuisible à l'exécution d'une œuvre de la plus grande simplicité. On en trouve un exemple frappant dans les procès-verbaux de la commission extraparlementaire du cadastre, dont certaines résolutions nous paraissent inexécutables, mais dont certaines parties oratoires sont remarquables et jettent une grande clarté sur divers points en discussion.

Quant à la théorie suivie et appuyée par la pratique, nous la prendrons principalement dans les travaux connus de l'ancien juge de paix du canton nord de Limoges, qui, par le bornage cadastral, ont doté ce canton d'un livre terrier physique et juridique de la propriété foncière rurale. Ce livre, qui date de trente ans, sert à régler les difficultés ou les incertitudes de cette propriété.

* *

BORNAGE, CADASTRE, IMPOT.

Le bornage, le cadastre et l'impôt sont les trois éléments de toute constitution sociale.

Il n'y a pas de terre sans seigneur.

Toute possession doit avoir ses limites.

Toute société a besoin de ressources.

Le cadastre basé sur le bornage doit répondre à lui seul à ce triple besoin. Il doit être le *Janus* portant d'un côté la figure de la propriété foncière terrienne, de l'autre les noms des propriétaires, avec les circonstances diverses, les règlementations, les bénéfices et les charges.

Le bornage, le cadastre et l'impôt sont aussi anciens que le monde. On les retrouve dans tous les temps, chez toutes les nations, avec des différences qui tiennent aux habitudes, aux mœurs et aux besoins, mais ne se séparant jamais, se complétant toujours par leur ensemble, n'ayant entre eux qu'une primauté variable. C'est ainsi qu'en Egypte, les débordements du Nil faisant disparaître l'indication des limites, on a senti le besoin de faire le bornage et de le constituer par des signes très apparents, c'est-à-dire par le bornage et le cadastre. M. René Taillandier dans ses conférences à la Société d'Economie sociale, a fait remarquer que, dans la Camargue et le pays d'Arles soumis aux alluvions du Rhône, le défaut de bornage occasionnait de nombreux procès.

Chez les Romains, la question de l'impôt étant devenue essentielle, on a cadastré les propriétés pour les imposer, soit en raison de leurs produits, soit en raison de leur valeur. Ces mesures avaient toujours pour base le bornage. (*finium regundorum*).

La France Gauloise, sous la domination des Romains, a suivi leurs errements. A mesure qu'elle a conquis des libertés, elle a voulu que son cadastre servît, non seulement à l'assiette de l'impôt, mais aussi à la détermination et à la constitution de la propriété rurale.

La trinité formée par l'assemblage du bornage, du cadastre et de l'impôt a souvent été gênée dans sa marche par la confusion de ses éléments.

Malgré leurs affinités, ils doivent être distingués, sauf à être réunis dans un seul et même document qui serait un livre terrier présentant l'état *physique, juridique et fiscal* de la propriété foncière.

Ce livre pourrait être divisé en trois parties : 1° Bornage. — 2° Cadastre. — 3° Impôts ; mais à cause de la promiscuité de leurs origines, de leurs tendances, de leurs points communs et de leur marche simultanée, il faut en faire l'historique par un travail d'ensemble.

L'enchevêtrement du bornage, du cadastre et des impôts apporte dans ce travail une grande difficulté pour le classement des idées et des documents. Peut-être arriverons-nous à la surmonter en séparant autant que possible ce qui est plus particulièrement relatif à l'idée fiscale, de ce qui concerne plus particulièrement la détermination physique et juridique de la propriété foncière. Quant au cadastre, il en sera question partout. L'ordre chronologique demanderait qu'il fût question dès l'abord de la terre ; cependant, nous commencerons par l'impôt à cause de certaines facilités pour l'agencement et le classement des divers documents. Nous terminerons par le bornage de manière à laisser distincte et séparée cette dernière question, qui a nos yeux est la principale, la partie essentielle de l'œuvre cadastrale.

Ces questions ont fait l'objet de tant de dissertations, qu'il suffirait pour faire un gros volume, de présenter des citations qui seraient facilement puisées dans les documents laissés par les économistes célèbres des temps anciens et dans ceux des économistes modernes et contemporains, depuis les livres hébreux, jusqu'à nos jours ; économistes tel que : Solon, César, Say, Vauban, Sully, Montesquieu, Colbert, Turgot, de Parieu, Bonjean, Ribot, Cochery, Cavaignac, Jaurès, Doumer et autres.

* *

Il sera intéressant de raconter l'histoire des impôts, leur origine, leur établissement dans les premiers temps ; ce qu'é-taient chez nos pères, la taille, la dîme, les corvées, les redevances de toute nature. Les ouvrages ne manquent pas sur ces sujets ; nous nous en occuperons surtout en les envisageant dans leurs rapports avec le bornage et le cadastre.

Les impôts, leur assiette et leur mode de recouvrement ont subi, depuis les premiers temps historiques jusqu'à nos jours, bien des variations, bien des péripéties ; les populations ont été bien souvent écrasées par les impôts, d'où des troubles et même des révolutions, modifiant profondément leur état social.

Les phases particulières sous lesquelles les impôts se sont présentés à certaines époques seraient longues à indiquer. Les personnalités puissantes, les corporations et les corps d'État ont toujours cherché à se soustraire aux impôts et à les rejeter sur les faibles. Les gouvernements bienveillants, populaires et justes, ont fait tous leurs efforts pour les répartir équitablement et rendre la part moins lourde aux malheureux, tandis que dans d'autres circonstances le pauvre était opprimé.

La légitimité de l'impôt est certaine, c'est une charge in-hérente à l'état de société ; il est juste que ceux qui profitent de cet état en supportent les charges. Cependant, quelque juste que soit l'impôt, il a été en butte aux attaques, non pas seulement des contribuables, mais encore de certains économistes qui faisaient ainsi de l'opposition plutôt que de l'économie politique. C'est sur les impôts que les partis ont, de tous temps, concentré leurs attaques contre les gouverne-ments. Attaquer les impôts, promettre de les réduire fut tou-jours un moyen de popularité.

Si l'impôt est juste, il n'en est pas de même de son assiette, de sa quotité, de son mode de perception. Montesquieu a dit : « Il ne faut point prendre au peuple sur ses besoins réels pour des besoins de l'Etat imaginaires ». Il faut, a dit un autre économiste, que l'impôt s'accorde pour les services de l'Etat, et que chacun soit à la portée de se convaincre de la fidélité de son emploi. Il est surtout vrai de dire que l'impôt se paie plus volontiers quand on le vote.

*
* *

La question du bornage est complexe, il y a la partie judiciaire et la partie d'exécution pratique.

Dans le grand nombre d'auteurs qui ont étudié la pratique du bornage, il en est peu qui se soient affranchis des formes de la procédure. Notre méthode est tout autre : le bornage cadastral que nous préconisons est surtout un bornage amiable exempt de difficultés irréconciliables, pour lesquelles nous renvoyons les parties au ministère des avoués, aux lenteurs et aux frais de justice, que nous avons toujours évités avec le plus grand soin.

Nous avons en idée le bornage comme base du cadastre et comme fondement de la propriété foncière, et cette idée se trouve à point, car nous l'avons entretenue toute la vie par l'étude et par l'exécution des bornages sur plus de dix mille hectares.

Notre système est simple, pratique, économique, politique et social. Il consiste à faire opérer le bornage des propriétés avec constatation des servitudes et rectification ou revision du cadastre parcellaire par les moyens ordinaires ; puis, de réunir tous les bornages particuliers en un seul faisceau, pour former le livre terrier général, qui sera constitué par le soin des administrations compétentes. Et ce, *sans que le gouvernement ait rien à payer, sans qu'il ait la crainte d'exciter ou de préoccuper les masses, sans rien faire qui puisse être délicat, dangereux ou impolitique, et à l'aide des lois actuelles.*

C'est ainsi que nous avons procédé dans le canton nord de Limoges vers 1865, alors que nous y remplissions les fonctions de juge de paix.

Ce que nous avons fait là peut se faire par toute la France, ainsi que nous allons le démontrer.

Il suffit de mettre en pratique l'article 646 du Code civil, sous le patronage de l'Etat.

Il suffit de bien faire comprendre aux intéressés l'intérêt qu'ils ont à voir leurs champs bien délimités et bornés. Lorsqu'un propriétaire désire procéder au bornage, il faut appeler les voisins, qui se présentent tous. On fait alors un procès-verbal amiable par lequel on charge le juge de paix de diriger le bornage, à titre d'arbitre, assisté d'un géomètre. Les propriétaires touchés par le bornage voisin en comprennent l'utilité et demandent eux-mêmes à le faire avec leurs autres voisins.

Il faut laisser toute initiative aux propriétaires et une liberté absolue. Si le gouvernement s'en occupait, l'opération plairait moins et pourrait lui créer de graves embarras.

La méthode préconisée ne s'attache pas exclusivement à la contenance des terrains, mais plutôt aux circonstances qui concernent les lignes séparatives. Sur une ligne, la possession peut être applicable; ailleurs, ce sont d'autres moyens de droit; avant tout, il faut appliquer les lois qui sont en vigueur dans notre pays.

S'attacher exclusivement à la contenance, c'est souvent courir le risque de tomber dans les procès; l'arpentage est un mode de renseignement pour le bornage, ce n'est pas un moyen de droit. Quand il s'agit de terrains mouvementés, la contenance n'a jamais pu être donnée d'une manière parfaite; il nous paraît préférable de ne pas en faire une règle absolue, mais bien d'admettre la délimitation de voisin à voisin, adoptant telle manière de voir pour une ligne, et telle autre pour la ligne de l'autre côté. Si l'on décide que la prescription est acquise ici et que là elle n'existe pas, on arrive promptement à des solutions équitables, justes et faciles. Tel est le système que nous préconisons; c'est celui qui nous a donné le plus de facilités.

Nous donnons plus loin la législation sur le bornage depuis les lois romaines jusqu'à la loi du 17 mars 1898, inclusivement.

Les biens communaux trouveront dans cette loi ample satisfaction ; mais les propriétaires fonciers ne peuvent en être satisfaits, notamment en ce qui concerne les incapables, indiqués par notre Code civil, et eu égard aux droits excessifs accordés aux commissions de délimitation et de bornage, qui peuvent aller jusqu'à la confiscation de la propriété foncière.

Nous considérons la loi du 17 mars 1898, sur le renouvellement du cadastre, comme une loi bâtie hâtivement et qui aurait besoin d'être remaniée sérieusement.

Sur notre proposition, la société des Agriculteurs de France a proclamé la nécessité du bornage des biens communaux et des talus de routes ; l'application de la loi du 17 mars 1898 à ces sortes de biens produirait le meilleur effet.

Depuis quarante ans, l'objet de nos préoccupations constantes a été la propagation des idées de bornage-cadastral dans les écoles primaires. Il est nécessaire, en effet, de préparer les populations rurales à cette idée du bornage amiable et sans frais, pour ainsi dire, qui doit précéder le renouvellement du cadastre.

Nous examinons la doctrine du bornage, puis nous passons aux règles pratiques qui ont besoin d'être connues des intéressés, ainsi que les services fonciers. Les cours d'eau créent souvent des difficultés de délimitation ; nous examinerons comment ces difficultés doivent être tranchées.

Les procès-verbaux de bornage ont besoin d'être rédigés judiciairement ; nous donnons la doctrine des jurisconsultes et nous indiquons comment on doit procéder.

Enfin, nous parlons des frais et dépens et de la manière dont ils doivent être répartis.

Nos lecteurs trouveront ensuite l'application des bornages aux limites internationales, aux biens administratifs et particuliers, puis aux propriétés particulières.

Le bornage des biens communaux s'y trouve particulièrement développé, parce que nous en connaissons bien les détails pour les avoir pratiqués. Il en est de même des talus de routes, dans les pays de montagnes, qui ont besoin d'être délimités d'une façon toute spéciale dont nous donnons l'exposé.

Enfin, le bornage des propriétés particulières méritait les plus amples détails, et notre expérience acquise sur plus de 10,000 hectares, bornés par nos soins, nous permettait d'en parler avec autorité, puisque ces travaux furent l'objet de nos occupations constantes, lorsque nous étions juge de paix du canton nord de Limoges.

E. F.

PREMIÈRE PARTIE

HISTORIQUE [1]

L'histoire du bornage, du cadastre et des impôts peut être divisée en trois périodes :

1º Temps anciens, jusqu'à 1789 ;

2º Temps modernes, de 1789 à 1870 ;

3º Époque actuelle, période postérieure à 1870. — Revenu global ; Impôt global. — Loi du 17 mars 1898, sur la Revision du Cadastre.

CHAPITRE I

Temps Anciens jusqu'en 1789.

L'histoire ancienne du bornage, du cadastre et des impôts, nous l'avons dit, doit partir des premiers temps du monde ; on les retrouve sous des formes et des noms divers chez tous les peuples, dans toutes les sociétés.

Toutes les nations, dès l'origine de leurs gouvernements, ont reconnu la nécessité de faire concourir les revenus particuliers aux dépenses générales de l'État.

(1) N'oublions pas qu'en faisant l'historique des impôts, nous faisons aussi celui du bornage et du cadastre.

Le mode le plus simple, et qui dut se présenter le premier, fut de demander à chaque citoyen une portion du produit des terres qu'il possédait ; cette portion se perçut d'abord en nature, puis en argent, devenu le signe représentatif de toutes les valeurs.

L'impôt sur le revenu des terres, une fois établi, on dut chercher à le rendre égal pour tous.

Il devint nécessaire dès lors de constater la contenance de territoire et de procéder à l'évaluation de ses revenus. Ces deux opérations constituent ce que l'on nomme un cadastre.

A toutes les époques, les nations diverses ont cherché les moyens de réglementer l'impôt de telle façon qu'il pût suivre dans sa marche la richesse nationale, progresser et décroître avec elle.

Chez les sauvages, l'impôt se prélevait pour le chef sur les revenus de la chasse ou de la pêche. A mesure que la civilisation marche, l'impôt se prélève sur les fruits de la terre ; la dîme, dont l'origine remonte aux temps de l'antiquité les plus reculés, aux Hébreux, fut, par conséquent, la forme de l'impôt la plus ancienne, aussi la plus générale. C'était le dixième des fruits de la terre et du croît des animaux.

Les vieux livres hébreux disent de quelle manière ces dîmes étaient reçues et administrées. La dîme se retrouve avec le même caractère de redevance chez tous les anciens peuples, mais avec des divergences. En Egypte, ce n'était pas la dîme, le dixième : c'était la cinquième partie des fruits qui était payée au roi, à titre de redevance.

Outre la dîme établie en faveur des prêtres, les Athéniens avaient un livre d'impôt qui était révisé tous les quatre ans, et qui contenait, pour l'Etat, les revenus de ses biens affermés en même temps que les impôts divers.

Chez les Romains, le premier impôt fut établi par tête ; mais ils ont essayé, dans la suite, tous les systèmes d'impôts qui ont plus ou moins réussi et qui ont donné lieu à une multidude de lois. Il faudrait un volume pour raconter l'histoire des impôts chez les Romains. Cette histoire nous conduirait aux lois fiscales appliquées dans la Gaule, après l'invasion des Romains.

Auguste et ses successeurs cherchèrent à uniformiser, et par là, à régulariser la perception de l'impôt foncier, et ils entreprirent de grandes opérations cadastrales, dans le vrai sens du mot, car on voit qu'à cette époque, la propriété rurale était divisée selon le mode de culture, et les fonds étaient imposés selon la classe à laquelle ils appartenaient, et à raison de leur fertilité, tant par arpent ('). Ces divisions font présumer des opérations géométriques sans lesquelles il eut été impossible de régler les livres d'impôt. Ce système de division fut suivi par Dioclétien. Mais à cette époque, un nouveau mode de répartition fut substitué à l'ancien. Le sol imposable fut divisé en portions superficiaires dont on composait des unités cadastrales de même valeur qui étaient toutes censées produire le même revenu et la même contribution, mais qui, par cela même, étaient d'une étendue variable, selon la nature et la fertilité du sol. L'unité foncière elle-même se nommait *Caput* ou *Jugum*. La somme totale de l'impôt était fixée par l'Empereur et répartie entre les grandes divisions, puis ensuite entre les *Capita* dont chacune d'elle se composait. Le cadastre, une fois fixé, n'était révisé qu'à certaines périodes auxquelles on pouvait obtenir des réductions à raison de la détérioration qu'avait subi le fonds. L'organisation de l'impôt foncier, chez les Romains, a toujours été un objet de préoccupations.

Il n'est pas facile de déterminer si c'était sur la valeur vénale ou sur le revenu qu'était fixée la valeur du *Caput*. Quoi qu'il en soit, c'était l'état des terres pendant les dix dernières années ou une déclaration du propriétaire qui était soumise à une estimation ou une appréciation de l'administration. Ulpien a conservé, dans ses fragments précieux, la manière dont ces diverses indications devaient êtes mentionnées dans le cadastre, mot qui dériverait, d'après plusieurs auteurs de ceux de Caput, Capita, Capitastra ou registre de capitation, enfin Cadastre. — Nous croyons mieux trouver l'étymologie du mot cadastre dans le mot italien *catatizo, je fais des cadres*.

L'impôt par tête était celui que les rois, dans leurs besoins,

---

(1) On fit des cadres, le *cadastre*.

partageaient entre les citoyens riches ou pauvres. Ce mode était simple, mais il était injuste.

Tarquin, le superbe, le rétablit, mais il le substitua à celui qui avait été établi par Servius, dans lequel le peuple fut divisé en six classes d'après la richesse.

Ce n'était pas le *Caput* que nous avons vu signifier *unité foncière.*

Ce système d'impôt foncier fut en vigueur dans la Gaule sous l'administration romaine. Quelques textes nous disaient même que les rois francs de la première race firent des efforts pour percevoir l'impôt d'après le cadastre établi par les Romains. Mais il est certain que le mode de répartition ne pouvait pas être le même; il aurait fallu une administration régulière qui n'existait pas. L'impôt consistait probablement en une portion notable de fruits, du revenu brut, ou ou d'une mesure ou quotité par arpent. Il est même à remarquer que toutes les terres n'étaient pas soumises également à l'impôt foncier; les possessions seules des Romains étaient imposables, celles des Francs étaient franches comme eux.

La terre a de tous temps supporté les plus grandes charges. C'est elle qui a fourni l'impôt le plus régulier et même le plus facile à percevoir. La proportion dans laquelle la contribution foncière doit entrer avec les autres impôts dans le budget de l'Etat a, de tous temps, préoccupé les législateurs et les publicistes. On est tombé d'accord sur ce point que la propriété demande à être ménagée, non seulement par ce motif que présentant à l'impôt un gage toujours certain, elle peut offrir une ressource pécuniaire dans les temps de crise; mais encore par cette considération qu'elle paie à divers titres la majeure partie des subsides. Beaucoup de causes tendent à la surcharger.

Le système d'impôt régulièrement établi par Solon ne portait que sur les fonds; il en était de même chez les Romains. (L. *de Censibus*) Le cens ne portait que sur les fonds de terre (*mancipia*), les animaux et les esclaves attachés à l'exploitation, ce qui était une source d'inégalité et d'injustice entre les citoyens, car les fortunes mobilières étaient ainsi affranchies de l'impôt.

Dans les provinces, la redevance des fonds était à peu près du dixième du revenu.

En outre de l'impôt foncier, il y avait d'autres impôts que l'on pourrait appeler particuliers quant à l'objet auquel ils se rapportaient, comme, par exemple, l'impôt sur les marchandises, sur le sel, sur l'affranchissement des esclaves et sur bien d'autres sujets.

Les Romains étaient très avancés en matière fiscale. Rien de ce qui pouvait rapporter au fisc n'était négligé. Les peuples modernes n'ont eu qu'à les imiter.

L'impôt par capitation existait en Grèce et à Rome. Il frappait le sujet par tête ou par famille.

La loi de *Censibus*, au digeste, règle, chez les Romains, l'assiette de l'impôt sur la propriété.

Dans la Gaule indépendante, il n'existait aucun impôt gouvernemental : les tribus et les clans s'administraient eux-mêmes.

César avaient conquis la Gaule ; il lui donna des lois ; il commença à l'assujettir à l'impôt. — Octavien Auguste, son successeur et son héritier, acheva son œuvre.

En l'année 28 avant Jésus-Christ, il la rangea parmi les provinces de l'Empereur. Il convoqua à Narbonne les députés de toutes les nations Gauloises ; il fit rédiger, dans cette assemblée, un dénombrement général qui servit de base à un impôt bien plus considérable que le tribut imposé par César.

285 ans plus tard, une grande révolte appelée *Bagaudie* (mot qui voulait dire alors, désordres, attroupements, révolution) fut motivée par la spéculation des proconsuls chargés de recevoir les impôts qu'ils avaient rendus exorbitants, et par l'envahissement des grands propriétaires qui écrasaient le peuple. — La *Bagaudie* devint un brigandage qui dévasta pendant longtemps les Gaules, à l'aide de barbares venus d'Allemagne ou de Russie ; elle se continua dans les proportions diverses jusque vers la fin de la domination romaine.

L'invasion des barbares avait fait disparaître l'impôt.

Plus tard, les premiers rois vécurent des revenus de leurs domaines et, en temps de guerre, les Francs étaient obligés de les suivre. Chacun suffisait aux dépenses de sa troupe particulière. A l'intérieur, chaque seigneur devait subvenir aux dépenses de sa seigneurie.

En 580, Chilpéric rétablit les impôts, ce qui occasionna de grands tiraillements entre les grands et les petits qui se rejetaient cette charge. Il fit opérer dans le royaume de Neustrie un recensement général. Le travail fut exécuté par des commissaires spéciaux qui distinguaient par classes les terres cultivées et qui consignaient leurs évaluations dans des cadres ou cadastres. Les opérations s'exécutaient de deux façons différentes. Dans les villes ressortissant au royaume de Neustrie, les rôles cadastraux existant déjà, et soigneusement conservés par le trésor royal, étaient mis au courant ; dans les villes nouvellement conquises, les commissaires saisissaient les registres des cadastres municipaux, les vérifiaient et les transmettaient au roi.

Grégoire de Tours fournit des indications détaillées sur les troubles auxquels les opérations donnèrent lieu à Limoges. Elles se poursuivirent cependant sur tout le territoire royal ; mais, effrayé par la maladie de ses enfants, dans laquelle il voyait une punition du ciel, Chilpéric brûla de sa main tous les registres cadastraux.

Les héritiers de Charlemagne ayant abandonné une partie de leurs biens au profit des évêques et des barons, la nécessité de l'impôt se fit sentir. De là vinrent les aides, gabelles et tailles.

En 1060, il est question de la taille. C'est au règne de Saint Louis qu'on en attribue spécialement l'établissement.

En 1190, Philippe-Auguste, qui se disposait à faire la guerre outre-mer, donna des ordres pour que la taille fut perçue exactement.

Au XVe siècle, la permanence de l'armée amena l'installation définitive de l'impôt qui fut voté par les Etats Généraux. Cette époque fut fertile en discussions, désordres et tiraillements occasionnés par ces graves questions.

LA TAILLE :

La taille, qui s'est perçue jusqu'en 1789, était l'impôt principal. Elle tira son nom de ce que, à son origine, la science des écritures n'étant pas répandue, on se servait, pour constater les quittances d'impôt, de petits morceaux de bois semblables aux coches qui sont encore aujourd'hui en usage chez les boulangers. Il y avait des tailles de différentes : natures les principales étaient les tailles royales, les tailles seigneuriales.

Les prélats levaient des tailles pour l'armée, pour le pape et pour l'Eglise. Les nobles et les prêtres non mariés n'en payaient pas (¹).

Lorsque la taille affecta le caractère d'un impôt permanent, le besoin de l'établir d'une manière proportionnelle nécessita la confection de livres cadastraux présentant des bases régulières de répartition. A l'origine, ces livres cadastraux étaient le plus habituellement dressés d'après les déclarations des propriétaires, et ce n'est qu'en cas de contestation qu'il était procédé à un arpentage des terrains. Ils n'existaient d'ailleurs en général que dans les *pays d'Etats*, qui conservaient seuls le droit de voter l'impôt et d'en faire la répartition.

Inutile de parcourir les modes plus ou moins réguliers, variables, arbitraires ou vexatoires de l'assiette ou de la perception de l'impôt, ils ont soulevé bien des réclamations et parfois même donné des motifs aux révolutions ; suivant que les gouvernements étaient plus ou moins bienveillants ou libéraux, l'impôt frappait les grands ou les petits.

En 1292, la *maltote* fit soulever le peuple de Rouen. — En 1439, les Etats Généraux, à Orléans, votèrent la permanence d'une taille de 1.800.000 livres.

En 1343, Philippe de Valois institua la *Gabelle*. C'était un impôt sur le sel, qui provoqua des soulèvements. Quoique très impopulaire, il n'en subsista pas moins. Il donna lieu à des fermes considérables. Sully et après lui Colbert, firent sur l'impôt du sel des réformes très grandes ; mais ce ne fut qu'en 1789 qu'une amélioration sensible eu lieu.

Le Dauphiné avait un cadastre géométrique. En 1359, Charles V en fit faire la revision.

---

(1) Il paraît que c'est à partir du XIᵉ siècle que le vœu du célibat a été imposé aux prêtres.

En 1491, Charles VIII avait entrepris de faire cadastrer tout le royaume divisé en quatre généralités.

En 1506, le roi Louis XII réduisit les impôts au quart; ce qui lui valut le surnom de Père du Peuple.

De 1564 à 1576, les impôts furent doublés. Henri III les réduisit de 3 millions.

Sous François Ier qui avait de grands besoins, la taille était un impôt à la fois foncier et mobilier. Il avait partagé le pays en généralités dans lesquelles il avait établi des receveurs généraux et des receveurs particuliers.

A cette époque, la perception des impôts se faisait par paroisse à raison des facultés des habitants.

Sully recommanda l'égalité dans la répartition. Ce grand ministre fit asseoir les impôts sur des bases réelles et matérielles. — A la fin du règne de Louis XII, pour faire face aux frais de la guerre, on créa la *capitation* et le *dixième*, Ces impôts furent tour à tour supprimés et rétablis, puis on leur substitua le *vingtième*.

De tous temps on a cherché des moyens détournés pour se créer des ressources dans les moments difficiles. L'emprunt n'est autre chose qu'un impôt déguisé qui pèse sur la nation. Ce mode de ressources a été essayé avec succès pour la première fois par François Ier; c'est de son règne que date la dette publique, la rente sur l'Etat.. Nous l'avons vu s'accroître sous l'empereur Napoléon III : les dépenses de guerre ont été faites au moyen de l'emprunt; l'argent a été fourni avec élan. Les manifestations publiques en faveur de la guerre ont été d'autant plus complètes qu'il n'y a pas eu d'impôt nouveau.

En 1567, Vitrolles, petite commune du département de Vaucluse, possédait un cadastre ce qui était une preuve de prospérité réelle.

Sous Henri IV, Sully fut obligé de s'occuper de l'organisation de l'impôt qui occasionnait de grandes difficultés. En Dauphiné, un grand procès eu lieu pour la distinction des biens à imposer. Le clergé et la noblesse voulaient que les tailles fussent personnelles, et que les roturiers, seuls, y fussent soumis,

En 1604, la vérification de l'arpentage de l'Agenais fut exécutée.

A cette époque, la taille personnelle était imposée avec le droit de suite, de telle sorte que l'ouvrier, le prolétaire ou l'indigent qui passait dans une autre paroisse, était assujetti à deux impôts.

En 1614, dans une séance des Etats Généraux, le Tiers-Etat réclama contre le système vexatoire des *aides* qui faisait percevoir comme impôt le quart du vin vendu.

L'impôt des *aides* était volontaire. Il se, manifestait pour le roi et les seigneurs dans certaines circonstances, comme aux approches de la guerre, ou dans des occasions de dépenses, comme pour les mariages de fils ou filles des rois et des seigneurs. Les aides ecclésiastiques étaient levées dans les mêmes conditions que les autres. Cet impôt finit par devenir obligatoire et fut confondu avec les autres. C'est ainsi que Charles VII institua la *cour des aides* qui n'était autre chose qu'une juridiction des impôts.

En 1634, Richelieu fit un nouveau règlement sur la taille, il empêcha les actes arbitraires et fit cesser les poursuites vexatoires.

En 1660, l'impôt s'est élevé à 90 millions. Mazarin reconstitua les poursuites. La pauvreté était traitée comme un crime. Les plus pauvres étaient frappés les premiers, mais comme il y avait solidarité, les autres venaient ensuite. Les fermiers d'impôts exagéraient les chiffres et les poursuites. Il n'était pas rare de voir des propriétaires abandonner leurs biens pour se soustraire à l'impôt ; mais avec le droit de suite, ils étaient poursuivis partout où ils allaient.

En 1663, Colbert fit aussi un règlement qui réprima des abus, surtout dans les privilèges d'exemptions. Il voulut substituer la taille réelle à la taille personnelle. Il lui fallut vaincre la résistance des classes privilégiées. C'était une gigantesque opération qu'il étudia avec soin, et ce fut lui qui, le premier, fit former les livres d'impôts.

En 1664, il établit l'*acquit à caution*, qui existe encore aujourd'hui pour les vins, avec lequel on peut suivre le mouvement de la marchandise, du lieu de production à celui de la vente en détail ; il donne la facilité de ne percevoir de droits qu'à ce dernier lieu.

De 1666 à 1669, Colbert fit faire le cadastre fiscal dans la province de la Guyenne ; par la revision du cadastre, il introduisit la taille réelle non seulement sur les biens-fonds, mais aussi sur les revenus industriels, les capitaux mobiliers et les rentes. Ceux qui n'avaient que leurs bras pour vivre furent complètement exempts, au grand scandale des oisifs et des privilégiés.

En 1679, Colbert, frappé des abus de l'imposition arbitraire des tailles, avait ordonné la confection d'un règlement uniforme du cadastre général dont il confia l'exécution à Monseigneur d'Aguesseau, alors intendant général du Languedoc.

En 1681, il fit encore d'importantes réformes qui furent érigées en lois pour tout le midi de la France.

La mort du ministre fit ajourner le projet qui, plus tard, fut repris par M. Chamillard, l'un des successeurs de Colbert. Abandonné de nouveau par suite des malheurs de la fin du règne de Louis XIV, puis repris en 1763, mais vainement, par M. de Laverdy, il finit par tomber complètement devant les obstacles que lui suscitèrent les intérêts que sa réalisation aurait froissés. — Les avantages d'un cadastre étaient néanmoins tellement reconnus, qu'à défaut d'une mesure générale, chaque province entreprit le sien, dès qu'elle en trouva les moyens. — C'est ainsi qu'il fut commencé dans l'Ile de France, dans la Champagne, dans le Limousin et ailleurs. — M. de Choiseuil avait commencé la confection d'un cadastre en Corse, M. Necker protégea la continuation de ce travail.

En 1716, sous l'influence des idées économiques de l'abbé de Saint-Pierre, on essaya de nouveau, sous la Régence, d'établir un cadastre dans les pays de taille personnelle (*Arr. C. d'Etal 16 déc. 1716*) ; les intendants ou des commissaires subdélégués furent chargés de se transporter dans chaque paroisse pour y dresser, de concert avec des experts nommés par les habitants, un relevé de toutes les propriétés avec indication du revenu annuel de chaque nature de culture. Suivant un rapport du duc de Noailles, président du

Conseil des finances, au Conseil de régence (17 juin 1717), l'essai, tenté dans la généralité de Paris, devait s'étendre à 1.100 paroisses.

En 1738, dans le Limousin, toutes les propriétés furent évaluées et inscrites dans des registres particuliers. Leur contenance fut déterminée de deux manières différentes : dans certaines communautés, il était procédé à un arpentage général ; dans d'autres, au contraire, les étendues superficielles étaient réglées d'après les indications fournies par les propriétaires. Les opérations cadastrales qui furent exécutées dans le Limousin, fondèrent la réputation de Turgot, alors intendant de la Généralité.

La plupart des autres pays de taille réelle (Bretagne, Bourgogne, Alsace, Artois, Quercy, etc.), étaient également pourvus du cadastre.

Devant le mécontentement général que soulevait la répartition arbitraire de la taille, un édit d'avril 1763 et une déclaration du 21 novembre suivant ordonnèrent la confection d'un cadastre général des biens-fonds du royaume. Les Parlements, les Chambres des comptes, et les Cours des aides furent appelés à donner leur avis. Des essais furent tentés dans différentes élections du ressort de la Cour des aides de Paris. Il y était procédé d'après trois systèmes différents : dans une élection, la taille devait être perçue d'après le système de Vauban ; dans une autre, la répartition se serait faite à l'aide d'un cadastre complété par *un plan parcellaire*; enfin, dans une troisième, le cadastre devait être basé sur *les déclarations des propriétaires*.

C'est ce dernier mode de procéder qui a été principalement appliqué. Malgré les efforts des contrôleurs généraux Bertin et de l'Averdy, les mesures prescrites par les édits d'avril 1763 et de juillet 1766 et par les déclarations du 21 novembre 1763 et du 7 février 1768 étaient demeurées sans effet appréciable, en raison de l'opposition de la plupart des intendants. Cependant les travaux furent menés avec activité dans la généralité de Paris, sous la direction des intendants Sauvigny et Bertier. Le premier rédigea une instruction qui renfermait d'heureuses innovations et qui fixait d'une façon précise les règles à employer pour la classification des terres, leur évaluation, etc.

Lisons Pasquier, Vauban, la Bruyère, Saint-Simon, Voltaire, Montesquieu, et voyons ce qu'ils disaient des financiers de leur temps :

« Maltôtiers, partisans, croupiers, receveurs, gabelous, munitionnaires engraissés du jeûne de nos soldats ; publicains, race déjà maudite dans l'Evangile ; sangsues de la France, dont le nombre serait suffisant pour peupler les bagnes ; tourbe immonde produite par la malignité des temps ; vermine de gens qui se vantent de soutenir l'Etat ; agioteurs méprisés comme la boue quand ils sont pauvres, honorés aussitôt qu'ils sont riches. »

Tel est le portrait qu'ils traçaient des financiers « abhorrés » qui se chargeaient du recouvrement des deniers publics, « avançant la moitié pour avoir le tout. »

Dès le mois de mars 1667, quarante capitalistes s'étaient associés pour prendre à bail les Gabelles, les cinq grosses fermes, les aides et les domaines.

A la mort de Louis XIV, les caisses contenaient 800.000 livres pour faire face aux dépenses journalières. La dette s'élevait à 2 milliards et demi ; les recettes annuelles montaient à 160 millions, dont 60 à peine arrivaient au Trésor pour des dépenses de 140 millions. C'était un déficit de 80 millions !

Le régent écouta le duc de Noailles qui réclamait une chambre de justice contre les concussionnaires. La pensée de les rançonner, de « leur faire rendre gorge », comme on disait alors, était venue à tout le monde. On comptait qu'ils étaient environ quatre mille et qu'on leur arracherait plus de deux cents millions.

Une Chambre composée de trente membres du Parlement, sous la présidence de Guillaume II de Lamoignon, se réunit, le 14 mars 1716 dans une des salles du couvent des Grands-Augustins, avec un honorifique appareil d'instruments de torture, crocs, tenailles, chevalets et réchauds.

Un grand nombre de suspects furent saisis la nuit chez eux ; la terreur se répandit dans les superbes habitations de la place des Victoires et de la place Vendôme, où la plupart demeuraient, « superbes, comme des paons, étincelants d'or, de rubis, de diamants ».

Les dénonciateurs, grassement récompensés, pullulaient ; la moindre erreur dans la déclaration des fortunes était punie du carcan, du gibet ou des galères. Un traitant se jeta dans un puits, un autre se coupa la gorge, un autre se pendit.

Beaucoup pourtant en furent quittes pour la confiscation d'une partie de leurs biens.

Un peu avant la semaine sainte de 1717, le chancelier d'Aguesseau se rendit un matin aux Augustins pour remercier la chambre de justice et en prononcer la clôture. On avait espéré en tirer 200 millions, elle en produisit à peine 70, dont 12 seulement arrivèrent au Trésor !

A cette époque pourrie de la Régence, il fut impossible de trouver dans tout le Parlement, pour y former une commission d'enquête, trente juges plus honnêtes que les misérables qu'ils avaient mission de condamner !

Arton n'a donc rien inventé.

L'abus des tailles et des impôts de toutes natures était arrivé à un tel point que les pères du comité de Latran durent les défendre aux seigneurs sous peine d'excomunication.

Outre la taille figuraient alors bien d'autres impôts.

En 1774, Turgot, qui avait été intendant de la généralité de Limoges, et dont le nom nous est resté sympathique, devint le ministre populaire du malheureux Louis XVI ; il proposa de supprimer la solidarité des habitants de chaque paroisse qui ne pouvaient plus calculer leurs charges ni leurs ressources. Cette mesure injuste n'en exista pas moins jusqu'en 1789. Aux approches de la Révolution, Turgot fit supprimer les douanes intérieures.

Les *corvées* étaient des impôts de diverses natures, sur lesquels il y aurait trop de choses à dire. C'était principalement des servitudes personnelles que le code Napoléon a nominativement abolies. Il y avait les corvées royales et les corvées seigneuriales et tant d'autres.

En 1776, Turgot fit abolir les corvées et les remplaça par des contributions. Le Parlement résista ; Louis XVI l'y força par un lit de justice où il fit entendre ces paroles : « *Je vois bien qu'il n'y a ici que M. Turgot et moi qui aimons le peuple.* »

En 1777, l'état des finances et les abus de fiscalité dévoilés par le ministre Necker, la détresse du Trésor, déjà signalée par Turgot, nécessitaient une révolution ; une partie de la nation imposait à l'autre des droits féodaux vexatoires, humiliants.

Dans les cahiers remis par les assemblées électorales aux membres des Etats Généraux en 1789, le cadastre était demandé par 73 assemblées de la noblesse et 83 du tiers-état.

Les idées de liberté, d'égalité, de fraternité, préparèrent un nouveau cadastre.

Dans une séance de nuit du 4 août 1789, chaque bénéficiaire de la féodalité fit le sacrifice de ses droits pour le bien du pays. L'entraînement de la renonciation aux droits féodaux alla jusqu'à l'idée de l'égalité des impôts.

On le voit par ce qui précède, des essais sérieux, dans lesquels on retrouve en germe la plupart des méthodes et des procédés qui ont pris place dans nos lois, avaient été faits sous l'ancien régime.

Les instructions pour les opérations cadastrales voulaient que le cadastre indiquât avec la contenance de chaque propriété, sa situation, son revenu *net* et le nom du propriétaire.

Les diverses mesures prises par l'Assemblée Constituante, préparèrent de grandes réformes ; cette assemblée s'était engagée à résoudre la question des impôts avant de se séparer.

La loi de 1790 et celles qui ont suivi jusqu'au 3 Frimaire, an VII, sont encore aujourd'hui en vigueur, sauf quelques légères modifications dictées par l'expérience. — Cette loi donne naissance à une ère nouvelle des impôts ; elle a reçu à ce moment une base fixe qui a persisté jusqu'à nos jours à travers les modifications qui ont eu lieu dans la législation et dans les errements de l'administration fiscale.

C'est à partir de cette loi de 1790 que le cadastre actuel a pris une véritable existence.

Bien que la question du cadastre eût été discutée au sein de l'Assemblée, la loi et l'instruction sur l'impôt foncier ne renferment aucune disposition concernant cette opération. Toutefois, par un décret des 21 août – 16 octobre 1791, les administrations de département, sur l'avis des administrations de district, furent autorisées à ordonner la levée des plans du territoire et l'évaluation du revenu d'une commune, lorsque cette demande aurait été faite par le conseil municipal de la commune. — Par un autre décret des 16 – 23 septembre de la même année, l'Assemblée régla le mode de lever du plan topographique.

Nous faisons remarquer que dans tout ce qui précède, il est surtout question de la propriété foncière comme base de l'impôt et du cadastre, que par conséquent la détermination physique et juridique (le bornage cadastral) de cette propriété y est sous-entendue, quand elle n'est pas formellement exprimée. Quand nous ferons l'histoire de ces questions dans les temps modernes et contemporains, le bornage et le cadastre prendront la primauté sous des formes et des appellations quelconques telles que livres fonciers, livres terriers, cadastre, arpentements, reconnaissances, etc.

Ce premier chapitre sur l'histoire des impôts est bien insuffisant ; nous le laissons incomplet, sans doute, mais nous avons hâte d'arriver aux questions qui touchent de plus près à la propriété foncière. D'ailleurs, les traités sur les impôts sont nombreux ; nous citerons, entre autres, l'ouvrage intitulé : *L'impôt dans les diverses civilisations* qui a paru chez l'éditeur Guillaumin.

Le deuxième chapitre qui va suivre aura plus de développements ; il sera plus complet que le premier, à cause de la grande agitation soulevée de 1787 à 1870 par la question qui en fait l'objet et à laquelle nous avons personnellement consacré de longs efforts.

CHAPITRE II

Temps modernes, Période de 1789 à 1870.

La loi de 1790 donne naissance à une ère nouvelle des impôts, du bornage et du cadastre.

Dans la période que nous venons de décrire, le bornage des propriétés, ainsi que le cadastre, étaient faits principalement en vue de l'impôt. Cependant, nous voyons partout, dans l'ancien temps, qu'il est question de détermination physique et juridique de la propriété foncière par les délimitations et bornages appelés titres, confrontations, reconnaissances, arpentement, cirquemanages ou autrement, appuyés sur des plans figuratifs des propriétés, documents qui, suivant les circonstances, étaient déposés soit dans les archives publiques, soit dans les archives privées. Ils étaient même tenus au courant des mutations dans des formes particulières, quelquefois primitives et bizarres.

La profession d'arpenteur, de géomètre, les études y relatives, étaient autrefois en honneur. Des lois et des édits réglementaient ces professions vis-à-vis des gouvernements et des particuliers. On trouve à la Bibliothèque Nationale et aux Archives deux édits de Louis XIV, en date, l'un de 1690, l'autre de 1702, qui règlent la situation des arpenteurs royaux et en font une catégorie de fonctionnaires avec de grandes attributions et des honoraires considérables. Tout dernièrement encore, des notaires s'intitulaient notaires-géomètres.

Il est à remarquer que dans tous les temps où l'on s'est occupé d'impôts, on a pris pour base la détermination physique de la propriété sous des appellations différentes : il y a eu des plans parcellaires, *des déclarations*, des arpentages, des mesurages, des cerquemanages, et toujours le cadastre basé sur le bornage.

Dans la période que nous allons décrire, l'idée prédominante des libéraux et des réformistes sera de donner à la propriété foncière, surtout à celle individuelle, une détermination dans sa constitution, une fixité dans ses limites, une sécurité pour sa transmission, une garantie pour les crédits hypothécaires, agricoles et autres. La démocratie rurale est la plus intéressée à la réussite des idées socialistes *rationnelles* que nous allons mettre en évidence au sujet de la propriété foncière rurale.

L'Assemblée nationale s'est séparée après avoir voté la création d'un bureau du cadastre. De Prony fut nommé, le 5 octobre 1791, directeur du cadastre du royaume.

La question cadastrale fut de nouveau étudiée par l'Assemblée législative. Le député Jollivet rédigea, au nom du comité de l'ordinaire des finances, un projet de décret sur une nouvelle organisation de la contribution foncière. Son rapport (*21 août 1792*) renferme l'exposé détaillé des moyens d'exécution du cadastre, tel que le comprenait le comité de l'Assemblée. Un premier lever, appuyé sur une triangulation très complète et exécuté par section de commune, devait être suivi d'un arpentage parcellaire à petite échelle; il était ensuite procédé à des expertises cadastrales dont l'exécution était minutieusement réglée.

L'Assemblée législative se sépara aussi avant d'avoir pu discuter le projet.

La solution de la question du cadastre demeura stationnaire sous la Convention, qui chargea cependant ses comités des finances, de législation et d'agriculture (*D. 27 janv — 11 fév. 1794*) de lui présenter un projet de décret sur la confection *d'un grand livre des propriétés territoriales*.

Le bureau du cadastre continuait à fonctionner sous les ordres de de Prony, qui avait rédigé, dès 1792, une instruction détaillée sur le lever des plans, approuvée par l'Académie des sciences. Ce savant, à qui on doit l'invention du cercle répétiteur qui porte son nom, fit, en 1797, un rapport dans lequel il développait tous les moyens d'exécution du cadastre, et qui fut soumis à la commission des finances du Conseil des Anciens, chargée de l'examen de la résolution du Conseil des Cinq-Cents, relative à la contribution foncière de l'an V. La commission adopta les conclusions de de Prony, tendant à faire précéder l'évaluation du revenu des propriétés d'un mesurage de toutes les parcelles imposables.

La loi du 23 novembre 1790 a fixé la contribution foncière à 240 millions c'est-à-dire au cinquième des 1200 qui représentaient le revenu probable de la propriété foncière.

Le cadastre fut décrété en 1791 ; il fut fait des essais malheureux qui coûtèrent beaucoup et n'eurent pas de suite.

L'exécution du cadastre ne commença sérieusement qu'en 1808.

On a voulu, en 1793, qu'il fût établi un grand livre de la propriété.

Le cadastre n'avait point été fait pour ne nous constituer qu'un plan parcellaire et des matrices cadastrales ; il n'avait pas seulement été fait au point de vue de la péréquation de l'impôt, mais pour asseoir la propriété qui venait d'être ébranlée ; il fallait reconnaître tous ces biens qui provenaient de l'émigration, de la vente des biens du clergé ; il fallait reconnaître les biens communaux, car toutes les communes étaient rentrées en possession de toutes ces terres vaines et vagues, *landes*, *pâlis*, *garrigues*, *palus*, comme le dit la loi des 1er juin et 17 juillet 1793. Voilà ce que voulait la loi de 1793 lorsqu'elle demandait un *Grand Livre*. Voilà aussi ce qu'a voulu le premier consul, lorsqu'il a dit : « Un bon cadastre parcellaire sera le complément de mon code. Il faut que les plans soient assez exacts et assez développés pour servir à fixer les limites des propriétés et empêcher les procès. »

Napoléon demandait à la géométrie plus qu'elle ne pouvait donner. Il aurait fallu joindre les renseignements juridiques dans les états cadastraux.

Nous extrayons du livre de M. Noizet des pages dans lesquelles il est grandement question de la constitution physique et juridique de la propriété foncière.

La loi de finances du 25 novembre 1808, dérogeant à celle de 1791, qui mettait à la charge de chaque commune la dépense de son cadastre, autorisa l'addition d'un trentième à la contribution foncière, pour former un fonds commun destiné à faire face aux dépenses cadastrales.

Deux rapports du Ministre des finances, du 27 janvier 1808, dont les conclusions furent adoptées, ordonnèrent la confection immédiate du cadastre, et tout aussitôt on se mit activement à l'œuvre dans toutes les parties de l'empire.

Avant la fin de 1808, les travaux étaient en cours d'exécution dans plus de 3.200 communes. Ils ont dû être entrepris dans 2.000 autres communes en 1809.

Le 28 février 1809, la France fut partagée en douze divisions cadastrales, à chacune desquelles fut attaché un fonctionnaire avec le titre d'inspecteur général des contributions directes et du cadastre, et une instruction du 23 février 1810 régla le détail de leurs travaux et de leurs attributions.

Plusieurs préfets se plaignirent à cette époque de la difficulté qu'éprouvaient les géomètres pour reconnaître les propriétaires des parcelles. Ceux-ci, en effet, refusaient de communiquer les titres justificatifs de leur qualité. Pour vaincre cette résistance, on demandait qu'une loi ou un décret leur enjoignît de produire ces titres, sous peine de payer le salaire des indicateurs auxquels on aurait recours ; mais le Ministre décida que ce salaire, pour l'année courante, serait prélevé sur le fonds commun, et, le 24 mai 1810, il alloua aux géomètres une indemnité spéciale pour l'acquit de cette dépense.

Des directeurs des contributions, des géomètres du cadastre, des maires et des propriétaires se plaignirent également de l'insuffisance de la désignation des parcelles sur les bulletins et demandèrent qu'on y inscrivît les noms des propriétaires riverains. Mais cette réclamation, qui aurait singulièrement compliqué les écritures, ne fut point admise.

En mai 1810, le ministre chargea les douze inspecteurs généraux de la rédaction d'un recueil, qui fut appelé *recueil méthodique*, et qui comprit dans un ordre raisonné toutes les instructions relatives au cadastre, l'expérience ayant prouvé, disait-il, tous les avantages du système organisé et mis en pratique depuis deux ans.

Ce recueil, véritable code cadastral en 1144 articles, réunit avec ordre et méthode toutes les dispositions, restées alors en vigueur, des instructions publiées jusque là ; il est en très grand honneur dans les autres Etats, qui en ont largement usé pour la création du système cadastral adopté par chacun d'eux.

C'est en 1811 que ce livre a été imprimé. Depuis trois ans les travaux prescrits par les instructions qu'il reproduit étaient en cours d'exécution, et étaient même terminés dans un grand nombre de communes. On devait donc dès lors en connaître et en apprécier les résultats ; on devait savoir que l'opération, telle qu'elle était exécutée, ne pouvait être, au point de vue de la délimitation, d'aucune utilité pour les propriétaires ; qu'ainsi les promesses faites dans le principe n'étaient pas réalisables. Les douze inspecteurs, chargés de la surveillance et de la vérification des travaux, et tout à la fois de la rédaction du recueil, devaient le savoir mieux que personne. Aussi est-on surpris de voir que non seulement ils conservaient les illusions dissipées depuis longtemps dans l'esprit des hommes pratiques et de tous les propriétaires, mais qu'ils poussèrent plus loin encore les promesses antérieures. Nous allons citer textuellement ces nouvelles promesses, faites, on ne peut en douter, avec la plus grande bonne foi :

« Art. 167. Les avantages que le cadastre offre aux pro-
« priétaires sont, en assurant l'égalité de la répartition de
« la contribution foncière, *de déterminer les limites* de leurs
« propriétés, de manière à prévenir les contestations et les
« procès qui se renouvelaient sans cesse.

« Art. 703. Le cadastre peut et doit même servir de titre
« pour constater la propriété. Les propriétaires ont donc in-
« térêt à ce qu'aucune de leurs parcelles ne soit omise, et
« à ce que leurs contenances ne soient pas affaiblies.

« Art. 1135. Autrefois, les grands propriétaires seuls
« avaient le terrier de leurs biens. Désormais tout proprié-
« taire peut se procurer une copie des parties du plan et de
« la matrice du rôle ; il trouve dans ces deux pièces le
« terrier le plus exact de ses propriétés.

« Art. 1142. Le cadastre termine et prévient pour l'avenir
« une foule de contestations entre les propriétaires *sur les*

« *limites* de leurs propriétés, contestations qui occasionnent
« des frais dont le montant, difficile à calculer, s'élevait
« peut-être chaque année à une somme deux ou trois fois
« plus forte que celle à laquelle montent les centimes
« additionnels temporaires imposés pour la confection du
« cadastre.

« Art. 1143. Le cadastre peut et doit même nécessairement,
« par la suite, servir de titre en justice *pour prouver la*
« *propriété*. Il en est de même des livres de mutations qui
« conservent la trace de tous les propriétaires dans les
« mains desquels un bien-fonds passe successivement.

« Art. 1144, dernier alinéa. *Le cadastre sera le grand*
« *livre terrier de la France*. »

Comment concilier ces affirmations si positives au sujet de
la délimitation par le cadastre avec les articles du même
recueil que nous allons rapporter et qui attestent que le
cadastre ne tient aucun compte du droit de propriété et ne
constate que la jouissance du moment, que les propriétaires
sont appelés uniquement pour fournir des renseignements et
non pour convenir de leurs limites respectives ?

« Art. 175. Le géomètre ne doit lever les propriétés que
« d'après *les jouissances au moment où il opère*.

« Art. 169. *Deux ou trois propriétaires suffisent souvent*
« *pour fournir beaucoup de lumières au géomètre*, parce
« que *la circonscription de leurs propriétés donne déjà*
« *une partie de celle des terrains contigus. Mais aucun*
« *propriétaire ne se rendît-il sur le terrain, le géomètre*
« *doit toujours procéder à ses opérations*.

« Art. 174. A mesure qu'il connaît le propriétaire d'une
« parcelle il le porte sur la feuille ci-dessus (indiquant le
« lieu dit, le numéro, le nom du propriétaire, la nature de
« la propriété), avec ses prénoms, sa profession et sa
« demeure, sur la ligne de la parcelle qui lui appartient. »

« Art. 194. Le géomètre ne fait aucune distinction des
« propres de la femme d'avec ceux du mari lorsqu'il y a
« communauté de biens, et porte tout sous le nom de ce
« dernier. »

Comment une opération qui a pu être et qui a été réellement faite en l'absence des propriétaires, à laquelle ils n'ont

même pas été appelés, et dans laquelle leurs droits ont été
déterminés avec si peu de précision, aurait-elle pu être obligatoire pour eux ? Comment, étrangers qu'ils ont été à cette
opération, auraient-ils pu se l'opposer l'un à l'autre ? Aussi,
comme l'instruction du 20 avril 1808 et l'art. 169 du recueil
précité l'avaient pressenti, les propriétaires n'ont pris aucune
part à l'opération, il n'y a pas été question de délimitation.
Les géomètres, sur les renseignements plus ou moins inexacts
des indicateurs, sur les signes de séparation plus ou moins
apparents, plus ou moins trompeurs, ont fait l'arpentage et
levé le plan des parcelles à leur guise, en commettant
toutes les erreurs que devait nécessairement produire un
pareil mode de procéder.

On ne tarda même pas à reconnaître qu'il n'en pourrait
sortir un élément de péréquation générale de l'impôt foncier;
et la loi du 30 mars 1813 posa en principe que cette péréquation serait restreinte à chaque localité ; le cadastre, inutile
pour la délimitation, n'eut donc en réalité d'autre effet que
la formation du contingent individuel de chaque propriétaire.

Cependant, en cinq ans, de 1808 à la fin de 1813,
11.837.303 hectares, en 36.827.165 parcelles, comprenant
9.000 communes, furent ainsi cadastrés.

Les travaux furent à peu près abandonnés depuis la première invasion jusqu'en 1818. 9,000 communes étaient cadastrées à la fin de 1813, et le nombre n'en était pas augmenté
en 1817.

Une décision ministérielle du 23 juin 1814 réduisit à 8,
pour les 86 départements du royaume, le nombre des inspecteurs généraux qui, en 1809, était de 12, pour 110 départements.

Une ordonnance du 11 juin 1817 créa une commission pour
la confection d'une grande carte du royaume appropriée à
tous les services publics, et destinée en même temps au
perfectionnement de l'arpentage cadastral.

A cette époque, l'expérience, les méthodes, les hommes,
les instruments même manquaient ; il y avait peu de concours
à attendre des autorités municipales et des populations. On
ne pouvait faire qu'une œuvre imparfaite, et on la fit parce
qu'on pensait qu'elle pourrait avoir son utilité pour la perception de l'impôt.

Le cadastre, dans chaque commune, se compose de trois pièces : 1° le plan parcellaire, figure du terrain avec ses divisions ; 2° l'état de sections, qui sert de légende au plan et où sont indiqués le nom du propriétaire, la situation, la nature, la contenance et le revenu imposable de chaque parcelle ; 3° enfin la matrice, qui, outre les mêmes détails, contient le nom de tous ceux par les mains desquels passe successivement la propriété.

Pour que le cadastre répondît à la pensée de Napoléon, il aurait fallu que le plan contînt la délimitation et le bornage des héritages.

Il aurait fallu ensuite qu'un système de conservation permît de tenir les trois pièces cadastrales en accord parfait avec les mouvements de la propriété.

C'est ce qui ne se fit pas.

Les géomètres se bornèrent à faire les opérations géodésiques et à lever le plan parcellaire conformément à la jouissance apparente et présumée des propriétaires, qui ne furent appelés que *post factum*.

Ces plans et les états de section qui leur servaient de légende restèrent immuables, tandis que les matrices étaient incessamment surchargées des noms des nouveaux propriétaires.

Aucune conservation ne fut organisée. La conservation aurait consisté à tenir les matrices, les plans et les états de section en accord constant avec les mouvements de la propriété.

Dans un pays qui admet le partage égal des successions, où la propriété se divise et se subdivise incessament, où de grands travaux de routes, de canaux, de chemins, de voies ferrées, de démolitions et de constructions de maisons, changent fréquemment la configuration du sol, il n'était pas possible de suivre longtemps, sur des plans invariables, les mouvements continuels de la propriété, et le moment devait arriver ou on ne pourrait pas opérer facilement les mutations qui servent de base à la confection des rôles des contributions.

Aussi ne tarda-t-on pas à reconnaître que le cadastre était très imparfait.

« En 1818 et 1819, l'exactitude du cadastre ayant été vivement contestée dans les deux Chambres et ne paraissant pas suffisante pour servir de base au grand travail de péréquation dont on se préoccupait alors beaucoup, on songea à recommencer ces opérations, en ajournant successivement par plusieurs lois la péréquation elle-même. »

Dans la Chambre des députés, en 1819, un orateur alla jusqu'à dire :

« Mal entendu, mal organisé, le cadastre tombera de lui-même avant peu, et à la grande confusion de ceux qui en sont chargés ; on reconnaîtra la nécessité de l'abandonner, mais après y avoir enfoui bien des millions. »

Le cadastre fut néanmoins continué, tant il est difficile de sortir d'une mauvaise ornière.

Cependant des plaintes s'élevaient dans les départements les plus anciennement cadastrés. Les citoyens et les conseils locaux demandaient la rénovation. Le Gouvernement se préoccupait de ses réclamations.

De 1828 à 1837, cinq commissions furent successivement appelées à examiner la question et à rechercher le meilleur mode de rénovation du cadastre.

La commission de 1837 proposait la rénovation et la conservation du cadastre, sans admettre l'abornement. C'était un progrès, surtout au point de vue de l'impôt. Ce projet fut communiqué aux conseils généraux, qui en majorité l'approuvèrent ; mais il ne reçut aucune suite.

Cependant les plaintes se renouvelant, la Chambre des députés s'en rendit l'organe.

M. le ministre des finances, vivement pressé, et reconnaissant la nécessité d'agir, autorisa les départements à renouveler le cadastre dans les cantons où il remontait à 30 ans.

Cette décision avait le double inconvénient de laisser refaire le cadastre sur des bases reconnues vicieuses et d'être en contradiction avec la loi de 1803.

Il fallait que le ministre fut bien pénétré de la nécessité de la rénovation du cadastre pour assumer la responsabilité d'une telle mesure.

La Chambre des députés n'accepta pas cette décision.

Dans la session de 1843, le ministre, interpellé, répondit qu'il présenterait un projet dans la session suivante.

En 1844, la commission se plaint énergiquement de l'inexécution de cette promesse ; elle dit qu'en ne présentant pas une loi sur la conservation du cadastre, on compromet l'existence de cette grande opération. En effet, les pièces des derniers cantons cadastrés vieillissaient et étaient menacées du même sort que celles des cantons primitivement cadastrés.

En 1845, la commission du budget renouvelle ses plaintes. Elle dit que les ajournements de l'administration sont inexplicables ; elle pose en principe qu'une loi est nécessaire pour ordonner le renouvellement des opérations cadastrales, surtout quand elles comprennent de nouvelles évaluations ; qu'une décision ministérielle est insuffisante, et elle termine ainsi :

« La première pensée de votre commission pour déterminer la présentation du projet de loi si souvent annoncé avait été de supprimer le fonds de subvention destiné au cadastre ; elle n'a pas voulu aller jusqu'à vous en faire la proposition ; toutefois elle insiste sur deux points, c'est qu'aucune opération nouvelle ne sera autorisée au delà des cantons entrepris, et que le projet de loi soit présenté à l'ouverture de la session. »

Enfin, en 1846, le ministre annonce à la Chambre qu'un projet de renouvellement et conservation du cadastre a été préparé et qu'il est prêt à être soumis à son examen ; mais il demande que la Chambre veuille bien lui laisser faire quelques essais pour s'assurer de la valeur pratique de son projet.

La Chambre accueille cette demande et vote 50,000 francs pour les frais d'essai.

Le projet de 1846 fut communiqué aux conseils généraux. En l'adressant aux préfets, le ministre le fit accompagner d'une note explicative.

C'est dans cette note que se trouve mentionné le triste état du cadastre, même en ce qui concerne le service des mutations.

« Les mutations n'ont été jusqu'ici effectuées que sur la

matrice ; le plan et l'état de section sont restés dans leur
état primitif.

« Ce système a bien pu fonctionner pendant un certain
nombre d'années ; mais on conçoit que le plan et sa légende
restant invariables pendant que la matrice est incessamment
modifiée, en raison des changements que subit la propriété
foncière dans ses limites et dans ses possesseurs, il arrive
un moment ou le plan et l'état de section, se trouvent si
peu en harmonie avec le terrain qu'ils ne peuvent plus servir
de guides aux propriétaires, et que les agents de l'administration eux-mêmes éprouvent de l'embarras pour constater
l'identité de propriétés, objet des mutations successives.

« Tel est aujourd'hui l'état des cadastres exécutés dans les
premières années du système parcellaire. Ces causes de
confusion se compliquent encore des erreurs dont les premiers travaux d'arpentage et d'expertise sont entachés par
suite de l'inexpérience des agents, de l'imperfection des
méthodes, du défaut de précision des instruments. D'un autre
côté, le temps a amené, dans les divers produits de la terre,
des changements si considérables que l'égalité proportionnelle
primitivement établie dans les revenus imposables se trouve
profondément altérée. Enfin les matrices, surchargées de
radiations et de transcriptions et fatiguées par un long
usage, deviennent successivement hors de service. »

En 1846, les agents des contributions avaient beaucoup de
peine à faire les mutations qui servent de base à la confection des rôles. Combien 50 ans de plus ont-ils dû aggraver
cette situation ?

Le cadastre, au dire de plusieurs conseils d'arrondissement,
ne peut plus être utilement consulté aujourd'hui, et, d'un
autre côté, l'administration des finances déclare qu'il lui
devient impossible d'opérer les mutations.

Le projet de 1846 consacrait la rénovation et la conservation du cadastre.

Il n'admettait pas l'abornement forcé; mais la note explicative indiquait qu'il était possible d'arriver à un *abornement
facultatif et contradictoire.*

Voici le passage de cette note :

« Tout ce qu'il est possible de faire administrativement,

c'est d'appeler les propriétaires pour reconnaître ou contester sur le terrain les lignes de démarcation assignées sur le plan à toutes les parcelles de leurs propriétés confrontant à des propriétaires différents ; de dresser un procès-verbal authentique de leur adhésion ou de leurs observations ; de concilier autant que possible, les parties. En cas de non conciliation, de ne tenir compte que du fait, jusqu'à ce que les tribunaux aient réglé le droit. »

C'est peut-être en vue de ce procédé que le ministre demandait à faire des essais.

Ces essais furent faits dans plusieurs départements.

Ainsi, en 1847 les essais étaient faits, le projet allait être présenté, et il semblait que cette question, si longtemps ballottée, touchait au port. Un changement de ministre la rejeta dans le vague, et la révolution de 48 l'y maintint.

Cependant les choses empiraient et les plaintes se renouvelaient. Les circonstances n'étaient pas favorables pour résoudre les questions que présentait la rénovation du cadastre.

Aussi le ministre des finances, en 1850, se borna-t-il à introduire dans la loi des finances un article qui autorisait les départements et les communes à renouveler le cadastre dans les cantons cadastrés depuis plus de trente ans.

La commission du budget, informée qu'il s'agissait de renouveler le cadastre sur les anciens errements, refusa son assentiment à cette proposition, et proposa de ne donner la faculté de le renouveler, qu'aux communes seules, à la charge d'en supporter les frais.

Le rapporteur (séance du 3 août), motivait ainsi cet amendement : « C'est avec intention que nous n'étendons pas plus loin cette faculté ; car votre commission croit qu'il est indispensables que le Gouvernement s'occupe de la loi qui doit régulariser enfin le travail du cadastre. »

Le ministre répondit : « Je suis d'accord avec la commission sur cette rédaction. ». L'amendement, mis aux voix, fut adopté à l'unanimité. Ainsi la loi de 1850 autorisait seulement les communes à renouveler le cadastre à leurs frais.

Une telle loi ne pouvait pas produire de résultats sérieux.

Aussi, M. Bonjean, en 1861, disait spirituellement que la

loi de 1850 avait fait faire à la question un grand pas ... en arrière.

Cependant les vices et les insuffisances du vieux cadastre se faisaient de plus en plus sentir. Les conseils généraux réclamèrent de nouveau.

L'exposé des faits et des actes paraît démontrer virtuellement et sans réplique, que la rénovation du cadastre est une mesure d'une nécessité universellement reconnue.

Elle a été réclamée par les propriétaires, les conseils communaux, d'arrondissement, départementaux, par toutes les Chambres, depuis la Restauration jusqu'à la République. M. le ministre des finances, en 1866, en reconnût lui-même la nécessité et ne retarda la présentation d'un projet de loi qu'en raison de la question financière.

Il est reconnu, en principe, par tout le monde, que le cadastre doit être renouvelé.

Le cadastre actuel qui, malheureusement, ne pouvait servir qu'à la perception de l'impôt, n'a même pas atteint ce but.

Dès 1846, les mutations ne pouvaient se faire qu'avec une extrême difficulté ; aujourd'hui elles deviennent impossibles dans certains cantons. C'est l'administration elle-même qui le dit. Les mutations se faisant mal ou ne se faisant pas du tout, les rôles fourmillent d'erreurs et donnent lieu à une foule de réclamations et de procès au contentieux et ailleurs,

Aujourd'hui la plus grande confusion règne dans les cantons anciennement cadastrés.

Beaucoup de propriétaires ne reconnaissent plus eux-mêmes leurs héritages sur le plan cadastral. Comment le contrôleur, souvent étranger au pays, les reconnaîtrait-il ? Aussi les mutations se font mal ou ne se font pas du tout, Un grand nombre de contribuables ont à leur nom des numéros de propriétés qui ne leur appartiennent pas et n'ont pas ceux qui leur appartiennent ; de là les plus graves inconvénients pour la confections des rôles, pour les ventes, les hypothèques, les saisies immobilières, etc. (¹)

En 1851, le gouvernement proposa des modifications à la

---

(1) Discours de M. Tourangin au Sénat le 6 avril 1866.

loi de 1850. Plusieurs systèmes lui furent présentés. Quelques
années après, de nombreuses pétitions ont été présentées au
Sénat. Les pétitionnaires ne se contentaient pas de demander
la rénovation du Cadastre au point de vue fiscal, mais la
plupart voulaient l'organiser au service de la propriété foncière. Ces pétitions avaient toutes été envoyées au ministère
des Finances après des rapports au Sénat.

La promesse de s'occuper du Cadastre fit taire les plaintes ;
mais elles se sont renouvelées maintes fois, toujours plus
vivement.

La question était alors très vivace. Monsieur le Président
Bonjean était l'apôtre du Cadastre, il y avait aussi les apôtres
du Livre-foncier. Un grand mouvement cadastral s'était produit dans le sens de la détermination physique et juridique
de la propriété foncière rurale. Des opérations avaient été
faites, particulièrement dans les départemeuts du Nord, de
l'Est, dans la Nièvre, dans l'Oise et ailleurs.

Nous n'avons pas, quant à présent, le soin d'apprécier la
forme et la valeur des opérations qui ont été faites sur divers
points de la France, il suffit de dire que partout elles ont
donné des résultats favorables. Pour le moment, fidèle à notre
mission de préconiser le système de l'ancien Juge de paix
de Limoges, nous allons le suivre dans son immixtion à tout
ce qui a été fait depuis 1861 jusqu'à aujourd'hui sur ces
sujets.

Immixtion du Juge de paix de Limoges dans les questions
de bornage et de cadastre :

Voici ce qui s'est passé dans la Haute-Vienne : Impressionné
par ce qu'il avait vu d'affaires malheureuses pendant ses exer-
cices d'avoué de première instance et d'appel à Limoges, à
l'occassion de procès pour des intérêts insignifiants ; évangé-
lisé par les apôtres de l'époque, spécialement par M. le Séna-
nateur Casabianca rapporteur en 1854 du projet du code rural,
le Juge de paix de Limoges, conçut l'idée de doter les quatre
communes de son canton d'un Livre terrier ; il se mit immédiatement à l'œuvre. Tel qu'il l'a conçu, il l'a exécuté ; il
fonctionne depuis vingt-cinq ans. C'est un exemple. La preuve
de sa réussite se trouve dans cette réponse de M. le Juge
de paix *actuel* du canton nord de Limoges au questionnaire

nouvellement envoyé : « *Les affaires en bornage, autrefois très nombreuses dans ce canton, sont devenues très rares.* »

Le système simple, pratique, économique, politique, consiste à faire opérer le bornage des propriétés par les moyens ordinaires, avec les lois actuelles ; à réunir tous les bornages particuliers en un faisceau pour former le Livre terrier général qui serait organisé par les soins des administrations. — Il a été appliqué à 10.000 hectares de terrains avec cette circonstance à remarquer que pas un *procès de bornage n'a paru devant les tribunaux, et que toutes les procédures commencées pour des difficultés de propriété sont venues s'éteindre dans les procès-verbaux de la constitution de la propriété foncière.* Les plans géométriques cadastraux rectifiés par le bornage, les procès-verbaux à l'appui sont déposés au greffe de la justice de paix du canton nord de Limoges, où il forment le livre foncier de la propriété. Quoique incomplet, c'est un monument solide auquel les propriétaires de ce canton peuvent avoir recours pour le règlement de leurs difficultés.

En 1863 le Sénat discutait le projet de bornage et de délimitation des propriétés particulières ou collectives de l'Algérie. Nous avons pris la respectueuse liberté d'adresser à MM. les Sénateurs des notes sur le système à employer en donnant pour exemple les opérations officielles de bornage exécutées dans la Haute-Vienne.

Le 8 novembre 1864, une circulaire de son Exc. M. le Ministre |de l'Agriculture, a ordonné des mesures contre l'envahissement des communaux, et pour la conservation des servitudes qui leur sont inhérentes.

Nous lui avons exposé le mode utile pour donner satisfaction à ses instructions et la nécessité de faire opérer le bornage des communaux (Voir ce qui est dit au mot communaux à la deuxième partie).

M. le Ministre de la justice, informé des opérations de bornages que faisait le Juge de paix du canton nord de Limoges, demanda à M. le procureur général des renseignements qui lui furent envoyés dans un rapport que nous transcrirons à la deuxième partie de cet ouvrage.

Conseils généraux.

Dans la même année 1865, le Juge de paix de Limoges pour s'entourer de tous renseignements, consulta les conseils généraux de France et d'Algérie. Nous croyons devoir donner quelques réponses ; elles feront connaître l'état de la question en 1865, l'opinion des conseils généraux d'alors, l'approbation générale qu'avait obtenu le système de bornage cadastral du Juge de paix de Limoges. On pourra voir en compulsant les enquêtes qui ont été faites depuis, la nécessité du bornage et de la réfection du cadastre par notre système.

Département du Var.

« M. Freyssinaud, juge de paix du canton de Limoges, s'est occupé de la question du bornage des propriétés. Dans un mémoire très intéressant, il fait connaître les moyens qu'il emploie pour simplifier l'opération et pour lui faire produire les effets les plus complets. Éviter les frais de justice en recevant le consentement au bornage par procès-verbaux de conciliation, constater les servitudes lorsqu'elles ne sont pas contestées, faire vider les différends par des arbitres, lorsqu'elles le sont : tels sont les résultats poursuivis et obtenus par M. Freyssinaud. Nous ne pouvons qu'applaudir à cet excellent travail, approuver ce système d'opérations, et émettre le vœu que des idées aussi utiles se propagent dans notre département.

« Votre commission, Messieurs, vous propose de recommander le bornage et le mode de procéder de M. Freyssinaud à tous les propriétaires qui comprennent les avantages d'une bonne délimitation de leurs propriétés et sont désireux d'éviter les procès. »

Le conseil adopte l'opinion de la commission.

Département de la Haute-Vienne.

«...La commission d'accord avec M. Freyssinaud ne croit pas qu'il soit opportun de faire une loi obligatoire. Elle pense que l'art. 646 du code civil est suffisant et qu'il conviendrait, en laissant aux propriétaires la liberté et l'initiative, dans le soin de leurs propres intérêts, d'encourager et de favoriser ceux qui seraient demandeurs au terme dudit article. Le mode de procéder employé par M. Freyssinaud évite les frais de justice, fait disparaître la crainte des procès et arrête ceux qui sont déjà nés ; enfin, il permet de constater et de régler les servitudes, qui sont la source de la majeure partie des procès.

« Sur tous ces points la commission s'associe aux idées formulées et mises en pratique par M. Freyssinaud ; elle propose de le féliciter de ses efforts pour généraliser les opérations de bornage. »

Département de la Corrèze.

« Votre commission a lu avec le plus vif intérêt le travail de M. Freyssinaud, juge de paix à Limoges, sur le bornage ; elle engage le conseil à émettre un avis favorable sur ce travail, en le recommandant à l'attention de Son Exc. M. le Ministre de l'agriculture. »

Le conseil adopte.

Département de la Creuse.

« Votre commission vous propose d'émettre le vœu de voir le bornage se généraliser le plus possible. »

Département de la Gironde.

Après un rapport favorable du Préfet, la commission énumère les avantages du système, appelle l'attention du gouvernement et signale aux législateurs du code rural l'intéressant travail qui fournit d'utiles indications.

Département de la Corse.

Le conseil général applaudit aux efforts intelligents et consciencieux de M. Freyssinaud, juge de paix à Limoges, pour généraliser le bornage périmétrique des propriétés avec constatations des servitudes et renouvellement du cadastre. Il pense que l'emploi du système d'opérations recommandé par M. Freyssinaud ne peut que produire de bons résultats et prévenir un grand nombre de procès.

En 1866, quatre pétitions réunies, adressées au Sénat, tendaient à obtenir le renouvellement du cadastre et faire déclarer *titre*, le cadastre renouvelé.

Le 13 mars, M. le sénateur Vuillefroy, dans un rapport sur ces pétitions a conclu à l'ordre du jour. Des sénateurs ont demandé l'ajournement qui a été prononcé.

Dans l'intervalle de cet ajournement, l'Empereur qui se

préoccupait de la question cadastrale, informé de ce qui se passait dans la Haute-Vienne, fit appeler le juge de paix de Limoges, voulut voir ses plans, recevoir ses explications orales ; il s'intéressa au développement de son système, lui donna son approbation formelle et lui demanda une note écrite. Cette note, remise à M. le Ministre de la Justice, motiva de sa part un rapport dont voici un extrait :

Que M. Freyssinaud continue donc son œuvre avec intelligence et surtout sans parti pris de coaction et de violence morale, et il ne méritera que des éloges. *Quelle plus belle récompense pourrait-il d'ailleurs envier, après celle d'avoir été admis à l'honneur d'exposer à l'Empereur lui-même son système, ses travaux et son œuvre accomplie.*

Dans la conférence ci-dessus rapportée, il fut dit à Napoléon III :

« Sire, le jour où chaque propriétaire aura présenté l'abornement particulier de ses propriétés avec constatation de servitude et rectification du cadastre ; le jour où ces abornements particuliers, écrits et cadastrés, organisés en livres généraux, auront constitué *le grand-livre de la propriété*, votre dynastie aura construit un monument plus solide que le Louvre qui se bâtit à côté de votre palais. Le grand-livre, renouvelé par le système très simple de conservation que j'indique, ne périra pas ; il rendra les plus grands services au pays ; il fera envie à toutes les nations. »

Si le livre foncier avait été fait, il survivrait au Louvre et à la dynastie.

* * *

Ce qui fut dit à l'Empereur, le 1er avril 1866, a été répété, le 11 mai 1892, à Monsieur le Président de la République dans une audience dont il va être parlé.

Dans l'intervalle aussi de l'ajournement au Sénat, nous lui avons fourni des documents et des observations sur notre système.

Le 6 avril 1866 eut lieu la grande délibération du Sénat dans laquelle plusieurs orateurs ont parlé des travaux et du système du juge de paix de Limoges et les ont aussi formellement approuvés.

Cette délibération a fait époque ; il est nécessaire de l'analyser.

Délibération du Sénat : M. le sénateur Tourangin a pris le premier la parole. Il a fait l'historique du cadastre ; il n'a parlé qu'incidemment des avantages qu'on pourrait retirer d'un cadastre suffisant à constater la propriété individuelle.

M. le Président Bonjean, qui est monté à la tribune après M. Tourangin, s'est placé au double point de vue de l'impôt et de la propriété. Il a magistralement traité la question de détermination physique et juridique de la propriété foncière par le bornage. — Le discours de M. Bonjean est typique en la matière qui nous occupe ; nous allons en faire des extraits.

A ce moment nous saluons la mémoire de cet homme de bien, grand orateur, *vir probus, dicendi peritus*. Grand d'intelligence et de caractère, il est mort martyr du devoir, victime des erreurs de l'humanité. Pris comme otage dans les derniers jours de la Commune, en mai 1871, M. Bonjean aurait pu échapper à la mort ; il n'a pas voulu abandonner ses compagnons d'infortune, Monseigneur Darboy et autres, avec lesquels il a affronté courageusement le peloton d'exécution.

Extraits du discours de M. Bonjean.

« En essayant de vous démontrer la nécessité croissante d'un *livre foncier*, fondé sur le cadastre, tel qu'en possèdent plusieurs nations voisines, je ne critique nullement le code Napoléon pour ne l'avoir pas fait. Si ce livre n'existe pas, si le code n'a tiré aucun parti du cadastre, c'est par la raison fort simple que ce code a été voté, discuté, promulgué de 1802 à 1804, tandis que le cadastre n'a été commencé qu'en 1808 et terminé seulement en 1850. Les auteurs du code ne pouvaient donc utiliser ce qui n'existait pas ; et à ceux qui seraient assez injustes pour leur en faire un reproche, ils pourraient répondre avec l'agneau de la fable :

Comment l'eussé-je fait, puisqu'il n'était pas né ?

« J'affirme, en second lieu, que, pour l'établissement de ce livre foncier, il n'est nullement besoin de toucher à aucune des dispositions du code, non, pas même d'en déranger une virgule. — Seulement, aux principes qu'il a posés, je voudrais fournir, pour l'application pratique, un instrument qui manquait au grand législateur de 1804, comme manqua, la même année, au guerrier conquérant le bateau à vapeur qui eût pu le porter aux côtes d'Angleterre. »

L'orateur se livre ensuite à une étude fort intéressante sur l'état de la propriété foncière ; il prouve que la petite propriété domine en France dans une proportion énorme.

Ensuite il passe en revue les difficultés que les propriétaires éprouvent dans diverses circonstances pour faire valoir leurs titres, quand ils en ont, et leurs droits, en dehors des titres. Il entre dans des détails circonstanciés sur l'identité des parcelles, la confusion du cadastre, l'inanité des actes notariés et il arrive à la question du bornage (*Qui terre a guerre a*). Dans un tableau un peu imagé, il montre dans l'état actuel les difficultés et les frais qu'entraîne le bornage individuel, surtout pour les petits propriétaires, et il conclut au bornage collectif, pour lequel il fournit des explications et des moyens d'exécution très appréciables.

Dans sa dissertation, Monsieur le président Bonjean a fait une confusion des frais du bornage ordinaire avec les frais de difficultés sur bornages qui sont des procès de bornes, des revendications de terrains usurpés, des litiges ordinaires avec leurs graves inconvénients que nous évitons avec notre système.

Mais continuons les extraits du discours de Monsieur le président Bonjean :

« A quelque procédé qu'on ait recours, à celui de Genève ou à celui du canton de Vaud, à ceux de la Hollande et de la Belgique, ou à ceux de la Westphalie, de la Prusse rhénane, de la Bavière, etc., etc., on arrivera toujours à réaliser plus ou moins promptement, plus ou moins économiquement, plus ou moins parfaitement, l'inappréciable bienfait :

« 1° De constituer enfin la propriété *inviolable* par le fait, comme l'a proclamée inviolable en théorie le code Napoléon ;

« 2° De procurer à la propriété un bornage *perpétuel, inaltérable*, non plus au prix monstrueux des bornages isolés que je vous ai fait connaître, mais moyennant le léger sacrifice de 2 à 3 francs par parcelle : c'est le prix qu'a coûté le bornage collectif dans nos départements de l'Est ;

« 3º De décourager par l'infaillible certitude de la répression, l'esprit de rapine et d'usurpation qui démoralise nos campagnes ;

« 4º De tarir la source des procès qui sont la ruine de la petite propriété ;

« 5º De rendre aux rapports de voisinage le caractère de bienveillance et de tolérance réciproque, c'est-à-dire de substituer les *bons sentiments* aux *mauvaises passions* qui sont la conséquence forcée de l'état de choses actuel.

« Puis, s'il devenait nécessaire de rendre la mesure *obligatoire*, j'avoue que je n'en éprouverais que peu de scrupules.

L'article 646 n'autorise-t-il pas tout propriétaire à contraindre ses voisins au bornage? Or ce droit de contrainte accordé à un particulier dans un intérêt privé, pourquoi la loi ne le pourrait-elle pas proclamer dans un intérêt public de premier ordre, la sécurité des propriétés, la moralisation et l'adoucissement des rapports de voisinage ?

. . . .

« Et nous, messieurs, associons-nous à cette œuvre féconde, en renvoyant les pétitions, non pour leur valeur intrinsèque, mais pour les questions qu'elles soulévent, non pas seulement au ministre des finances, qui ne pourrait y voir qu'une question d'impôt et qui nous opposerait que la péréquation a été obtenue, à peu près aussi parfaite que le comporte une opération de ce genre, par les dégrèvements successivement alloués aux départements surchargés et qui ne s'élèvent pas à moins de 86 millions sur 240 millions, somme à laquelle l'Assemblée constituante, en 1791, avait fixé le principal de l'impôt foncier ; et qu'il n'est pas possible d'imposer au Trésor de nouveaux sacrifices sur un impôt qui, fixé d'abord au *cinquième* du revenu net, est descendu successivement au *seizième*. Mais nous devons la renvoyer aussi au ministre de la justice, pour les questions de droit et de propriété, et aussi au ministre de l'agriculture, comme élément de la grande enquête à laquelle il préside, sur la situation de notre agriculture et par conséquent de la propriété agricole. »

Messieurs les sénateurs, Leroy, de Saint-Arnaud et de La Doucette ont répondu longuement. On lit ceci dans leurs discours :

M Leroy de Saint-Arnaud. — « Le juge de paix du canton nord de Limoges, M. Freyssinaud, nous a fait connaître les résultats obtenus par ses soins. Il a, je crois, envoyé des exemplaires de ses essais à plusieurs de nos collègues. (Oui ! c'est vrai !) Ce juge de paix n'exerce aucune pression autour de lui ; il ne contraint assurément personne à faire un bornage ; mais dans toutes les occasions où le bornage est demandé, il se transporte au lieu litigieux ; il ne se contente pas de mettre en présence les parties adverses ; présent lui-même au bornage, il procède à l'opération. Il commence par concilier les deux parties ; il les amène à faire un bornage amiable ; il fait par là même disparaître ces frais dont M. Bonjean vous a entretenus, mais en même temps il appelle tous ceux qui peuvent être intéressés au même acte, et il obtient d'eux, par l'influence du conseil et de l'exemple, qu'il soit procédé à un bornage collectif. C'est ainsi qu'il prépare toutes les facilités nécessaires pour reproduire sur le cadastre, si on voulait prendre cette voie, les indications régulières consenties et constatées qui, au lieu d'aller s'enfouir dans une étude de notaire, pourraient prendre place dans les procès verbaux rédigés par les agents du cadastre, ce qui permettrait de constater sur le tracé même des délimitations les bornes séparatives des propriétés.

» . . . .

« La division périmétrique qui enveloppe toutes les communes n'est plus à faire. La difficulté existerait encore dans la division des parcelles, si cette difficulté n'était pas destinée à disparaître devant le nouveau système que résument les procédés de M. le juge de paix Freyssinaud. »

. . . .

Et M. le sénateur baron de La Doucette ajoute :

« Nous avons tous lu ce travail, dont parlait un de nos honorables collègues, du juge de paix de Limoges, qui a rendu à son pays un véritable service : il est parvenu à borner à l'amiable 5,000 hectares ; de telle sorte que, dans toutes les communes où cet abornement a été fait, les habitants n'ont plus de procès et vivent en bonne intelligence.

« Dans mon département, dans le département de la Moselle, cette opération a été faite soit par des juges de paix, soit par le consentement des propriétaires des communes ; les propriétaires sont très satisfaits, et, depuis un grand nombre d'années, les procès ont complètement disparu.

« C'est donc une opération utile ; il est à désirer qu'elle se répande, et que le gouvernement y coopère par les moyens dont il peut disposer, soit en encourageant les juges de paix, soit en agissant sur les assemblées agricoles départementales et sur les communes, à l'effet de faire borner les terrains communaux. »

*
* *

Enquête agricole. — Après les délibérations du Sénat, la question cadastrale a été envoyée à l'enquête agricole qui avait été précédemment votée. Cette enquête a été faite dans les années 1866 et 1867. La question cadastrale y était vivement agitée.

Appelé à déposer devant la commission régionale de Limoges, nous avons pu indiquer notre système, montrer les opérations et les expliquer devant les justiciables du canton nord de Limoges qui avaient profité des travaux. Les rapports du président de cette commission, comme ceux des présidents des régions éloignées, ont été tous favorables. Nous avons aussi fait notre déposition orale le 15 juin 1867 devant la commission supérieure de l'enquête agricole, réunie à Paris sous la présidence de M. le ministre de l'agriculture (voir le volume, 3ᵉ série, dépositions orales, pages 407 et suivantes). Devant cette assemblée, composée de ministres, de sénateurs, de députés, parmi lesquels se trouvaient plusieurs conseillers d'État, nous avons présenté tout le système, avec pièces et plans à l'appui.

Il est nécessaire de fournir cette déposition qui est une prophétie de ce qui s'est passé depuis et de ce qui se passera plus tard sur le bornage, le cadastre et l'impôt. De plus, elle porte la discussion sur les divergences qui se sont produites alors et qui se renouvellent aujourd'hui. Nous aurons à y revenir souvent, parce que les documents et les motifs qui s'y trouvent ont toujours la même valeur ; les choses sont toujours dans le même état,

Quelques modifications ont été faites conformément à nos propositions. Exemple : la loi du 21 juillet 1894 qui ordonne un nouveau mode d'évaluation des propriétés. Cette déposition porte l'explication et le but de notre système pour la fiscalité et la constitution physique et juridique de la propriété foncière. Ces deux idées y sont réunies et confondues.

La première partie de cette déposition est relative au cadastre fiscal ; la deuxième partie traite plus spécialement du bornage cadastral comme moyen d'arriver à la constitution physique et juridique de la propriété foncière.

Nous copions ici la première partie de la déposition ; nous réservons le surplus pour la troisième partie de notre ouvrage dont la question du bornage fait surtout l'objet.

MINISTÈRE DE L'AGRICULTURE

DU COMMERCE, ET DES TRAVAUX PUBLICS

ENQUÊTE AGRICOLE

Dépositions orales reçues par la commission supérieure.
5ᵉ série.

Page 407. — Séance du 15 juin 1867. — Déposition de M. Freyssinaud, juge de paix du canton nord de Limoges.
Partie plus spécialement relative au cadastre fiscal.

. . . .

M. FREYSSINAUD. — Avant de parler du cadastre, je désire le définir tel que je le comprends. Ce sera peut-être un moyen d'éviter la confusion qui s'est glissée dans les délibérations du Sénat, lorsqu'il s'en est occupé à propos d'une pétition sur laquelle j'ai fourni des observations et des documents qui ont été distribués à MM. les Sénateurs. Les orateurs du sénat ont développé tour à tour l'idée fiscale et l'idée judiciaire. Souvent même ils les ont confondues.

Définition du cadastre. — Le cadastre pour les uns, c'est le livre d'impôts ; pour les autres, c'est le livre foncier-terrier, physique et judiciaire. Je place le cadastre entre ces deux idées ; je le laisse isolé ; il est seulement pour moi le plan parcellaire qui a servi à établir le livre d'impôt On veut en faire aujourd'hui le livre foncier physique et juridique.

Cette définition acceptée, voici mon but :

Débarrasser le Gouvernement des réclamations incessantes sur le cadastre et la péréquation d'impôts.

Donner satisfaction à ces réclamations et obtenir un Livre foncier cadastral, contradictoire, judiciaire, agricole et fiscal, qui formerait le Livre de la propriété, *sans que le Gouvernement ait rien à payer, sans qu'il ait la crainte d'exciter, de préoccuper les masses, sans changer les lois actuelles, sans rien faire qui puisse être délicat, dangereux ou impolitique.*

Eviter au Gouvernement les dépenses qui sont demandées pour la réfection du cadastre.

Arriver au bornage immédiat des propriétés communales, de celles de l'Etat (talus de route et autres) de celles appartenant aux établissements de bienfaisance et autres, sous la direction ou surveillance de l'Etat.

Faire opérer par tous les propriétaires sur leurs propriétés le bornage contradictoire, périmétrique, amiable ou judiciaire, avec constatation des servitudes et rectifications des plans parcellaires par croquis référés et figurés sur les plans du cadastre actuel.

Donner le moyen de rectifier les plans parcellaires, de les utiliser, de les refaire et de les conserver au courant des mutations.

Faire pratiquer dans l'enseignement primaire la lecture, l'application et la rectification des plans parcellaires, la connaissance des signes conventionnels qui indiquent les bornes, les mitoyennetés, les servitudes, ainsi que l'étude des courbes de niveau, si utiles pour les irrigations, le drainage et les travaux publics.

Enseigner les lois les plus usuelles dans les campagnes.

En vertu de l'art. 646 du Code civil, vulgariser les opérations d'arpentage, de bornage, de constatation de servitude, de rectification du cadastre, de telle sorte que les propriétaires eux-mêmes puissent faire ces opérations, que les élèves des écoles primaires adultes ou autres s'y habituent, et que le grand livre foncier de la propriété, une fois constitué, puisse être tenu facilement au courant des mutations.

Faire accompagner tout acte modificatif de la propriété d'un plan géométrique, de la description des bornes, de leur orientation, de leurs distances, de la description des servitudes et de tous documents écrits. — Laisser un délai de quinzaine aux notaires pour se procurer les renseignements et faire les annexes aux actes.

Arriver à une juste répartition de l'impôt foncier; question qui reste vitale, parce qu'elle répond à un sentiment de justice et d'équité.

Il faudrait remplacer le système fantaisiste, injuste, arbitraire des évaluations cadastrales (impôt proportionnel) par l'évaluation du revenu *net* des propriétés (impôt de quotité).

De la part du gouvernement : donner une judicieuse impulsion au bornage par l'action de tous les fonctionnaires, par les comices, les concours, etc. ; accorder des facilités fiscales.

Il y aurait lieu de donner des facilités, de faire des lois de dégrèvement, de modifier la procédure, lorsqu'il s'agit d'appeler en bornage des tuteurs, des interdits, des femmes mariées, des communes, etc., etc.

Pour régler immédiatement et à peu de frais les questions qui pourraient surgir des opérations de bornage, il serait utile de faire une loi qui ordonnerait, comme en matière de saisie immobilière, que les incidents de bornage seraient instruits sommairement et jugés dans un bref délai ; de cette manière, il n'y aurait plus à craindre dans les procès les lenteurs, les frais et les passions. Les procès dans des circonstances pareilles seraient favorables ; ils feraient cesser l'incertitude, cause trop fréquente en agriculture de négligence dans les cultures, de querelles entre les voisins.

Etendre la compétence des Juges de paix à toutes les questions de bornage, *en premier ressort seulement.*

Refaire les plans parcellaires du cadastre, après le bornage, conformément aux procès-verbaux, avec les constatations des servitudes : ces plans seraient rattachés à la triangulation de la France exécutée par le Service géographique de l'armée.

Faire rapporter sur les plans parcellaires déposés dans les préfectures et les communes toutes les modifications produites par les travaux nouveaux, chemins de fer, routes, chemins, canaux, établissements publics, etc.

Tel est mon programme, il ne peut être qu'indicatif.

Cadastre fiscal.

M. FREYSSINAUD. — Je ne parle que de l'impôt foncier à asseoir sur les biens fonciers, autrement dit de l'impôt que doit supporter la propriété rurale. Je ne m'occupe pas de tous les autres impôts qui sont indépendants de celui-là, tels que l'impôt des portes et fenêtres, la cote mobilière, etc. Mon système d'assiette d'impôt est spécial aux biens fonciers. Le revenu des biens ruraux fonciers une fois connu, chacun payerait au marc le franc du revenu de sa propriété, sa quote-part de l'impôt mise à la charge de la propriété foncière non bâtie.

M. LE PRÉSIDENT. — Mais le revenu d'un bien change tous les jours. Ce qui est aujourd'hui un marais payant peu et placé dans la 5ᵐᵉ classe, deviendra tout à coup par une opération de desséchement ou de drainage une propriété comprise dans la 1ʳᵉ classe, et donnera 25 ou 30 hectolitres de blé à l'hectare.

M. FREYSSINAUD. — Cette difficulté existe dès aujourd'hui. La loi de 1791 a indiqué de quelle manière l'impôt devait être assis. C'est pour arriver à ce but que le classement des terres a été fait par parcelles, natures de cultures, qualités de terres, revenus. Cette base une fois établie ne pouvait être changée, d'après les dispositions de la loi, qu'après une période de trente ans. Depuis, les natures de terrains ont changé, et l'impôt, une fois établi, est resté le même. Ce serait la même chose pour l'impôt assis d'après les revenus. Si on devait frapper le revenu au fur et à mesure des améliorations, cette mesure empêcherait toute espèce de progrès.

Quand on veut asseoir un impôt, il faut toujours prendre un terme de durée, parce qu'il y a un mouvement continuel dans l'agriculture et que telle terre, aujourd'hui inculte, peut devenir, par des travaux d'irrigation ou par des amendements que le hasard fera rencontrer, une des meilleurs du pays. C'est ce qui est arrivé souvent dans le Limousin. Le Poitou en offre un exemple saisissant.

A côté de Poitiers, dans les environs de Montmorillon, les landes ne produisaient que de hautes bruyères. On a trouvé pour amendement la marne, qui a fécondé les terrains d'une manière si heureuse que l'on voit aujourd'hui de beaux domaines et des végétations luxuriantes à la place des déserts qui existaient en 1791. Et cependant l'impôt n'a pas changé; il est dans la proportion de 10 francs pour un revenu de mille francs; la péréquation de l'impôt aura pour effet de l'augmenter.

Il en est de même pour les pays qui ont été traversés par des lignes de chemins de fer, routes, canaux ou autres travaux d'utilité publique dont la France a été dotée depuis 1791. La facilité des transports pour les engrais et les produits, a quintuplé la richesse de certains endroits, tandis que d'autres contrées sont restées stationnaires. Il est temps qu'une nouvelle répartition soit faite; ce sera un acte de justice à la suite duquel une nouvelle période de 30 ou 40 ans devra s'écouler sans modifications nouvelles.

Si, en 1791, on s'était arrêté à la fixation des revenus pour asseoir l'impôt, on aurait évité la nécessité d'établir des proportions de commune à commune, de département à département, proportion qu'il est impossible de fixer d'une manière équitable. Il est assez difficile d'établir une proportion entre les terrains de première ou de deuxième qualité situés en Limousin, et des terrains de première ou de deuxième qualité situés dans le nord de la France. C'est cette difficulté qui fait dire aujourd'hui que la péréquation de l'impôt est quelque chose de très difficile. Si l'on prenait pour base le revenu et si chacun ne payait que suivant le rendement de sa terre, personne n'aurait à se plaindre. Puis viendrait, comme dans la loi actuelle, une période durant laquelle rien ne serait changé.

M. LE PRÉSIDENT. — La même difficulté se présenterait par suite des changements que l'agriculture apporte dans la nature des biens.

La péréquation primitive serait d'abord justement établie; mais au bout de 20 ou 25 ans, et souvent moins, elle serait dérangée, elle n'existerait plus, parce qu'encore une fois les biens changent de nature. Voici un cas qui se présente fréquemment, celui d'un bois qui est imposé comme bois. On procède à son défrichement et on le convertit en une excellente ferme, en une terre de 1re classe : le revenu ne sera certainement plus le même. Tel bois, qui rapportait 6,000 francs, une fois qu'on l'a défriché, qu'on a vendu la superficie et qu'on a mis la terre en valeur, voit son revenu augmenter jusqu'à douze ou quinze mille francs.

M. FREYSSINAUD. — Nous sommes dans la même situation avec la loi actuelle ; telle propriété établie sur les matrices cadastrales suivant la nature du terrain vient à changer : le revenu change, et cependant l'impôt ne change pas. Nous vivons aujourd'hui sous ce régime ; toutes les natures de terrains ont été classées. Elles ont changé évidemment, car actuellement la France ne ressemble pas à ce quelle était quand la loi de 1791 a établi le mode de répartition. Le cadastre est une image complètement vaine de la propriété actuelle ; seulement il faut le conserver comme renseignements contre les éventualités qu'on ne peut prévoir. Le mode que je propose n'apporte pas de modifications trop radicales ; il est presque le même que celui qui a été mis en œuvre après la loi de 1791 ; seulement, à cette époque, au lieu de s'arrêter au revenu comme base de l'impôt, on a voulu, par voie d'essai, faire la comparaison des terrains du MIDI avec ceux du NORD ; c'est ce qui a jeté le trouble et c'est ce qui a fait qu'on s'est plaint d'une mauvaise répartition de l'impôt, pour lequel aujourd'hui on demande une péréquation. Je ne crois pas qu'on puisse arriver à quelque chose de bien exact en prenant le système de classement des terrains suivant leur nature. Ainsi l'objection de M. le Président se tourne contre le système actuel plutôt que contre le mien.

M. LE PRÉSIDENT. Je ne dis pas que je trouve le système actuel très bon.

M. ANDRÉ. Je crois que, dans la pensée de M. Freyssinaud, les opérations cadastrales sont un moyen ; du moins c'est une des conséquences qu'il en tire d'arriver à la péréquation de l'impôt. Si j'ai bien compris son exposé, il a dit que sous l'empire de la loi de 1791 on a cadastré les propriétés en prenant pour base un revenu qui depuis n'a pas subi de révision, et, dans son système, il a ajouté qu'il faudrait que tous les 30 ans l'assiette de l'impôt fut revisée, en commençant par faire aujourd'hui une répartition basée uniquement sur le revenu.

Je lui demande de bien préciser dans cet ordre d'idées — plus tard, il nous exposera l'opération du cadastre tel qu'il l'entend — comment il arriverait à fixer l'évaluation du revenu d'une propriété, comment il établira cette base qui changera à chaque période de 30 ans.

M. FREYSSINAUD. Le bornage des propriétés particulières avec rectification des plans parcellaires aidera beaucoup à l'opération de péréquation et d'assiette de l'impôt, parce qu'il donnera la limite exacte des propriétés de chacun et pourra être accompagné de tous renseignements utiles, comme par exemple le rendement en prix de ferme de chaque propriété.

Ma pensée est bien en effet qu'il y aurait une revision tous les trente ans à cause des changements que le temps, le hasard, les travaux d'utilité générale l'industrie ou les transactions auront fait subir à la propriété. Quand à la fixation du revenu devant servir de base à l'impôt, c'est à l'administration qu'il faudrait s'adresser pour ce soin. Il y aurait des commissions administratives qui rechercheraient le revenu des propriétés. Chaque personne serait tenue de faire sa déclaration et le contrôle se ferait tout naturellement par les propriétaires voisins. Ce serait une déclaration à faire de la part des propriétaires, sauf le contrôle de l'administration. Contrôle exercé par des commissions syndicales, des experts, des répartiteurs. On prendrait des renseignements, absolument comme on l'a fait après 1791, pour rechercher la nature des terrains et leur revenu qui ont complétement changé.

Si l'on veut arriver à la péréquation d'impôts, il faudra revenir encore à de nouvelles évaluations, à de nouvelles répartitions qui seront faites administrativement. C'est à l'administration qu'il appartient de trouver les meilleurs moyens pour arriver à l'exactitude du chiffre des revenus. Ces moyens varient à l'infini. Dans le Limousin, il ne serait pas difficile de dire qu'un domaine peut être affermé telle somme; cette fixation une fois faite, et après contradiction, l'impôt serait assis au marc le franc suivant le revenu (¹). Les plans par-

(1) La Loi du 20 juillet 1894 a ordonné l'évaluation du revenu des propriétés non bâties par ce système.

cellaires établis par numéros des parcelles donnent la superficie des propriétés. Les livres d'impôts indiquent la nature des terrains et leur revenu ; mais il est survenu de grandes modifications ; il est indispensable de rectifier les plans *suivant les nouvelles limites* et les livres d'impôts suivant les revenus actuels ou la qualité des terres. Dans mon système de rectification des plans, je laisse de côté les limites intérieures ; je ne m'occupe pas des parcelles de terrains qui, dans chaque propriété, sont mouvementées à tout instant par le caprice du propriétaire, ainsi que M. le Président le disait très bien tout à l'heure. il serait très difficile de saisir ces mouvements. Il faut s'en tenir aux bornes limitatives entre voisins du périmètre des propriétés.

En établissant le cadastre tel que je le propose, on n'aura qu'à rectifier sur les plans parcellaires les limites des propriétés, et l'on saura toujours par le cadastre actuel que les terrains intérieurs ont été cadastrés pour telle superficie, et pour un revenu déterminé.

Dans les actes translatifs de propriété, on déclarerait quelle quantité de terrain serait vendue et pour quel revenu cette quantité serait comprise ; il n'y aurait qu'une défalcation à faire sur le revenu de la propriété entière.

De cette manière, les opérations cadastrales relativement à l'impôt, seraient d'un exercice et d'une application très faciles. La rectification des plans étant faite d'après les modifications, le cadastre à tous les points de vue serait toujours tenu au courant.

Mon système de bornage avec rectification des plans parcellaires arrive à ce résultat important pour l'administration cadastrale, qu'il fixe invariablement les limites des propriétés ; et il est bien évident que, pour asseoir l'impôt sur une propriété, il est indispensable d'en connaître les limites. Néanmoins, le bornage n'est pas indispensable si on n'a que l'impôt en vue.

Lors de la confection du cadastre actuel, cette difficulté de fixer les limites fut la plus grande ; elle fut insurmontable, et c'est d'elle qu'ont découlé toutes les irrégularités, toutes les erreurs introduites dans les plans parcellaires et dans les livres d'impôts. Les propriétaires, convaincus que les opérations cadastrales n'avaient pour but que l'impôt, donnaient des renseignements faux dans l'espoir de se soustraire aux charges qui devaient leur être imposées.

L'opération de bornage que je pratique dans mon canton et que je préconise autour de moi étant tout amiable, ne revêtant pas une apparence administrative, mais ayant un caractère judiciaire, supprimant des causes de procès, est jugée utile à l'agriculture, et elle plaît aux propriétaires. Ils s'y prêtent avec plaisir; ils y prennent goût et viennent au devant de mes désirs. Quand le Gouvernement voudra se servir du bornage ainsi compris et pratiqué pour la péréquation de l'impôt, il y trouvera des facilités d'exécution en même temps que des documents dont l'exactitude sera certaine. Le système de tenue des plans au courant des mutations, dont je vais parler plus tard, fournira toute certitude pour l'avenir.

Les opérations de bornage ne porteront que sur les limites des propriétés; mais les anciens plans et livres cadastraux donneront les indications suffisantes pour les contenances, natures, qualités et revenus des parcelles intérieures.

Si l'on devait faire le renouvellement des plans parcellaires à cause de la révision de l'impôt, il faudrait que la division des natures de terrains et leur classement eussent été faits avant le renouvellement du cadastre.

C'est une œuvre tout administrative, nullement judiciaire, nullement géométrique. Elle consiste dans l'établissement des principes, des bases; elle a pour but la répartition équitable de l'impôt suivant la nature ou le revenu des propriétés. Le cadastre à ce point de vue devrait indiquer dans l'intérieur des propriétés, non pas les limites des champs, (elles varient tous les jours), mais la division du sol par catégories; il faudrait donc que les répartiteurs ou autres agents fissent d'abord la démarcation des différentes natures et valeurs de terrains et que le cadastre par les géomètres relevât ces désignations. Ceci est l'affaire du gouvernement et non des propriétaires, il le fera quand il le jugera nécessaire. Il ne serait ni opportun ni utile de le faire en ce moment, ce serait une grosse difficulté.

M. DE BOUREUILLE. — Qu'entendez-vous par le revenu de la propriété?

Est-ce le revenu brut, par exemple tant d'hectolitres de blé par hectare, ou bien est-ce le revenu argent qui entre dans la caisse du propriétaire ?

M. Freyssinaud. — Je parle du revenu argent, c'est-à-dire tous les produits étant convertis en argent. Autrement dit l'évaluation en *prix de ferme*.

M. de Boureuille. Soit, je suppose que le propriétaire a un revenu de tant sur un champ d'une étendue déterminée. Mais il faut mettre à côté les dépenses qu'il y a faites, car il est évident que le revenu net ne s'établit que défalcation faite des dépenses. Or, je crois, je suis même certain qu'il est bien difficile d'évaluer un revenu net, quand il s'agit des fermes dans lesquelles il y a des cultures de toute nature, et surtout d'asseoir un impôt d'une valeur déterminée qui ne sera jamais connu d'une manière bien précise. Je conçois que, quand on a établi le cadastre, on ait fixé seulement les bases générales de l'impôt sans s'inquiéter de savoir si le propriétaire arriverait à obtenir de sa terre un revenu plus considérable. Il est certain que, si une revision avait lieu tous les 30 ans, ce serait le meilleur moyen d'empêcher les améliorations que le propriétaire serait tenté de faire sur sa terre. Je voudrais savoir comment on pourrait arriver à l'établissement du revenu net. Ne croyez-vous pas que cela serait bien difficile ?

M. Freyssinaud. — Il est incontestable qu'une propriété entre les mains de tel propriétaire rapportera plus qu'entre les mains de tel autre ; il est de même incontestable qu'il n'y a de revenu net qu'autant que l'on a défalqué les dépenses. Il y a là une question de justice et d'appréciation à faire par les experts ou agents répartiteurs. Vous allez me dire que ce serait une évaluation arbitraire ; mais en pareille matière vous ne saurez échapper absolument à l'arbitraire. On devra tenir compte de la valeur intrinsèque et du rendement ordinaire et *moyen*.

En somme ce sera l'évaluation du prix de ferme.

L'objection à la revision tous les 30 ans a de la force ; mais c'est une nécessité de justice ; la loi ancienne l'avait prévue. La période de revision du cadastre a été fixée. Cela n'a pas empêché les améliorations de se produire, la répartition actuelle ne peut pas se soutenir. La propriété a reçu de profondes modifications ; d'utiles découvertes ont été faites; les travaux publics, le hasard, les soins et dépenses des propriétaires ou de l'Etat ont fait augmenter les revenus dans certaines contrées à tel point que l'impôt n'est plus en rapport avec eux. Ce qui fait du bien aux uns fait du mal aux autres : il est juste qu'à certaines périodes l'équilibre soit rétabli. Le rétablissement de cet équilibre pourrait être facultatif, comme il est en ce moment.

M. le Baron DE BENOIST. — Supposez un mauvais fermier ; il arrivera très souvent qu'il fera des cultures inintelligentes. Voilà ce qui arrivera quelques fois : ce fermier aura loué au prix de tant ; il aura joui de tous les produits de la terre ; il l'aura épuisée, et, à la fin de son bail, le propriétaire ne trouvera plus à louer sa ferme au même prix. Que devient alors la base de votre évaluation ? Evidemment elle n'est plus juste.

M. FREYSSINAUD. — Il y a là des appréciations à faire. Sans aucun doute, l'exemple que vous citez justifie la nécessité des révisions à certaines périodes.

L'administration aurait à prendre ses précautions pour le choix des personnes désignées par elle pour asseoir la base de l'impôt. C'est une étude à faire de la propriété : on ne devrait pas imposer suivant le revenu apparent, mais autant que possible suivant le revenu réel. Je parle d'un revenu que l'on apprécierait et qui ne peut être fixé que par à peu près. C'est du reste ce qui se passe aujourd'hui en matière d'impôt ; on ne procède que par à peu près.

M. DE BOUREUILLE. — Vous êtes-vous rendu compte de ceci : c'est que, dans une période de trente ans, il se passe en France des faits considérables, qui viennent porter le trouble dans le prix des fermages ? La création des chemins de fer n'a-t-elle pas influé d'une manière considérable sur la valeur ou le revenu des terres ? Pendant que telle propriété gagnait beaucoup par suite de l'ouverture d'une ligne de fer, telle autre a baissé de valeur et son prix de fermage s'est trouvé diminué par la même raison. Si, pendant trente ans, il faut que le propriétaire supporte les conséquences d'une situation semblable, il semble bien difficile au législateur de prendre pour base le revenu actuel d'une propriété, même en l'établissant par le prix de ferme.

M. FREYSSINAUD. — Quelle que soit la base que l'on adopte, ces inconvénients existeront toujours. C'est précisément pour arriver à l'idée de justice qui vous frappe que les révisions périodiques sont nécessaires. J'ajouterai que je n'ai en vue que les biens fonciers, les terres non bâties, dont la valeur change beaucoup moins que celles des autres propriétés immobilières. Ainsi les modifications dont on parlait tout à l'heure, la création de nouvelles routes, le développement des chemins de fer, apportent en effet de grands changements dans les industries et jettent quelque fois la misère là où était la richesse et *vice versa* ; pour beaucoup d'endroits c'est l'anéantissement du commerce. Si vous parlez d'une propriété bâtie, d'un établissement industriel, d'une auberge, tout cela peut être réduit à néant. Mais ce n'est pas sur ce genre de propriétés que je porte mon attention. Je m'occupe seulement des terrains non bâtis, sur le revenu desquels il y a moins de changements que sur tous les autres biens.

M. MIGNERET. — Je suppose votre système adopté ; je ne me rends pas bien compte de ce ce que vous entendez par l'impôt unique ? Quel est le sens que vous y attachez ?

M. FREYSSINAUD. — Le mot unique est peut-être mal choisi ; ce n'est pas l'impôt que veut M. de Girardin. Je voudrais un impôt qu'on établirait uniquement d'après le revenu des terrains, sans s'inquiéter de la nature et de la classe. Je supprime la classification ; je voudrais pour base *le prix de ferme par unités de propriétés foncières.* J'entends qu'il n'y aura qu'une seule base d'impôt et que cette base sera le revenu *net* (¹).

M. LE PRÉSIDENT. — Ce serait, par exemple, pour tout le monde, le *dixième du revenu.*

M. FREYSSINAUD. — Oui M. le Président.

* *
*

Dans les pages qui précèdent, nous avons principalement parlé du cadastre fiscal ; nous les avons mises à cette place, parce que nous sommes au titre des impôts. Nous réservons la seconde partie de notre déposition pour le titre du bor-

---

(1) La loi du 21 Juillet 1894 a donné satisfaction complète à notre proposition.

nage, parce qu'elle est relative au cadastre judiciaire, à la constitution physique et juridique de la propriété foncière.

* *

Dans la même année 1868 fut fait le rapport sur le projet du code rural, dont voici des extraits :

« .....Dans ces dernières années, quelques hommes, parmi lesquels il est juste de citer M. Freyssinaud, juge de paix, ont publié divers écrits qui tendent à régulariser le bornage de tous les immeubles. » (Suit la nomenclature de tous les avantages de cette opération pour la propriété et la bonne exécution d'un livre foncier.) — Fidèle au mot d'ordre de repousser toute réforme cadastrale, le rapporteur termine ainsi : « Le bornage est un des moyens qui concourent à établir l'assiette de la propriété, il rend possible la formation de ce qu'on appelait il y a 25 ans (aujourd'hui 55 ans), le grand livre de la propriété foncière (livre foncier). Mais il n'est qu'un élément de cette propriété complexe qui appartient au Code civil »

Que la question se rattache au cadastre, au code rural ou au code civil, une loi n'en était pas moins opportune et utile.

La situation est encore aujourd'hui la même.

Voici la copie textuelle du rapport avec nos observations.

Le Sénat, à propos du code rural, s'est occupé du bornage.

L'action en bornage ordinaire est de la compétence des juges de paix, à moins qu'elle ne soulève une question de de propriété. Cette action, comme l'action possessoire à laquelle elle se lie souvent, a été jusqu'à présent réglée par la procédure civile.

(*) L'opération de bornage soulève toujours des questions de propriété qui portent le plus souvent sur des motifs de minime importance.

Le projet de loi Lalussière, dans la sagesse de son article 4, dit que les Juges de paix sont compétents, *en premier ressort*, sur les questions de délimitation. Sans cette modification à la loi, il n'y a pas de bornages possibles par les juges de paix, qui ne peuvent faire que de la conciliation.

*

(*) Observations de l'auteur.

Dans ces dernières années, quelques hommes, parmi lesquels il est juste de citer M. Freyssinaud, juge de paix, ont publié divers écrits qui tendent à régulariser le bornage de tous les immeubles.

(*) M. Freyssinaud ne s'est pas contenté de publier des écrits, il a surtout pratiqué en appliquant son système de bornage à tout son canton. Cette opération a produit le livre foncier *qui y fonctionne depuis 25 ans*; il a préconisé comme il préconise encore le bornage particulier qui deviendrait général.

*

Plusieurs pétitions ont été adressées soit au gouvernement, soit au Sénat, afin d'obtenir une législation qui organiserait un bornage général. Une opération de cette nature, si elle était bien faite, aurait d'incontestables avantages.

Déjà sur quelques points de la France elle a été tentée; elle a réussi. Ailleurs, elle a soulevé plus d'une réclamation, et des plaintes ont été adressées au ministre de la justice.

(*) Le système qui a réussi est celui de l'auteur. Sa réussite est constatée dans les rapports de M. le procureur général de Limoges et du ministre de la justice. *Pas un procès de bornage n'a paru devant les tribunaux et toutes les procédures commencées pour des difficultés de propriétés sont venues s'éteindre dans les procès-verbaux de constitution de la propriété foncière.*

*

Cela se conçoit aisément. En rédigeant des titres de propriété, les acheteurs et les vendeurs ont souvent ajouté à l'étendue réelle de leurs domaines; et, quand on procède à la répartition de tout le territoire d'une commune, le terrain ne suffit plus pour satisfaire à tous les droits apparents et respecter les énonciations de tous les titres. De là, des difficultés dont la solution satisfaisante n'a pas été trouvée. Les titres ne pouvant être complètement appliqués et la possession contraire à ces titres n'étant pas une base complètement satisfaisante, une loi sur cette matière obscure serait prématurée.

(*) Tout ce qui est dit dans le paragraphe ci-dessus justifie notre

(*) Observations de l'Auteur,

opinion, qui s'élève contre l'application des titres, *res inter alios acta*, contre le mesurage qui serait frauduleux, injuste et variable, contre les abornements généraux qui occasionneraient *des tremblements de terre*. Il faut rester absolument et toujours sur les questions de limites et les régler, par le bornage, avec les lois qui le régissent.

Voilà la solution trouvée. Elle est satisfaisante ; elle a été appliquée avec succès par l'auteur.

Ce n'est pas la possession contraire aux titres qu'il faut chercher c'est la possession ordinaire ou tout autre moyen de droit. La discussion de cette possession, quant aux limites, est une affaire particulière à chaque voisin et non à tous les voisins, aux voisins *approximatifs*. Le mot abornement n'est pas français ; il a été inventé pour désigner une délimination générale qui suppose un pays de propriétés non limitées qui n'existe pas. C'est bornage qu'il faut dire et appliquer les lois du bornage. Voilà qui est clair et l'obscurité dont parle le rapporteur ne se produit qu'en troublant l'ordre des choses.

Contrairement au rapport, des modifications législatives n'étaient pas prématurées en 1868, et aujourd'hui que la question du livre foncier par le bornage est palpitante, elles deviennent nécessaires, indispensables.

✶

Une expérience a été commencée sous l'influence de l'intérêt privé ; il est bon qu'elle se continue. Les solutions pratiques faciliteront la tâche des législateurs ; mais, dans tous les cas, le bornage des parcelles est subordonné à la bonne confection des plans d'ensemble, et la question se rattache beaucoup plus au cadastre et au code civil qu'au code rural.

(*) L'expérience à laquelle le rapport fait allusion est celle qui a été dirigée dans le canton nord de Limoges par M. Freyssinaud. Elle n'a pas été menée jusqu'à la fin ; elle a été interrompue en 1870 par les évènements. Les solutions pratiques ont été données ; elles peuvent donc, comme dit le rapport, faciliter le législateur ; c'est donc une loi à faire.

Il ne s'agit pas, comme dit le rapporteur, du bornage des parcelles, mais bien du bornage périmétrique des propriétés, ce qui est bien

(*) Observations de l'auteur.

différent, et ce bornage est heureusement loin d'être subordonné à la confection des plans, c'est au contraire la bonne confection des plans qui est subordonnée au bornage.

*

Le bornage est un des moyens qui concourent à établir l'assiette de la propriété ; il rend possible la formation de ce qu'on appelait il y a vingt-cinq ans (aujourd'hui cinquante-cinq ans) le grand livre de la propriété foncière (livre foncier) ; mais il n'est qu'un élément de cette opération complexe qui appartient au code civil.

(*) Que la question se rattache au cadastre, au code civil ou au code rural, la loi n'en est pas moins utile, opportune.

Ce dernier paragraphe aurait dû suffire pour faire voter la loi. Au lieu de la demander, le rapporteur échappe par la tangente.

C'est le moment d'expliquer le motif échappatoire.

Sous l'Empire, le mot d'ordre était de repousser toute réforme cadastrale (1).

* *
* *

Vulgarisation du cadastre par des modifications au programme de l'instruction primaire.

Instruction primaire. — En 1868, le juge de paix du canton nord de Limoges a institué des prix d'arpentage et de nivellement pour les élèves des écoles primaires de ce canton.

C'est par les études élémentaires de la géométrie faites dans les écoles primaires que les élèves de ces écoles deviendront utiles comme propriétaires, fermiers, régisseurs ou employés du gouvernement et des particuliers et qu'ils pourront devenir aptes aux opérations de bornage, d'arpentage et de nivellements. Ils formeront une avant-garde de géomètres qui se renouvellera.

En 1868, après les démarches éclatantes qu'il avait faites pour le service de son idée, le juge de paix de Limoges présenta de nouveau son travail au Conseil général de la Haute-Vienne qui répondit en termes approbatifs. (Voir le rapport de M. le premier Président Lazaud, à la 3e partie).

En 1869, voulant par tous les moyens propager ses idées

(*) Observations de l'Auteur.

(1) Déclaration de M Gri.pel, ancien Directeur des Contributions directes à la commission du Cadastre.

sur la constitution de la propriété, l'ancien juge de paix s'est présenté au concours de la prime d'honneur dans le département de la Creuse, où il a obtenu une médaille d'or pour la constitution juridique, agricole et fiscale de la propriété rurale.

Le rapport qui fut fait alors au ministre de l'agriculture décrit longuement le système, en indiquant tous les avantages de son application à la propriété foncière.

Nous inscrivons la nomenclature des spécialités ou opérations particulières déterminées.

1º Satisfaction donnée au sentiment pieux et utile de conserver dans la famille la propriété patrimoniale des aïeux. — Améliorations des conditions physiques et morales des colons et des ouvriers.

2º Bornage amiable ou judiciaire périmétrique des propriétés particulières avec constatation des servitudes et rectifications des plans parcellaires (cadastre). — Conséquences pour le cadastre général considéré comme livre foncier fiscal et judiciaire.

3º Atlas du propriétaire. — Livre cadastral judiciaire, agricole et fiscal de propriété. — Constitution juridique et fiscale de la propriété par les plans, les titres et autres documents. — Conservation du cadastre particulier au courant des mutations.

Dans les années 1869 et 1870, l'ancien juge de paix a poursuivi officiellement ses opérations de bornage et de cadastre. Dans les trois quarts des communes du canton nord de Limoges, le bornage, la rectification des plans parcellaires, la rénovation du cadastre, commencés en 1865 ont été achevés. Presque toutes les feuilles cadastrales de ce canton ont été délivrées par la direction des contributions directes avec les périmètres complets. Les trois quarts des propriétaires y ont fait apposer la délimitation de leurs propriétés ; ceux qui n'étaient pas arrivés à ce résultat avaient fait leur demande en bornage. Le travail de la réfection, du renouvellement du cadastre était très avancé dans le canton nord de Limoges, lorsque, le 4 septembre 1870, après les évènements malheureux qui ont bouleversé la France, des nécessités politiques ont exigé le *remplacement* du juge de paix. (Le mot remplacement est souligné parce que le décret n'a pas inscrit la révocation).

Cet ancien magistrat n'a pu terminer son travail et arriver à la satisfaction complète de son idée patriotique. Néanmoins les plans géométriques cadastraux, rectifiés par le bornage, les procès-verbaux à l'appui, sont déposés au greffe de la justice de paix du canton nord de Limoges où ils forment le livre terrier de la propriété. Quoique incomplet, c'est un monument solide, auquel les propriétaires de ce canton ont recours pour le réglement de leurs difficultés.

Ne pouvant plus agir officiellement, il n'en a pas moins continué avec abnégation et gratuité son œuvre patriotique au bénéfice de ses voisins à la campagne où il s'est retiré. Pendant vingt ans, il s'y est occupé d'agriculture. En 1891, nous le retrouvons aux travaux de la commission extraparlementaire du cadastre.

CHAPITRE III.

Epoque contemporaine.

Période postérieure à 1870.

Sous l'influence des nécessités financières créées par les événements de 1870, quelques membres de l'Assemblée nationale ont émis l'opinion qu'on pourrait trouver, à l'aide d'une reconfection partielle du cadastre, des ressources nouvelles et immédiates, en rehaussant les allivrements des propriétés dont le revenu avait augmenté depuis l'époque de l'évaluation primitive. Les propositions qui ont été faites à ce sujet ont été énergiquement combattues par l'Administration des finances, qui s'est attachée d'une manière constante à démontrer qu'elles ne donneraient que des résultats fiscaux de minime importance et qu'elles aggraveraient, si elles étaient adoptées, les inégalités de la répartition individuelle, de parcelle à parcelle.

La loi du 9 août 1879 a ordonné l'évaluation des revenus fonciers, mais elle n'a pas été suivie d'exécution. On obtiendrait cette évaluation par celle de la valeur vénale des propriétés non bâties en prenant une moyenne des revenus qui serait 2 $\frac{1}{2}$ ou 3 p. %.

Après 1884, on arrive au congrès international de la propriété foncière, qui a été une grande manifestation en faveur de la détermination physique et juridique de ce genre de propriété.

Congrès international pour la propriété foncière.

Dès le début, ce congrès, organisé pour la constitution et la transmission de la propriété foncière, a eu la malchance d'être placé sous la direction du ministre du commerce. Le

ministre des travaux publics et celui des finances s'y sont
fait représenter ; ceux de la justice et de l'agriculture qui
étaient les plus intéressés y sont restés étrangers. Cela explique sa mort dans la confusion des idées et des langues.

Le comité d'organisation avait été composé de personnes
d'une grande distinction, mais dont les aptitudes étaient
pour la plus grande partie en dehors de la pratique indispensable a l'étude des questions dont il s'agit.

Le travail a été monopolisé par la direction générale des
contributions directes. Hâtons-nous de dire que ce monopole
aurait tourné au profit des questions de la propriété foncière
qui sont familières à cette grande et sage administration, si
ses membres d'une incontestable valeur n'avaient pas subi
l'influence de leurs habitudes professionnelles qui les ont
retenus dans les ornières techniques et fiscales.

A l'exposition de 1889, avant la réunion du congrès, l'administration des contributions directes avait déposé, en ces
termes, divers documents :

1º Une brochure de M. *Freyssinaud*, ancien juge de paix,
relatant d'intéressantes expériences de renouvellement du
cadastre pour des sections de communes. L'auteur demande
que l'enseignement de l'arpentage soit développé dans les
écoles primaires.

2º Les mémoires manuscrits au nombre de quatre sont
communiqués par MM. *Huvier*, inspecteur des contributions
directes, *Piat*, chef du service topographique en Tunisie,
Rebreyend, vérificateur spécial du cadastre, et *Saint-Paul*,
contrôleur principal des contributions directes.

M. Huvier, inspecteur des contributions directes, a présenté une étude sur le cadastre dans ses rapports avec la
constitution de la propriété foncière.

Après avoir rappelé que le cadastre peut constituer le
grand livre terrier de la France, l'auteur examine les moyens
de donner aux constatations faites par les agents du cadastre
la consécration dont elles ont besoin pour former un titre
réel de propriété. Tout en reconnaissant que l'initiative privée
a obtenu, dans ce sens, d'excellents résultats pour certaines
parties de la France, l'auteur croit que l'Etat doit donner à

la grande opération de délimitation et d'*abornement* le caractère général et absolu qui lui convient.

M. Saint-Paul, contrôleur principal des contributions directes, a dressé un rapport divisé en trois parties.

Dans la première, il examine les rapports du cadastre avec la propriété foncière. Après avoir rappelé que, dans la pensée des législateurs du premier empire, le cadastre ne devait pas seulement permettre la péréquation de l'impôt foncier, mais servir à fixer les limites des immeubles et empêcher les procès, l'auteur constate que ce but n'a pas été atteint ; que les indications tirées du cadastre ne sont pas admises en en justice, même à titre de renseignements ; que les contestations sont innombrables (12.600 actions possessoires en 1869) ; enfin que le crédit hypothécaire souffre du fait que la propriété n'est protégée ni dans ses limites ni même dans son existence. Il conclut que le cadastre doit être refait de fond en comble.

Dans la seconde partie de son rapport, M. Saint-Paul examine dans quelles conditions et par quels procédés le cadastre peut être refait. Le caractère fiscal de l'opération doit, selon l'auteur, ÊTRE RELÉGUÉ AU SECOND PLAN. Les agriculteurs demandent un titre de propriété, une base de crédit hypothécaire ; ils redoutent au contraire que la réfection du cadastre soit l'occasion d'une augmentation de l'impôt foncier, qui est impopulaire.

Les délimitations peuvent se faire comme elles l'ont été dans plusieurs centaines de communes, de l'initiative privée des propriétaires. Dans la commune de Valleroy (Doubs) notamment, l'institution d'arbitres délimitateurs a évité tout procès.

M. Saint-Paul continue ainsi :

Afin d'asseoir plus solidement encore les limites des parcelles, il faudrait, non seulement figurer chaque borne sur le plan, mais encore la rattacher à un point de repère au moyen de coordonnées rectangulaires. Les points de repaire seraient les points mêmes de la triangulation du territoire. Les coordonnées de chaque borne figureraient aux états de sections et serviraient à compléter la désignation des parcelles qu'elle délimite. En cas de disparition ou de dépla cement d'une borne, il serait ainsi toujours facile, dans l'avenir, de déterminer exactement le point précis qu'elle occupait. Il semble superflu d'entrer dans plus de détails au sujet de la levée des plans. Le jour où l'administration en aura besoin, elle trouvera un excellent corps de géomètres. Les remarquables travaux d'arpentage exécutés depuis dix ans dans le département du Nord pour le service du cadastre, notamment le levé des plans de Lille, Roubaix, Tourcoing, Valenciennes, etc., ne peuvent laisser subsister aucun doute sur ce point.

Le cadastre rétabli doit être conservé.

Dans son rapport, M. Rebreyend, vérificateur spécial du cadastre a parlé en maître du cadastre dans ses rapports avec la constitution foncière et de sa réfection à ce point de vue. Il a présenté avec succès les améliorations destinées à mieux approprier le cadastre aux besoins de l'intérêt privé ; il a fait sentir la nécessité de renouveler le cadastre, il a rappelé que le législateur avait toujours reculé devant l'obligation de cette mesure.

M. Rebreyend a commis une grave erreur lorsqu'il a dit qu'il n'est pas nécessaire de borner certaines propriétés.

Pour nous servir des termes de M. le Directeur général Boutin, nous dirons à notre tour : Il faut avoir été et être, comme nous, aux prises avec la réalité, pour savoir que les bornes sont indispensables précisément aux endroits ou M. Rebreyend dit qu'elles ne sont pas nécessaires. Les bâtiments ont besoin de marques dans leurs limites ; ils ont besoin de désignations, d'explications, de constatations de leurs servitudes actives et passives. Les murs tombent, restent en ruines, le temps fait disparaître le constat des limites. Les bois, les vignes, les haies se déplacent par leurs racines : ils portent en eux-mêmes des germes de procès ; leur nature, leur végétation produisent l'incertitude des limites. Cette incertitude ne peut disparaître que par l'établissement matériel de la ligne divisoire fixée par des bornes qui sont des points indicateurs fixes. Les talus et les fossés ont aussi besoin de bornes limitatives pour les cas d'éboulements ou de tout autre mouvement de terrain qui se produisent fréquemment.

M. Rebreyend passe en revue les divers abornements qui

ont eu lieu dans plusieurs départements ; il les apprécie justement, et nous sommes d'accord avec lui pour proclamer hautement que, partout où ils ont été faits, quelque soit le mode d'exécution qui ait été employé, ces abornements ont rendu de grands services à la propriété foncière.

Dans son rapport très complet M. Rebreyend donne comme indispensable l'abornement des propriétés de l'Etat, routes, chemins de fer, etc. Depuis 1863, nous avons dans toutes les circonstances, réclamé cet abornement et particulièrement dans notre déposition à l'enquête de 1867.

Dans son résumé, le vérificateur présente des moyens pratiques de renouveler le cadastre au point de vue physique juridique et fiscal. Il indique la dépense à faire et en fait la répartition. Il donne aussi l'orgasisation du personnel.

Les difficultés pour l'exécution de ses propositions laissent notre système dans la plénitude de son caractère *simple, facile, pratique, économique, politique et social.*

Ce congrès qui aurait pu rendre les plus grands services à la propriété foncière a tourné au contraire à son détriment.

La deuxième réunion a eu lieu le 17 octobre 1892.

Le gouvernement s'y est fait représenter, ainsi que la commission du cadastre.

Cette commission avait déjà décidé qu'il serait fait un livre foncier. Plusieurs de ses membres qui faisaient partie de la commission permanente du congrès ont voulu prévoir ses conséquences, ils ont fait porter au programme des travaux l'étude de la *mobilisation de la propriété foncière.* L'idée a été soutenue par des économistes hardis ; elle a effrayé la majorité du congrès, qui, la trouvant basée sur le livre foncier, a repoussé ce fondement, sur lequel on voulait l'établir.

Si la mobilisation de la propriété est une chose révolutionnaire pour notre Code civil, nos mœurs, nos habitudes, le livre terrier constitué par le bornage serait, au contraire, conforme aux idées, aux besoins du jour ; il serait le résumé général et particulier des titres basés sur nos lois, sur les conventions, sur les contrats ; ce serait la constitution physique et juridique de la propriété foncière. — *Dès à présent, le bornage, au point de vue agricole, est, pour les propriétaires, un acte de bonne administration.*

Pour écarter la mobilisation, le congrès a donc repoussé les livres fonciers. La Société des Agriculteurs de France, impressionnée comme le congrès, les a aussi repoussés ; mais ces trois assemblées ont préconisé le bornage, qui n'est autre chose que le livre terrier, tel qu'il a été établi dans le canton nord de Limoges.

A la première séance, M. Freyssinaud demande au Congrès : 1° d'indiquer plus complètement l'étendue des questions soumises à ses délibérations en s'intitulant : « Congrès international pour l'étude *de la constitution* et de la transmission de la propriété foncière. Il développe l'idée qu'avant de transmettre, il faut constituer ». 2° De modifier son programme en donnant la primauté à la délibération sur le livre foncier qui doit être la base des questions soumises au Congrès. Ensuite, M. le Président fait connaître que M. Freyssinaud met à la disposition des membres du Congrès les documents relatifs au livre foncier du canton nord de Limoges, qu'il a établi, et que communication de ces documents sera donnée au secrétariat.

Proposition sur le cadastre et le livre foncier présentée par M. Freyssinaud, ancien juge de paix.

Il propose au Congrès : Les moyens de rectifier le cadastre, de le renouveler et d'obtenir le Livre foncier par le système qu'il a appliqué au canton nord de Limoges et qui consiste à faire opérer le bornage cadastral périmétrique des propriétés avec constatation des servitudes et rectification des plans parcellaires, opération qui arrive à la détermination physique et juridique de la propriété foncière.

Il propose d'émettre les vœux qui sont déjà formulés à la page 40.

Sur le rejet de la proposition ci-dessus, M. Dansaert, délégué de la Belgique, a dit à la majorité que de parti pris, elle repoussait le livre foncier ; qu'il se ferait avec ou sans elle, et il lui a cité l'exemple de Galilée.

La majorité ayant écarté tout Livre foncier, cette proposition n'a pas été examinée ; mais, à l'occasion du cadastre, M. Cheysson, inspecteur général des ponts et chaussées, président du Comité d'enquête de la Commission du cadastre, a préconisé le bornage dans le sens indiqué ci-dessus. Seulement, ô contradiction étrange de la part du sympathique et très éminent orateur ! il a demandé que le Congrès votât l'application au bornage de la loi sur les syndicats, et il a indiqué que ce système avait réussi dans l'est sous la direction de M. Gorce, géomètre, membre de la Commission du cadastre.

Répondant à M. Cheysson, l'auteur a fait ressortir la contradiction qu'il y avait entre le bornage facultatif (art. 646 du Code civil) et la monstrueuse coercition établie par la loi sur les syndicats, et il a rappelé à M. Cheysson la péroraison de la déposition de M. Gorce qui, à la fin de l'exposé de son système, a terminé par des observations et des constatations singulières que nous rapportons plus loin à l'occasion de la loi du 17 mars 1898.

Résolutions votées par le Congrès.

Le Congrès, considérant que la réforme hypothécaire est d'une extrême urgence, en France, demande que cette réforme soit établie sur les principes suivants, sans être subordonnée à la création des livres fonciers et sans être ajournée après leur examen :

I

Toutes les hypothèques et tous les privilèges doivent, sans exception, être soumis à la double règle de la publicité et de la spécialité.

II

Le système de publicité doit être étendu aux actes déclaratifs et aux mutations par décès.

III

Simplification de la manutention hypothécaire, dans le sens de la diminution des écritures et de la délivrance des états par extraits.

IV

Remplacement des droits fixes d'hypothèque et de timbre par une taxe proportionnelle modérée.

(*) Quelle que soit la valeur des réformes hypothécaires proposées, elles n'empêcheront pas les erreurs dans lesquelles sont fatalement entraînés les notaires et les conservateurs des hypothèques, ainsi que les avoués et les huissiers, à cause de l'incertitude de la propriété

(*) Observations de M. Freyssinaud sur les résolutions votées.

au point de vue personnel et réel. La confusion et l'irrégularité du cadastre actuel, auquel on se rapporte, occasionnent aussi des erreurs et des omissions dans les saisies immobilières. Des numéros sont omis, d'autres sont à tort compris ; de là, des demandes en adjonction ou en distraction dont les frais rendent insuffisants les biens des petits propriétaires à désintéresser leurs créanciers et les privent du crédit hypothécaire. Les avoués et les huissiers se perdent dans le dédale du cadastre.

Le bornage qui constituerait le Livre terrier donnerait aux hypothèques la garantie, la sécurité par la certitude des unités foncières déterminées physiquement, juridiquement. La tenue du Livre terrier au courant des mutations perpétuerait un état de choses normal, régulier, satisfaisant, protecteur. Le renouvellement des titres par le bornage éviterait des actions récursoires et assurerait les possessions.

*

Il est désirable de rendre publiques les actions en nullité, en résolution et en rescision.

(*) Ce vœu n'est pas réalisable.

*

Il y aurait avantage à établir dans les titres de propriété la description des immeubles avec les références au cadastre.

(*) Les titres de propriété, établis par le bornage entre les propriétaires, porteraient la description physique et juridique de la propriété. Pour se référer au cadastre, il faudrait en avoir un qui ne soit pas défectueux, qui soit satisfaisant. Le cadastre ne peut pas exister seulement par des plans, il faut le cadastre écrit, le Livre foncier, avec des plans rectifiés, refaits.

*

Il est désirable d'organiser les moyens de purger dans un délai à déterminer les actions en nullité, en résolution et en rescision, de manière à éviter de remonter la série des propriétaires antérieurs pour la justification des droits réels.

(*) Avec le Livre foncier obtenu par le bornage, il n'est pas utile de remonter aux anciens propriétaires, il suffit de constater la situation des propriétaires actuels.

*

Le Congrès considérant :

1º Qu'un cadastre ne peut jamais avoir par lui-même un caractère juridique ;

(*) Observations de M. Freyssinaud sur les résolutions votées.

2° Que le cadastre actuel, déjà insuffisant pour assurer la juste répartition de l'impôt, l'est encore davantage pour fournir des références sûres aux titres de propriété.

(*) Un Cadastre qui serait la réunion des procès-verbaux du bornage et des plans aurait un parfait *caractère juridique* et *toute la force probante*. Il fournirait des références sûres aux titres de propriété.

*

Déclare :

A. Si les dépenses peuvent être contenues dans les limites raisonnables, il est désirable que le cadastre soit refait dans ses parties défectueuses, revisé dans les autres.

(*) Les dépenses sont insignifiantes ou excessives suivant le mode. Il est indispensable qu'il soit rectifié et refait partout.

*

B. Pour faciliter le bornage collectif, il convient de faire application de la loi du 22 décembre 1888 aux syndicats de bornage, composés de propriétaires possédant dans une même commune une surface minimum déterminée, d'un seul tenant.

(*) L'article 646 du Code civil suffit, pas de coërcition !

En facilitant le bornage collectif ou autre, on facilite le Livre foncier.

*

C. Après la révision ou la réfection du cadastre, il importe d'en organiser la conservation.

(*) Si le cadastre (Livre foncier) ne devait pas être tenu au courant des mutations, ce ne serait pas la peine de le refaire.

*

Il est désirable que, pour faciliter le crédit hypothécaire, le mode de saisie et d'ordre soit simplifié.

(*) Le Livre foncier, exécuté par le bornage, donnera toute sécurités, toutes facilités, permettra toutes simplifications, évitera toutes erreurs, toutes omissions.

. . . .

Le Congrès international s'est séparé dans des conditions de divergence telles qu'il n'a plus été convoqué.

*
* *

(*) Observations de M. Freyssinaud sur les résolutions votées.

Commission extraparlementaire du cadastre.

Le grand travail, qui avait été fait à la Direction générale des contributions directes, devait amener le gouvernement à prendre des mesures pour satisfaire l'opinion publique qui s'était émue des besoins de la propriété foncière.

Un décret du 30 mai 1891 a constitué, sous la présidence de M. le Ministre des Finances, une commission extraparlementaire du cadastre. L'idée fiscale, que révèle le mot cadastre, a vraisemblablement motivé cette attribution, qui serait d'ailleurs justifiée par les aptitudes dont ont fait preuve les ministres qui se sont succédés aux finances jusqu'à ce jour, s'ils n'avaient pas faussé les tendances et le but du cadastre.

Cette commission était chargée de la mission complexe d'étudier les questions que soulève le renouvellement du cadastre, notamment au point de vue de l'assiette de l'impôt, de la détermination juridique de la propriété immobilière et de son mode de transmission.

Nous en trouvons la preuve dans le rapport de M. le Ministre des Finances à M. le Président de la République, dont nous donnons des extraits à la troisième partie ; ils y sont à leur place à cause de leurs tendances plus directes pour la détermination physique et juridique de la propriété foncière. Néanmoins il faut s'y reporter à cause de l'idée fiscale qui y est aussi largement traitée.

Au mois de mai 1891, l'auteur s'est rendu à Paris muni de ses plans et documents, que M. le Directeur général des contributions directes a bien voulu faire installer dans un bureau de sa direction pour être à la disposition des membres de la Commission du cadastre.

En présence de ces documents, il a eu des conférences avec les personnes compétentes qui s'occupent de ces questions. — Le 11 du même mois, il était reçu par M. le Président de la République qui, dans une audience prolongée, ainsi que l'avait fait en 1866 Napoléon III, a voulu se rendre compte du système.

Monsieur le Président Carnot, ingénieur, propriétaire, agriculteur, économiste, avait toutes les qualités pour diriger le Livre foncier. L'auteur a insisté jusqu'aux limites de la discrétion sur l'utilité de cette direction.

Après les audiences de l'Empereur Napoléon III en 1866 et celles de M. le Président Carnot en 1891, il est intéressant d'établir un parallèle pour la question du Livre foncier (cadastre).

Sous l'Empire.

En 1863, la question était vivace. Des pétitions arrivaient de tous les côtés, à tous les pouvoirs ; *le mot d'ordre était de conclure contre toute réforme cadastrale.*

En 1866, au Sénat, les hommes libéraux demandaient la rénovation du cadastre, les hommes du gouvernement s'y opposaient.

Le 1er avril 1866, l'empereur, préoccupé de la question, recevait les explications orales du juge de paix de Limoges et approuvait son système.

Le Sénat, dans sa délibération du 6 avril, l'approuvait aussi.

En 1867, les présidents de la grande enquêts agricole le préconisaient. En 1868, le rapporteur du projet du code rural couvrait de louanges le bornage *qui préparait le Livre foncier* ; mais il l'évinçait de ce code pour se conformer au susdit mot d'ordre : *Conclure contre toute réforme cadastrale.*

Sous la République.

En 1875, les partisans des réformes utiles, démocratiques et sociales, qui se trouvaient au gouvernement, préparaient le renouvellement du cadastre, en prenaient l'initiative.

En 1891, la Chambre affectait deux millions pour préparer les documents du Livre foncier cadastral. La commission extraparlementaire du cadastre était nommée *pour étudier les mesures à prendre pour que le cadastre constitue la base de la propriété foncière et devienne la sécurité et la garantie des hypothèques et des transactions immobilières.*

Le 4 décembre 1893, la déclaration ministérielle portait dans les réformes légitimes et possibles : *La révision du cadastre, qui deviendra la base d'un établissement précis de la propriété foncière et donnera un point d'appui plus solide au Crédit agricole. etc.*

Que résulte-t-il de ce parallèle ?

L'Empire *pouvoir personnel*, voulait, ne pouvait.

La République, *pouvoir impersonnel*, veut et peut.

*
* *

La commission du cadastre est composée de savants de toutes les catégories, de chefs d'administrations, tous très occupés de leurs fonctions spéciales qui demandent tout leur temps. Les réunions ont été rares et le plus souvent formées des mêmes personnes. De là des retards préjudiciables à l'exécution du livre foncier ainsi qu'à d'autres mesures urgentes ; la loi sur les justices de paix et d'autres qui sont connexes à la question sont mises en suspens. Elle s'est divisée en plusieurs sous-commissions.

Voici la composition de la sous-commission juridique : 4 sénateurs, 10 députés, 3 conseillers d'Etat, 6 professeurs de droit, 10 membres de l'administration des contributions directes ou des finances, 3 membres de l'administration de l'enregistrement, 4 statisticiens, 1 membre du bureau des longitudes, le directeur de l'Observatoire, 2 géographes, 2 topographes, 3 publicistes, 1 comptable, le directeur du conservatoire des arts et métiers, 1 conseiller à la cour de cassation, 1 conseiller-maître à la cour des comptes, le gouverneur du crédit foncier, 1 chef de division au ministère de la justice, 1 directeur au ministère de l'agriculture, 1 conservateur des hypothèques, 2 avocats, 2 notaires et 1 juge au tribunal de la Seine.

Il est à regretter que les praticiens du bornage, de l'arpentage et des nivellements, les géomètres locaux, n'y soient pas représentés. S'il y avait eu un seul représentant du ministère de l'instruction publique, il aurait pu dire avec autorité ce que l'on peut attendre des instructions primaires et autres pour appliquer, rectifier, renouveler le cadastre, le tenir au courant des mutations.

Le gouvernement de la République désireux de mener à bonne fin l'œuvre du Livre foncier, a fait porter au budget de 1891 (chapitre 65) près de deux millions pour les études préliminaires. M. le Directeur général des contributions directes est le dispensateur de ces fonds. Son intégrité bien connue ne laisse aucun doute sur la véracité de l'emploi du crédit ; mais il n'est pas le maître des décisions de la commission, et les dépenses au point de vue utilitaire pourraient être discutées. Je citerai, par exemple, les frais occasionnés par les voyages, les enquêtes, etc., pour arriver à constater la défectuosité du cadastre, alors que cette défectuosité est de notoriété publique (¹).

Nos observations, qui peuvent avoir l'apparence d'une controverse, sont autorisées par la commission elle-même qui a répété cette phrase : « Nos résolutions sont provisoires, non définitives », et un membre a ajouté ce mot : « *heureusement* ».

Aussi nous plaçons nos critiques sous l'égide de citations qui dénotent un désaccord difficile à régler.

Un orateur dit : « Nous sommes nommés pour étudier le cadastre ; c'est ce dont nous nous occupons le moins.... » ; un autre : « Notre 33e séance est destinée à détruire ce que nous avons édifié dans la 28e et la 29e ; nous finirons par reculer au lieu d'avancer... ; vous faites passer la charrette avant les bœufs ».

Un des deux avocats de la commission proteste contre la révision complète du code civil, et un professeur de droit dit ensuite : « Je ne vois pas sans effroi le livre foncier ne pouvant fonctionner que par la suppression d'institutions qui ont tenu jusqu'ici une grande place dans notre législation et dans nos mœurs. »

Un de ces orateurs gémit sur le sort de la commission : « Nous sommes soumis à des attaques, les unes sérieuses, les autres facétieuses, ce qui est plus fâcheux ; une revue dirigée par des fonctionnaires de l'enregistrement nous qualifie de commission *extra... fin de siècle...*» et ailleurs : « C'est une perturbation absolue portée dans la propriété foncière. Nous voulons faire du livre foncier le *palladium* de la propriété et vous allez faire de ce livre foncier le traquenard où iront se prendre et périr les droits les plus légitimes ; il y a là un intérêt patriotique devant lequel les petites discussions de doctrine et d'école doivent disparaître.

---

(1) M Boutin a quitté la direction générale des contributions directes en 1898.

M. Bufenoir justement appelé le grand professeur de droit, se lamente en ces termes : « Vous avez accordé au livre foncier des effets très considérables, qui peuvent entraîner une véritable expropriation des propriétaires. » Et M. Worms, autre professeur de droit, dont les discours sont d'agréables et utiles morceaux de littérature, ajoute : « La charge qu'on impose à l'Etat est alarmante. Voici ce qu'a dit M. Fravaton à la séance du 6 juillet dernier : « Vous avez bouleversé la théorie du code civil, qui proclame que le véritable propriétaire a toujours le droit de reprendre sa propriété en quelques mains qu'elle se trouve, par la résolution suivante : « Les droits des tiers qui ont traité sur la foi d'une inscription au livre foncier sont opposables au véritable propriétaire. »

Pour dernière citation, M. Bonjean qui avait dit précédemment qu'on se moquait de la commission, répondant au professeur Léon Michel, lui adresse ces mots typiques : « ..... et je suis loin de vous combattre ; toute la besogne que nous avons faite ne serait pas autre chose qu'une prime nouvelle à tous les vols d'immeubles, et il s'établirait certainement alors des syndicats de voleurs d'immeubles.

✻
✻ ✻

La fausse étymologie du mot cadastre qui, nous l'avons dit, révèle le plus ordinairement l'idée fiscale, a fait mettre l'étude de ces questions sous la présidence de M. le Ministre des Finances, alors que leurs solutions sont plutôt du domaine des ministères de la Justice, de l'Agriculture et de l'Instruction publique. Son Excellence a donné la direction et la surveillance de ces études à M. le Directeur de l'Administration des Contributions directes, dont les lumières, la prudence et l'intégrité imposent toute confiance. Les idées de M. le Directeur général Boutin sont tellement favorables à la constitution juridique de la propriété foncière qu'on le nomme généralement l'apôtre du Livre foncier ; seulement, ses habitudes professionnelles le font incliner vers les modes d'exécution qui donnent la primauté, presque la préférence, aux sciences techniques et fiscales. M. Boutin s'est retiré. Nous avons confiance dans son successeur.

La Commission extraparlementaire du cadastre, nommée

depuis 1891, s'est plus spécialement occupée des hypothèques et des questions techniques. Néanmoins, elle a décidé qu'il serait fait un Livre foncier; mais elle ne s'est pas inquiétée d'en régler les formes juridiques, ni d'en établir la base, et, sans attendre son exécution, elle a voulu prévoir ses conséquences pour les hypothèques, le crédit agricole, la mobilisation dn sol, etc. De ces préoccupations prématurées, sont venues des divergences de l'opinion publique, qui mettent en échec l'exécution du Livre foncier cadastral dont la France a besoin, et qui servira de base à toutes les organisations, réformes et améliorations utiles, mêmes indispensables à la propiété foncière, à son crédit, à son agriculture.

Des recherches et des essais de révision du cadastre ont été faits, sur l'indication de la commission du cadastre, dans deux communes de chaque département, à l'effet de comparer l'ancien cadastre (plans parcellaires, nature de culture, évaluation) avec l'état actuel de la propriété rurale. Ce travail a eté exécuté par des géomètres, des agents-voyers, sous la direction d'un comité composé de directeurs des contributions directes et d'inspecteurs des ponts et chaussées, sur des polygones renfermant un certain nombre de parcelles, pour savoir quel était actuellement l'état du cadastre par rapport à l'état de la propriété. Cette opération qui a préoccupé les masses, n'a rien de commun avec le livre constitutif de la propriété qui nous occupe ; elle a l'inconvénient d'avoir coûté très cher.

La commission du cadastre a chargé l'un de ses membres, M. l'ingénieur Lallemand de faire des expériences cadastralès. Dans la commune de Neuilly-Plaisance, il y a préparé la perfection du livre foncier cadastral, en faisant opérer, préalablement aux opérations d'arpentage, la détermination juridique par un bornage amiable, s'appuyant sur la mise en œuvre de la loi sur les syndicats.

Les signes délimitatifs et conventionnels sont immuablement et positivement fixés sur les plans parcellaires par une méthode et des instrnments de précision.

Cette commission a aussi envoyé, à grands frais, des savants techniciens pour expérimenter des instruments de précision destinés à la réfection du cadastre. Cette précaution n'est-elle pas au moins prématurée ?

Notre respect pour la commission du cadastre et notre déférence pour la haute situation de ses membres arrêtent des observations qui, au point de vue pratique, seraient pourtant justifiées.

La commission du cadastre a fait procéder à des enquêtes sur diverses questions, entr'autres sur les bornages. Nous donnerons, à la troisième partie, la copie des rapports qui ont été faits sur les bornages et principalement sur ceux du canton nord de Limoges,

En 1870, lorsque, pour des nécessités politiques (¹), le juge de paix du canton nord de Limoges a été remplacé dans ses fonctions, il avait organisé au greffe les plans de bornage par communes avec des couvertures spéciales ; les procès-verbaux avaient été mis en liasses séparées par ordre de date. — Vingt ans après, M. le Directeur général des contributions directes a prévenu l'ancien Juge de paix que M. l'ingénieur Durand-Claye, délégué de la commission du cadastre se rendrait dans la Haute-Vienne, recevrait ses explications et examinerait les plans et documents de ses opérations officielles de bornage. Les procès-verbaux de bornage furent bien trouvés, mais les plans avaient disparu. Le déménagement du greffe, le transport des minutes dans les locaux du nouvel Hôtel de Ville, une inondation dans les étages supérieurs avaient amené la perte des plans. Avec beaucoup de zèle, M. le greffier s'est livré à de minutieuses recherches, et il a fini par découvrir, dans des coffres remplis de vieux papiers abandonnés, des vestiges de plans, des feuilles entières de plans froissés, adirées, lacérées, mutilées. Elles ont été recueillies avec soin. Autant qu'il a été possible, l'organisation des plans a été reconstituée en attendant de nouvelles recherches pour ceux qui manquent.

De cette catastrophe, il faut tirer cet enseignement : Le bornage a réussi, puisque, depuis, les justiciables n'ont pas eu à recourir aux documents cadastraux et ceux qui ont eu des difficultés ont pu les régler avec les procès-verbaux *sans les plans*. Ces plans sont néanmoins nécessaires pour fixer

---

(1) Au lendemain de la révolution du 4 septembre 1870, Crémieux, ministre de la justice sous le gouvernement de la Défense nationale a, suivant son expression, *fauché* 600 juges de paix, parmi lesquels il a compris M Freyssinaud.

la situation des bornes et des autres circonstances de la propriété.

Dans un rapport, justement appelé magistral, que M. le Directeur général des Contributions directes a fait à la Commission du cadastre, il dit qu'à partir de 1846, en dehors de la loi platonique de 1850, rien n'a été fait jusqu'en 1870. Ceci est vrai, en ce sens que rien n'a abouti. Mais l'initiative privée a été grande de tous les côtés de la France. Les corps constitués de l'Empire ont été saisis ; des délibérations ont eu lieu avec grand retentissement.

Quelles sont les causes de ces échecs successifs ? — M. Grimprel, Conseiller maître à la Cour des Comptes, ancien Directeur des contributions directes, les a indiquées à la Commission du cadastre en lui disant : « *Sous l'Empire, le mot d'ordre était de conclure contre toute réforme cadastrale.* »

M. le Directeur général, à la séance du 10 juin 1891, a prononcé ces paroles : « Vous savez, Messieurs, que le pré-« sident Bonjean était un apôtre ardent du cadastre, ayant « force probante ; il a eu l'occasion d'exposer ses idées à cet « égard, à la tribune du Sénat en 1861 et 1866, comme rap-« porteur de pétition tendant au renouvellement du ca-« dastre.... »

La question était vivace à cette époque. M. Bonjean était le grand apôtre du cadastre. Il y avait aussi des prosélytes du Livre foncier. M. le Directeur général a parlé du grand mouvement cadastral qui s'est produit de 1860 à 1870, dans les départements du Nord et de l'Est, de la Nièvre et d'autres départements, où l'idée était remuée de toutes façons, comme dans la Haute-Vienne.

*
* *

Le 4 décembre 1893, M. Casimir Périer, Président du conseil des ministres, faisait à la Chambre, cette déclaration ministérielle :

« . . . .

. . . .

D'autres réformes nous apparaissent légitimes et possibles : assurer, grâce à une révision du cadastre, et à un cadastre

tenu à jour, *la base d'un établissement précis de la propriété foncière et donner un point d'appui plus solide au
Crédit agricole.* »

*
* *

Dans ces circonstances qui paraissaient favorables à nos
idées, nous avons adressé à la Chambre des députés, une
pétition ayant pour objet l'établissement d'un livre terrier
en France et dans les colonies. Cette pétition a été renvoyée
à M. le ministre des finances, le 9 février 1894, sur l'avis
favorable de la commission des pétitions. Elle a été aussi
l'objet des rapports approbatifs de MM. Cheysson et Piat à la
commission du cadastre. Nous en donnerons le texte à la
troisième partie.

M. le député Boudennoot, qui avait été le rapporteur de
la pétition, a lui-même présenté une proposition de loi
similaire, qui, avec les modifications qui y ont été faites
par le Sénat, est devenue la loi du 17 mars 1898. Nous
réservons nos observations sur cette loi pour la troisième
partie, lorsqu'il s'agira du bornage. Nous pouvons quand à
présent dire qu'elle ouvre une ère nouvelle à la constitution
physique et juridique de la propriété foncière, mais qu'elle
doit être réformée et complétée.

Dans cet historique qui est forcément restreint, nous ne
pouvons pas donner *in extenso* les discours fort intéressants
qui ont été prononcés à la Chambre dans les séances du
mois de Juillet 1894, 9, 10, 11 et suivants jusqu'au 16 ; plus
tard des 16, 21, 22, 25 et 26 Mars 1896 et, en dernier lieu
des 5 au 20 juillet 1897, sur les questions des contributions
directes et sur l'ensemble des impôts et de leur répartition.
On peut les voir au *Journal officiel*.

Le point de vue d'organisation et de détermination physique
et juridique de la propriété foncière a été à peine effleuré
dans les discussions, alors qu'il était principalement mis en
exergue dans tous les programmes.

*
* *

Il nous faut séparer, dans les circonstances qui nous
occupent, la question des impôts de celle du bornage cadastral. Parlons des impôts.

On trouve au *Journal officiel* du 9 juillet 1894, sous la rubrique « *Documents parlementaires* », des renseignements qui se rapportent aux impôts, à leur assiette, à leurs aggravations ou dégrèvements. Il y est question des propriétés bâties et non bâties en leur état actuel. On ne se préoccupe nullement de leur détermination physique et juridique ; c'est toujours la question fiscale qui est agitée. La communication de ces documents a préparé le débat mémorable du mois de juillet 1894 sur les contributions directes, qui s'est terminé par une loi qui conserve le *statu quo*, excepté pour l'article 4 dont voici la teneur : « Il sera procédé par l'administration des contributions directes aux évaluations nécessaires pour transformer la contribution des propriétés non bâties en un impôt sur le revenu *net* de ces propriétés. »

Voilà bien, après 30 ans de résistance et de silence, qu'on accepte la proposition formulée par l'ancien juge de paix de Limoges à l'enquête agricole de 1867.

La question du revenu global et de l'impôt global a été reprise à la Chambre des députés, le 21 mars 1896.

Dans les documents parlementaires qui avaient été préparés pour la discussion, on trouve un projet de loi dont les articles 72 à 88, sous la rubrique « Renouvellement et conservation du cadastre » aurait établi les règles de la constitution physique et juridique de la propriété non bâtie, du bornage, etc. Ce projet a fait l'objet d'un rapport de M. Delombre, rapporteur du budget. La discussion a donné lieu comme en 1894 à de longs et intéressants discours qui ont eu pour effet de faire repousser la loi.

Cette question sur l'impôt global a été de nouveau reprise au mois de juillet 1897, à l'occasion du vote du budget de 1898. M. le député Cavaignac a représenté son projet de loi sur le revenu global et l'impôt global avec quelques modifications. La Chambre l'a repoussé à une faible majorité.

La recherche et l'établissement du revenu global pourraient bien être votés, s'ils sont disjoints de l'application de l'impôt global. Toutes les réformes fiscales sociales et rationnelles sont soumises à l'établissement du revenu global.

*Dégrèvement de 25 millions de l'impôt foncier
sur la propriété rurale.*

Au mois de juillet 1897, la Chambre a voté la loi des
quatre contributions directes à peu près dans la forme ordinaire. Elle ne comporte qu'une innovation, la seule que le
Parlement ait retenue des propositions de M. Cochery : le
principal de l'impôt foncier sur la propriété non bâtie, c'est-
à-dire la part revenant à l'Etat, est réduit d'un quart, soit
de 25.804.750 francs : la loi le fixe à 77.414.250 francs et à
92.827.980 francs avec les centimes généraux, au lieu de
118 mlllions, chiffre auquel, sans ce dégrèvement, aurait dû
s'élever cette branche de nos impôts. La somme de 25 millions abandonnée par l'Etat devra être attribuée aux communes, mais la loi n'indique pas de quelle manière celles-
ci auront à en faire usage. — La loi n'a pas prévu le cas
où le chiffre des demandes justifiées, dépasserait les 25
millions. Le dégrèvement aura-t-il lieu par voie de dégression
ou de restitution ?.?.?

Le dégrèvement ne doit pas d'ailleurs, profiter également
à tous les contribuables ; le législateur a entendu en réserver
le bénéfice aux petits cultivateurs.

Cette loi porte atteinte aux principes de la quotité de la
proportionnalité de l'impôt et de l'égalité fiscale des contribuables. Les injustices, les inégalités, si souvent reprochées
à l'impôt foncier vont en être accrues. — Nous y trouvons
un argument en faveur de la recherche du revenu global.

Le dégrèvement des 25 millions votés par la loi de juillet 1897 porte à faux. — Il profite pour la plupart à des
propriétaires qui ont d'autres ressources. Les cotes au-dessus
de 15 fr. sont afférentes le plus souvent, à des cultivateurs
dont la tâche ingrate est de faire produire à la terre ce qui
leur est indispensable pour vivre. — De plus, la mesure est
instable et inapplicable. — Instable, parce que, tous les jours,
il arrivera, par les mutations, que des cotes dégrevées ou
non dégrevées, à cause de la situation des propriétaires,
passeront dans le patrimoine d'autres propriétaires dont la
situation est différente. — Cette loi est inapplicable, parce
qu'il est impossible à l'administration des finances de suivre
le mouvement de la propriété en regard de la situation des

propriétaires. Les réformes et les mesures fiscales pour être sociales, justes, équitables, non arbitraires et fraternelles, ne doivent pas porter sur une seule branche des impôts ; elles doivent être précédées de la recherche et de l'établissement du revenu global, après lesquels viendrait l'application de l'impôt global sur le revenu global.

Suppression totale de l'impôt foncier sur la propriété rurale.

Cette suppression serait injuste et antidémocratique. — Injuste, parce que la propriété foncière rurale qui a le plus besoin d'être protégée par la société doit lui payer son impôt. — Antidémocratique, parce que les grands et les moyens propriétaires seraient les plus favorisés. C'est une faveur qu'ils ne demandent pas. Ils veulent bien payer l'impôt foncier; mais ils le veulent équitable, juste, proportionnel. — Ils sont favorables aux mesures fraternelles. — Le revenu foncier doit être fondu dans le revenu global.

*
* *

Nous ajoutons à cette première partie (cadastre fiscal) les observations suivantes :

REVENU GLOBAL & IMPOT GLOBAL

Maintenant que ces questions ne servent plus de plateforme électorale, il sera possible de les présenter sous leur jour véritable.

Quelques explications sont nécessaires pour éviter la confusion et bien se rendre compte de ce qu'il faut entendre par les mots : Revenu global et Impôt global.

Revenu global. — Le revenu global est la somme, le total des revenus de chaque citoyen, quelle qu'en soit la provenance ; c'est-à-dire le revenu tiré de toutes les sources. Il se compose de toutes les ressources, de tous les produits des biens ruraux, rentes, commerce, industrie, actions, mines, travail, etc.

Impôt global. — Aujourd'hui, ce qui tient lieu d'impôt global, c'est la somme, le total des impôts directs et taxes y assimilées que paie un contribuable. Il se compose des diverses branches d'impôts, tels que l'impôt foncier, celui des portes et fenêtres, de la personnelle - mobilière, des patentes, des chevaux, des voitures suspendues, des chiens, etc., etc.

C'est ce revenu global que les socialistes, rationnels ou autres, veulent aussi obtenir, afin d'établir la fortune globale de chacun par la somme de ses divers revenus. C'est ce revenu global qu'il faut encore pour établir des catégories de contribuables. C'est enfin sur ce revenu global que se présente la lutte. Tant qu'ils ne l'auront pas, les socialistes ne pourront pas opérer des répartitions *justes ou injustes.* Prenons, par exemple, l'impôt foncier, qui est une branche de l'impôt global actuel. On veut dégrever la petite propriété, ou, pour mieux dire, les petits propriétaires. Eh bien ! pour faire une catégorie de petits propriétaires, il faudrait connaître toutes leurs ressources, sans cela on risquerait de dégrever des propriétaires qui, ne possédant que quelques petites parcelles de terre, seraient très riches par ailleurs. On ne peut se baser pour réformer l'impôt sur une seule nature de ressources.

L'impôt progressif, qui est un impôt éminemment personnel, de même, d'ailleurs, que l'impôt dégressif, ne peut être réglé que sur le revenu global.

C'est donc la recherche de ce revenu global qui est en jeu dès à présent. L'impôt global sur le revenu global ne pourra venir qu'après la recherche et l'établissement du revenu global.

La recherche du revenu global aurait-elle tous les inconvénients qu'on lui attribue ? Les moyens seraient-ils odieux, arbitraires, inquisitoriaux, injustes, indiscrets, préjudiciables, déshonorants. etc., etc. ? Cela dépendrait des moyens employés.

Le gouvernement connaît déjà la plus grande partie du revenu global. Il connaît le revenu des capitaux mobiliers :

1° Des valeurs mobilières françaises et en général de tous les revenus mobiliers atteints par les lois du 29 juillet 1872, 21 juin 1875, 28 décembre 1880, 29 décembre 1884 et les lois subséquentes ;

2º Des intérêts des dépôts faits dans les Sociétés pour une durée de plus d'un an ;

3º Du revenu des fonds d'États français et étrangers ;

4º Du revenu des créances hypothécaires et des créances privilégiées visées par l'art. 2,102 du Code civil ;

5º Du revenu des rentes viagères constituées à titre onéreux.

L'État serait en mesure d'obtenir tous les renseignements sur les valeurs mobilières étrangères par l'art. 4 de la loi du 28 décembre 1895 ainsi modifié : « Aucune émission, souscription, exposition en vente ou introduction de titres de sociétés, compagnies, entreprises, villes, provinces et corporations étrangères, ou de tout autre établissement public étranger, ne pourra être annoncée, publiée ou effectuée en France sans qu'ils aient fait agréer un représentant responsable des droits de timbre, de transmission et de l'impôt sur le revenu dont ces titres sont redevables. Des insertions périodiques au *Journal officiel*, feront connaître celles de ces valeurs à l'égard desquelles la formalité ci-dessus aura été accomplie.

« Les sociétés, compagnies, entreprises, villes, provinces et corporations étrangères dont les titres font actuellement l'objet d'un service financier en France, devront également désigner un représentant responsable, ou fournir un cautionnement en numéraire. »

Le gouvernement pourrait connaître les divers revenus professionnels par une transformation de la contribution des patentes et autres droits déjà perçus (¹).

Ces renseignements sont extraits du projet de loi de M. Cochery, ministre des Finances et sont au *Journal officiel* du 9 juin 1891 sous la rubrique : « *Documents parlementaires* », page 482 et 483.

Le gouvernement connaît bien le revenu des propriétés bâties.

Reste le revenu net des propriétés non bâties, dont la recherche vient d'être confiée à l'administration des contribu-

---

(1) En l'état actuel, la patente s'établit d'après un tarif légal et sans égard à l'importance des bénéfices réalisés par le patenté

tions directes par la loi du 21 juillet 1894, mais qui, jusque
là, sera représenté par la contribution foncière.

Le gouvernement dispose donc de presque tous les moyens
nécessaires pour établir le revenu global. Les projets divers
pour la recherche de ce revenu tendent à l'unification, à la
simplification, à la modération, à la discrétion, et surtout à
la justice. Ils offrent des moyens, dont le principal est la
déclaration. Cette mesure prise dans son principe, n'a rien de
vexatoire ; au contraire, on la retrouve dans les temps anciens.

Le contrôle des déclarations peut entraîner des divergences
de vues, et encore, ce n'est que dans le commerce et l'industrie que les vérifications seraient difficiles et délicates. On
trouverait aisément un biais pour éviter les difficultés. On
pourrait, par exemple, conserver le système actuel des patentes, pour cette branche du revenu global (¹).

On pourrait, ici, donner d'autres détails. Quoi qu'il en
soit, voilà la vérité sur la recherche du revenu global, et
nous ne voyons pas qu'elle mérite toutes les épithètes déso-
bligeantes qui lui ont été prodiguées.

Si les socialistes s'étaient contentés, lorsqu'ils étaient au
pouvoir, de rechercher le revenu global dans les conditions
que nous venons d'indiquer, ils n'auraient mérité que des
éloges ; mais avant d'avoir cet inconnu, ils ont voulu, préma-
turément, en faire l'application.

Sur ce qui précède, on a dit et écrit bien des choses plus
sensationnelles que véridiques ; à propos de la recherche du
revenu foncier, on a réédité un décompte fantaisiste de la
Société d'agriculture de Vaucluse et des discours non moins
fantaisistes de Messieurs les Economistes, pour en faire sortir, comme d'une boîte à surprise, des projets fantastiques devant avoir des conséquences désastreuses.

Cette fantasmagorie tombe devant le projet, réel et pratique, édicté par la loi du 21 juillet 1894, laquelle ordonne
la recherche du revenu foncier *par unités foncières, par
divisions de propriété, par exploitations.*

Les détails et les minuties d'une comptabilité ridicule si

---

(1) Projet Cavaignac art 12.

compliquée des produits de la terre disparaissent et font place à des moyens plus simples, plus équitables, plus exacts pour la détermination du *revenu net* des propriétés foncières.

Au lieu d'évaluer, comme dans l'ancien système, encore aujourd'hui en vigueur, le revenu foncier parcelle par parcelle, on fera les évaluations comme nous venons de le dire, en se basant sur les déclarations, sauf à les contrôler et les discuter ; sur les baux à ferme, et sur tous autres renseignements authentiques et privés (¹).

Ces questions ne sont pas nouvelles, d'ailleurs. On trouve, dans notre déposition devant la commission supérieure de l'enquête agricole de 1867, la manière d'établir l'impôt foncier sur le *revenu net* des propriétés non bâties, et de faire la juste répartition ou péréquation de cet impôt par le système de la quotité.

On ne saurait pourtant repousser l'impôt sur le revenu global, par l'unique raison qu'il est d'origine anglaise, prussienne, autrichienne ou autre, où il fonctionne normalement par le système de quotité.

En principe, il se présente comme le plus équitable de tous, puisque proportionnant exactement la quote part à payer au revenu, il réaliserait la magistrale formule de 1789. Seulement, dans les pays voisins, il est voté par ceux qui le payent ; il n'en serait pas ainsi en France, pays de suffrage universel où il serait voté par dix millions d'électeurs et payé par quelques dizaines de mille (²). On éviterait le danger des injustices par la recherche et l'établissement du revenu global qui permettrait des réformes fiscales équitables, en réservant l'application de l'impôt global, sur le revenu global. Il y aurait lieu à disjonction.

La loi du 21 juillet 1894 a maintenu les quatre contributions directes. C'est le cas d'examiner les questions de quotité et de proportionnalité relativement à l'impôt foncier.

---

(1) Ce n'est qu'une hypothèse, car l'administration n'est pas encore fixée sur le procédé d'évaluation qui devra être employé.

(2) Voir ce que dit M. Kergall dans la *Démocratie rurale* (2 mai 1897 et 5 mars 1899).

Quotité, proportionnalité.

L'impôt de quotité n'a pas les inconvénients que lui prêtent ses adversaires. En tant qu'il s'applique au revenu foncier, il est le seul qui puisse produire une juste péréquation, par la fixité de répartition d'après le *revenu net* des propriétés non bâties.

Dans les conditions multiples où, depuis 1860, la question de l'impôt est venue se greffer sur celle du bornage et du Livre-terrier, nous n'avons cessé de demander la transformation de l'impôt actuel de proportionnalité fantaisiste, arbitraire, injuste, en impôt de quotité.

Le système de répartition, condamné par les contribuables et leurs représentants, l'est aussi surtout par les fonctionnaires qui sont appelés à l'appliquer. M. le Directeur général des contributions directes a déclaré, à la commission du cadastre, que ce système était arbitraire, injuste, et le plus souvent inapplicable, impraticable.

Voici ce qu'en a dit M. le député Cavaignac, à la séance du 9 juillet 1894 : « Il n'est rien de plus improportionnel, de plus arbitraire, de plus indéfendable que le système actuel ; ses iniquités sont, en quelque sorte, classiques. »

L'orateur prend pour exemple le département de la Gironde, où l'impôt direct représente moins de 3 % du revenu foncier dans 78 communes, de 3 à 4 % dans 67 communes, de 4 à 5 % dans 74, de 5 à 6 % dans 163, et ainsi de suite, jusqu'à certaines communes qui paient 12, 13, 14 et 15 %. L'improportionnalité est encore plus forte de particulier à particulier, de département à département.

L'impôt foncier d'aujourd'hui a été établi sur la base d'une évaluation du *revenu net* faite *parcelle par parcelle*, il y a soixante ans, et la répartition a été faite proportionnellement, ce qui a produit les inconvénients que l'on sait.

On a parlé de la facilité que le système de la quotité donnerait au gouvernement d'aggraver les impôts, mais cette facilité est bien plus grande avec la complexité du système actuel, qui est inintelligible pour la plupart des contribuables, et qui ne leur permet pas de se rendre compte des bases réelles de la répartition.

Les évaluations, ordonnées par la loi du 21 juillet 1894, auront une certaine durée ; elles ne peuvent être basées sur le cadastre actuel dont on connaît les erreurs et les injustices ; il est de toute nécessité que les unités foncières, les divisions de propriétés, les exploitations soient déterminées.

Nous croyons savoir que la direction générale des contributions directes n'entreprendra pas le travail des évaluations avant d'avoir consulté ses fonctionnaires des départements. Peut-être les réponses ne seront-elles pas favorables au projet et les conclusions seront-elles : Dépenses considérables, nombreuses années de travail, résultats à peu près négatifs, etc., etc.

Il faut s'attendre à une certaine résistance de la part des propriétaires à une telle mesure et peut-être au refus de concours des répartiteurs, alors même qu'ils seraient rétribués.

S'il en était ainsi, il faudrait rechercher le revenu net des propriétés par les moyens indiqués précédemment et par les documents et renseignements qui sont, dès à présent, à la disposition de l'administration des Contributions directes. On pourrait ensuite fixer l'impôt foncier par quotité, en attendant la détermination du revenu global.

La recherche du revenu global peut se faire sans grands inconvénients. Supposons que ce revenu soit établi ; quel parti en pourra-t-on tirer ? Il y a ici deux courants d'opinion : les uns veulent que chacun paie, au prorata du chiffre total de ses revenus, sa quote part, *sa quotité*. C'est là, la péréquation. Les autres veulent diviser les contribuables actuels en deux catégories, les uns ne payant rien, les autres payant tout.

Nous ne voulons pas ici nous engager à fond dans la discussion ; nous nous bornerons à constater l'état de la question. La solution semble difficile, en ce qu'elle comporte de multiples nuances, ainsi que le prouvent de nombreuses propositions dont les Chambres se trouvent actuellement saisies.

En résumé, la recherche du revenu global doit se faire. L'impôt global ne doit pas être un impôt de *superposition*, il doit embrasser par lui-même la totalité des impôts, et comprendre la contribution foncière et celle des patentes, sans quoi il serait non global, mais partiel. Il aboutirait à cette iniquité du projet Doumer : un propriétaire foncier payerait d'abord l'impôt global sur son revenu global et payerait ensuite l'impôt foncier. Il en serait de même pour les patentes : ce serait une double charge. De plus, il doit être établi par voie de quotité équitablement et fraternellement.

Le système de la quotité n'a rien de vexatoire, ni d'arbitraire ; c'est la règle, le quantum (*quotiès*), règle absolue, équitable, qu'on ne saurait considérer comme susceptible d'engendrer des conflits.

L'impôt foncier perd, il est vrai, son caractère d'impôt réel pour devenir un impôt personnel, mais le principe de la personnalité est ici posé sur la corrélation de la terre avec celui qui la possède.

Toute terre a son possesseur.

Pour le règlement de toutes les questions qui touchent à la constitution physique et juridique de la propriété foncière, urbaine ou rurale, à l'établissement des livres terriers et du cadastre, à la réforme des hypothèques, à l'entretien du crédit agricole, etc., il est hors de doute que le bornage s'impose. On vient de voir que dans toutes les questions de revenu ou d'impôt, c'est le mot global qui se dresse. De là s'affirme jusqu'à l'évidence la nécessité de deux grandes réformes économiques et sociales : d'une part, la création d'un livre terrier base du cadastre, et d'autre part, la détermination du revenu global de chaque citoyen.

Ces mesures seraient déjà mises en application, si l'on s'était contenté de chercher les moyens pratiques de les réaliser sans discourir à perte de vue sur leurs conséquences. Quoiqu'il en soit, la question est posée devant l'opinion publique et ne saurait plus être écartée, elle reviendra certainement en discussion.

Nous avons voulu apporter notre faible concours à la défense sociale, suivre les progrès et signaler des réformes utiles, fraternelles, rationnelles.

Nous puisons une certaine force dans un autographe de M. Léon Say, dont voici quelques phrases : « Je vous remercie de vos communications. — Les contradictions.......... (ici des compliments) ....me fournissent le moyen de réviser mes opinions.... »

DEUXIÈME PARTIE

PROPRIÉTÉ FONCIÈRE RURALE

Chapitre I. — Consistance territoriale de la France.

Chapitre II. — Origine des biens de l'Etat, des forêts domaniales.

Chapitre III. — Communaux.

Chapitre IV. — Division de la propriété rurale par grande, moyenne et petite propriété ; réforme dans son intérêt.

Chapitre V. — Act'-Torrens. — Cadastre. Livres terriers.

> Un bon ouvrage de géographie devrait comprendre, avec des notions très exactes de géographie physique, juridique et politique, des dessins, des vues photographiques, des cartes indiquant les principales courbes de niveau et au moyen de teintes conventionnelles, la nature des terrains et leur qualité, des statistiques nouvelles, commerciales et agricoles, etc., etc. On réunirait ainsi des connaissances économiques et statistiques qui rendraient aux diverses administrations aussi bien qu'aux simples particuliers les plus grands services.

Propriété foncière rurale.

Le sol, c'est la Patrie.

Monétiser le sol est une pure fantaisie ; faciliter la mise en gage des droits immobiliers, c'est élargir le crédit personnel et créer le crédit agricole ([1]).

_____
(1) Flour de Saint-Genis.

Toute nation a commencé par être une population nomade vivant de la chasse et de la pêche ; puis la population augmentant, le peuple devint agriculteur et la nation florissante. Les conquérants survinrent alors, se proclamèrent rois et payèrent leurs compagnons d'armes avec la seule monnaie de l'époque : la terre. Les rois firent des ducs, qui euxmêmes partagèrent leurs duchés entre les mains des seigneurs séculiers ou ecclésiastiques. Toutes ces donations étaient faites à charge de rente, cens ou impôt ; mais la terre dévastée par la guerre était dépeuplée et improductive ; il fallait y ramener des paysans auxquelles les promesses ne manquèrent pas ; et ceux-ci à leur tour obtinrent en échange des travaux faits pour le seigneur, des lopins de terre qu'ils cultivèrent pour leur propre compte, mais toujours à charge de cens, taille ou autres appellations sous lesquelles nous retrouvons l'impôt.

C'est là l'origine de la propriété individuelle.

Sous le régime féodal, les propriétés rurales formaient de grands domaines qui se transmettaient presque toujours dans leur intégrité. On conservait religieusement, dans le chartrier du château ou de l'établissement religieux dont ces domaines dépendaient, les livres et papiers terriers, qui en contenaient la description, et les plans terriers, qui en présentaient le tableau synoptique. Ces livres renfermaient le dénombrement et la contenance de toutes les terres du fief, le nom des fermiers et tenanciers, le détail des fermages, des droits, cens et rentes dus au propriétaire ou au seigneur.

Les livres et plans terriers se renouvelaient périodiquement à l'égard des propriétés foncières dont le domaine utile était séparé du domaine direct.

Le renouvellement avait pour motif la conservation des droits féodaux qui constituaient au profit du seigneur le domaine direct ; il avait aussi pour effet de maintenir intacte la consistance de toutes les parcelles, et, par conséquent, d'empêcher toute usurpation, tout déplacement de limites.

D'un autre côté, presque tous les biens-fonds appartenant à la noblesse, au clergé et aux habitants des villes, étaient exploités par des fermiers. Ceux-ci seuls auraient pu commettre des usurpations sur les voisins ; mais ils n'en auraient joui que pendant la durée plus ou moins courte des baux ; elles n'auraient pas manqué d'être découvertes à la fin de ces baux par le récolement des terres louées ; et les propriétaires, auxquels alors elles auraient profité, n'auraient guère pu, à raison de leur position, se prêter et attacher d'intérêt à ces actes frauduleux qui, dans de telles circonstances, devaient être et étaient réellement fort rares.

Lors de l'abolition des droits féodaux, bien des titres, papiers et plans terriers, détruits en vertu des lois révolutionnaires ou adirés par l'effet des violentes commotions sociales de cette époque, ont disparu tout d'un coup, au moment où ils étaient plus nécessaires que jamais pour constater la consistance des biens-fonds qui, pour la plupart, passaient dans les mains de nouveaux propriétaires.

Ceux-ci, en général, n'ont pas longtemps conservé ces biens. Les mutations, les divisions sont depuis devenues de plus en plus fréquentes. A la différence de ce qui se passe en Allemagne, aucune autorité n'intervient en France pour reconnaître, constater et sanctionner les conventions relatives aux mutations d'immeubles ; la forme des actes n'est même déterminée par aucune loi. Leur inscription sur les registres publics, depuis le Code Napoléon jusqu'à la loi sur la transcription, du 23 mars 1855, a été purement facultative, et n'a procuré presqu'aucun avantage à ceux qui accomplissaient cette formalité. On s'en dispensait d'autant plus volontiers que par là on évitait le payement de droits assez élevés.

La mutation de la propriété des immeubles de peu d'importance n'est le plus souvent constatée que par des écrits privés, informes, souvent sur papier libre, rédigés par des personnes illettrées, en des termes dont elles ne connaissent même pas la valeur ; la plupart de ces actes, remplis de mots de pratique surannés et bizarres, ne contiennent pas les dispositions essentielles.

*
* *

Avant de poursuivre l'étude du bornage et du cadastre, il est bon de parler de la propriété foncière à laquelle ils doivent être appliqués et sur laquelle reposent les bases de la société.

Il y a deux sortes de propriétés foncières ; celle bâtie et celle non bâtie. On est souvent obligé de les confondre à cause de leurs éléments similaires. Improprement, la première est aussi appelée urbaine, et la seconde rurale. Il y a dans les propriétés urbaines des éléments ruraux et *vice versa*.

Le bornage n'est pas aussi nécessaire à la propriété bâtie qu'à celle non bâtie : néanmoins cette mesure est utile aux maisons et autres bâtiments, pour la constatation des délimitations et des servitudes, des murs contigus ou mitoyens, des cours, jardins, enclos, passages, etc. Les règles du bornage sont les mêmes pour toutes les propriétés foncières. Toutes aussi sont soumises à l'impôt dans des conditions différentes, réglementées par le cadastre.

Les propriétés dites urbaines ne pourraient être divisées en catégories. Il en est autrement des propriétés dites rurales, que généralement on divise en trois catégories qui sont : grande, moyenne et petite propriété.

CHAPITRE I

Consistance territoriale de la France.

---

1. — Propriétés non bâties.

Le résumé général du livre terrier dressé au Ministère des finances d'après les résultats des matrices cadastrales, et détruit lors de l'incendie de 1871, faisait ressortir la contenance totale de la France à 52,153,149^H 64^a. La contenance des départements annexés en 1860 et celle de la Corse n'entraient pas dans ce chiffre ; mais l'étendue superficielle du territoire qui nous a été enlevé par l'Allemagne s'y trouvait comprise.

La contenance des propriétés passibles de contribution foncière figurait pour 49.389.569 hectares 67 ares dans le chiffre précité ; elle se répartissait ainsi qu'il suit :

Terres labourables.	25.500.075^{h}45^a
Prés.	5.159.179 00
Vignes.	2.088.048 08
Bois.	7.688.286 23
Vergers, pépinières, jardins	627.704 01
Oseraies, aunaies, saussaies	64.429 71
Carrières et mines	3.566 23
Mares, canaux d'irrigation.	17.372 80
Canaux de navigation	12.272 98
Landes, pâtis, bruyères, tourbières, marais, etc..	7.138.282 45
Etangs	177.168 63
Oliviers, mûriers	109.361 89
Châtaigneraies	559.029 54
Sols des propriétés bâties	244.892 67
TOTAL.	49.389.569 67

La contenance des propriétés non imposables s'élevait à
2.763.579 hectares 97 ares, savoir :

Routes, chemins, rues, places et promenades publiques	1.102.122ᵇ 17¹
Rivières, lacs, ruisseaux	439.572 28
Forêts de l'Etat, domaines non productifs .	1.047.684 64
Cimetières, presbytères, bâtiments d'utilité publique, superficie des églises . .	14.742 12
Autres objets non imposables.	159.458 76
TOTAL	2.763.579ᵇ 97

D'après les résultats du travail de la nouvelle évaluation
du revenu foncier des propriétés non bâties de la France,
les matrices cadastrales faisaient ressortir, au 1ᵉʳ janvier 1879,
une contenance de 50.035.159 hectares en ce qui concerne
les propriétés passibles de l'impôt foncier. Cette contenance
se répartissait de la manière suivante entre les différentes
natures de cultures, d'après les indications des matrices cadastrales et d'après les constatations effectuées par l'Administration des contributions directes.

(Voir le tableau de la page suivante).

DÉSIGNATION DES NATURES DE CULTURE	CONTENANCE IMPOSABLE	
1	d'après les matrices cadastrales en 1879 2	d'après les résultats des travaux d'évaluation effectués en 1879-1881 3
Terrains de qualité supérieure (vergers, chènevières, jardins, etc.)	668.515ʰ	695.929ʰ
Terres labourables et terrains évalués comme les terres (terres labourables, mares, terres plantées, sols des propriétés bâties, pièces d'eau, canaux, pépinières, chemins de fer. etc.).	25.452.432	26.173.637
Prés et herbages (prés, prés plantés, etc.)	4.804.440	4.998.280
Vignes. . . . . ./.	2.109.250	2.320.533
Bois (bois, saussaies, etc.)	8.444.718	8.397.131
Landes, pâtis ou pâtures et autres terrains incultes (terres vagues, etc.)	8.108.306	6.746.800
Cultures ne rentrant pas dans l'énumération ci-dessus	747.478	702.829
TOTAUX	50.035.139ʰ	50.035.139ʰ

On estime la valeur vénale du sol de la France à quatre-vingts milliards.

CHAPITRE II.

Origine des biens de l'Etat, des Forêts domaniales.
Leurs Produits.

Il est intéressant de connaître les origines et les produits des forêts domaniales et des biens de l'Etat. Ces documents serviront à démontrer la nécessité de leur bornage non seulement aux limites extérieures, mais aussi à l'intérieur avec les propriétaires de biens indivis avec l'Etat, les usagers, les usufruitiers, etc.

FRANCE :

Les forêts domaniales en France ont six origines principales :

1º Domaine royal antérieur à 1669 ;

2º Anciens domaines souverains réunis postérieurement à 1669 ;

3º Bois ecclésiastiques réunis à ceux de l'Etat ;

4º Fixation des dunes sur le littoral maritime ;

5º Reboisement des montagnes ;

6e Acquisitions diverses à l'aide de crédits inscrits annuellement au budget, par voie d'échange, etc.

Les produits des forêts domaniales se répartissent comme il suit :

1º Produit des coupes principales ;

2º Frais d'adjudication des coupes principales à raison de 1 fr. 60 pour 100 du prix augmenté de la valeur des charges ;

3º Produits des coupes de bois vendues par unités de marchandises ou après façonnage ;

4° Prix de vente des bois provenant des exploitations accidentelles ;

5° Valeur des bois cédés directement à la Marine et à la Guerre ;

6° Fermage du droit de chasse dans les forêts de l'Etat ;

7° Les produits de toute nature provenant des forêts, autres que les produits en bois et le fermage du droit de chasse ;

8° Salaires des gardes recouvrés sur les co-propriétaires de bois indivis, les usagers, les acquéreurs des bois de l'Etat, etc. ;

9° Dommages-intérêts et restitutions pours délits dans les bois de l'Etat ou résultant de jugements en matière civile ;

10° Recouvrements de frais de poursuites et d'instances concernant les forêts ;

11° Recouvrement des frais d'administration des bois des communes et établissements publics ;

12ⁿ Prix de cession de terrains forestiers domaniaux effectuée aux compagnies de chemins de fer, aux départements, aux communes pour cause d'utilité publique. Soultes dûes à l'occasion d'échanges.

Produits du domaine autres que le domaine forestier.

FRANCE :

Revenus et produits de toute nature du domaine public, fluvial, maritime et terrestre, revenus et produits de toute nature des biens de l'Etat ; produit des aliénations d'immeubles, succession en déshérence, épaves et biens vacants ;

Produits de l'exploitation des établissements régis ou affermés par l'Etat : Ecoles d'agriculture, d'horticulture, haras et dépôts d'étalons ; établissements thermaux régis ou affermés par l'Etat ; établissements affermés, établissements en régie : Redevances de la vallée d'Andorre.

ALGÉRIE :

Revenus et produits de toute nature du domaine autre que le domaine forestier ; produits des biens des corporations ; redevances pour concessions des chûtes d'eau ; produits des aliénations d'immmeubles ; successions en déshérence, épaves et biens vacants ;

Produits de l'exploitation des établissements régis ou affermés par l'Etat. Ecole nationale d'apprentissage de Dellys.

Le domaine boisé de l'Etat en Algérie comprend, d'une manière générale, tous les bois et forêts, à l'exception de ceux régulièrement acquis par des tiers, et sous la réserve des droits d'usages existant.

La nomenclature des produits domaniaux de l'Algérie comprend tous les articles relatifs à la France qui figurent ci-dessus sous les numéros 1 à 12 et en outre :

13º Les annuités provenant de la vente d'anciennes concessions de chêne-liège ;

14º Le prix de location des forêts de chêne-liège.

CHAPITRE III.

Les biens communaux en France.

Nous présentons cette étude sur les communaux, sous le bénéfice de nos travaux anciens, de la participation que nous avons prise dans les affaires du pays, de l'expérience que nous avons acquise étant aux prises avec la réalité dans nos diverses fonctions attributives, électives, judiciaires et administratives. Nous appuierons nos assertions sur des faits généraux et particuliers, précis et personnels. Nous prendrons une grande force dans les pages d'écrits et de rapports de nos anciens confrères, amis et compatriotes. C'est ainsi que notre dissertation et nos conclusions sur la suppression des communaux par le partage ont été prises en grande partie dans le rapport fait au conseil général de la Haute-Vienne, en 1857, par M. Géry, avocat, ancien préfet, ancien conseiller d'Etat. Nous nous sommes aussi beaucoup aidé d'un autre rapport fait au même conseil général de la Haute-Vienne, en 1863, sur la mise en valeur des communaux, par M. de La Boulinière, ancien avocat à la cour de cassation. Pour la question sociale et le rôle des communaux chez *le pauvre et le riche,* nous nous sommes servis des observations consignées dans une brochure récente de notre regretté compatriote, M. Larombière, ancien président de chambre à la cour de cassation. Nos statistiques viennent de la revue administrative sous la signature de M. de Grisenoy, ancien directeur au ministère de l'Intérieur, ancien conseiller d'Etat. En dernier lieu nous avons reçu des renseignements précieux de la part de M. Aucoc, ancien maître des requêtes au conseil d'Etat, aujourd'hui membre de l'Institut, auteur d'un ouvrage sur les sections de communes et les communaux.

Les questions qui vont nous occuper ont été agitées bien souvent depuis 1789 ; elles n'ont pas reçu de solution parce que, comme toutes celles qui intéressent la propriété foncière, elles ont été dévoyées par leur attribution instable aux divers ministères.

Communaux.

Les biens communaux sont aussi appelés *biens vacants.* Définition : Les biens communaux proprement dits sont, d'après la définition de la loi elle-même (Art. 1er de celle du 10 juin 1793), ceux dont la propriété et la jouissance appartiennent à la généralité des habitants de la commune.

Les biens des sections de commune sont ceux dont la propriété et la jouissance appartiennent à la généralité des habitants des villages dans le territoire desquels ils sont situés, à l'exclusion des autres habitants de la commune.

Les biens communaux comprennent des terrains de toutes natures. Le plus souvent ce sont des landes, pâtis, bruyères, pâturages, forêts ou bois.

Sections de communes.

Les sections de communes et les biens communaux se confondent dans leurs origines et paraissent résulter les unes des autres. La section de commune, dit M. Grisenoy, est formée par un groupe d'habitants possédant des biens et des droits communs auxquels n'ont pas part les autres habitants de la commune. Elle n'a d'existence qu'à raison de ces biens et de ces droits.

La constitution des communes en 1789, les modifications et rectifications faites ensuite dans les circonscriptions primitivement établies, surtout à l'occasion de l'établissement du cadastre, ont donné lieu également à la création de nouvelles sections. Les portions de communes détachées et annexées à des communes voisines ayant nécessairement conservé leurs droits de propriété et de jouissances ont produit les mêmes résultats. L'Assemblée constituante avait nettement posé ce principe en 1790, à l'occasion des changements effectués ou à effectuer dans les limites des communes. Aujourd'hui encore, une commune réunie à une autre commune, et possédant des biens, deviendrait une section ; un hameau ne formant pas une section distincte dans une commune possédant des biens, en deviendrait une également, s'il était détaché de cette commune et transféré à une commune voisine, puisqu'il conserverait ses droits sur les biens de la commune d'origine.

Enfin la loi du 10 juin 1793 attribuant aux communes et villages les terres vaines et vagues situées sur leur territoire et considérées jusque là comme appartenant aux seigneurs, a du créer encore un assez grand nombre de sections.

En résumé, les sections doivent leur origine à trois ordres de faits : les concessions seigneuriales, ou la mise en commun de terres par un groupe d'habitants non érigé en paroisse ou communauté ; les modifications dans les circonscriptions communales depuis 1789 ; l'attribution en 1793, des terres seigneuriales aux communes, villages et hameaux.

Le nombre des sections était en 1863, de 35.847, réparti entre 6.108 communes. Les cinq sixièmes des communes n'ont donc pas de sections, et cet élément ne présente une certaine importance que dans une trentaine de départements au plus, groupés presque tous dans la région montueuse du centre de la France, où les villages sont nombreux et très disséminés, tandis qu'on ne rencontre qu'un très petit nombre de sections dans les grandes chaînes des Alpes et des Pyrénées. Dans ces régions, la majeure partie du sol étant inhabitable, les agglomérations se sont forcément groupées le long des vallées. Les Basses-Alpes ne comptent que 23 sections ; les Hautes-Alpes, 31 ; les Alpes-Maritimes, 1 ; la Savoie, 47 ; les Basses-Pyrénées, 38 ; les Hautes-Pyrénées, 20 ; les Pyrénées-Orientales, 17.

Par contre, le Puy-de-Dôme figure en tête des départements possédant le plus grand nombre de sections : il en a 4.537 ; *la Creuse en a 4.051*. Puis viennent la Haute-Loire, le Cantal, le Morbihan, la Corrèze, qui en ont de 2.000 à 3.000 ; *la Haute-Vienne*, l'Aveyron, la Lozère, le Lot, de 1.400 à 1.800. Les autres en ont au-dessous de 1.000.

En dehors de la région centrale, on trouve deux groupes de départements ayant des sections en assez grand nombre : En Bretagne, le Morbihan et les Côtes-du-Nord ; le Morbihan surtout, qui en compte 2.221, à côté du Finistère et du

Maine-et-Loire qui n'en ont pas une seule et de la Loire-Inférieure qui n'en a qu'une. Le second groupe comprend la Vendée, la Charente-Inférieure, la Gironde, la Charente, et se relie à celui de la région centrale par la Haute-Vienne. Ici encore, la population est tellement dispersée que souvent les communes ne possèdent pas d'agglomération et ne se composent que de petits hameaux disséminés sur toute la surface de leur territoire.

Si les départements occupés par les grandes chaînes de montagnes ont une grande étendue de biens communaux et un petit nombre de sections, par contre, ceux qui ont un grand nombre de sections ne sont pas les mieux dotés sous le rapport de l'étendue des biens communaux ; cela s'explique par ce motif que, les terres y étant généralement plus susceptibles d'être mises en valeur que dans les pays de montagnes, la culture individuelle aurait une tendance à y occuper davantage le sol.

⁂

L'étude des communaux présente trois questions principales :

1º Les biens communaux dans le passé, leur origine, leur rôle et les modifications apportées pendant et depuis la révolution.

2º Les biens communaux aujourd'hui : leur état actuel en fait et en droit, et ses conséquences. — Législation actuelle.

3º Y a-t-il lieu à une réforme dans la législation des biens communaux et dans quel sens ?

Faut-il supprimer les communaux ? Par quel moyen ?

PREMIÈRE QUESTION.

Les biens communaux dans le passé ; leur origine, leur rôle et les modifications apportées pendant et depuis la Révolution.

Il serait difficile de dire d'une manière précise, ce qu'ont été dans le passé les biens communaux. Ainsi que pour leur origine, tout se perd dans la nuit des temps ; tout varie à l'infini ; tout dépend des régions, des usages, des mœurs, des besoins de l'agriculture et des habitants ; cela dépend encore des régimes féodaux et coutumiers de chaque pays. C'est ainsi que dans le nord de la France, les communaux appartiennent presque tous à la commune, à l'agrégation entière, tandis qu'ailleurs et principalement dans le centre, ces biens appartiennent non plus à la commune, mais à des sections ou dépendances de certains territoires appelés autrefois *mas* ou *ténements.*

Origine : L'origine des biens communaux, surtout de ceux appartenant aux communes, venait souvent de concessions royales sur d'anciens domaines féodaux ; souvent aussi c'était le résultat de cantonnements. Beaucoup de biens communaux ont été concédés par le gouvernement en vertu, soit du décret général du 9 avril 1811, soit de décrets spéciaux aux départements et aux communes.

Quant aux biens communaux appartenant aux sections de communes et possédés par elles, on peut dire qu'à l'origine, ils avaient un caractère purement privé. Quelques-uns de ces biens, notamment ceux constitués par des démembrements récents de propriétés particulières, ont pu conserver jusqu'à ce jour ce caractère, et pour ceux-là les règles du droit civil demeurent seules applicables sans aucune intervention de l'autorité administrative. Le plus grand nombre a perdu peu à peu ce caractère. Une transformation graduelle s'est opérée, qui a eu pour effet de donner aux biens dont la jouissance avait été mise en commun dans l'origine entre divers propriétaires un caractère public ; mais le cachet d'origine de ces biens n'en subsiste pas moins. On en voit un exemple dans le préambule qui a précédé le partage des bois du Nouhaud dont il va être parlé.

L'origine est aussi différente suivant qu'il s'agit de bois ou de terres.

Les biens communaux ont des origines très diverses que M. Aucoc a rattachées à trois ordres de faits : 1º La répartition primitive du sol au temps où dominait la vie pastorale ; 2º l'attribution des terres vacantes faite aux municipalités romaines par les empereurs ; 3º mais surtout, et à peu près exclusivement, pour les communautés rurales, les concessions à titre gratuit ou à titre onéreux des seigneurs ecclésiastiques et laïques, et les débris des propriétés indivises des communautés agricoles du moyen âge. Or, le plus souvent, les paroisses comprenaient plusieurs villages et hameaux disséminés sur l'étendue de leur territoire, lesquels avaient été créés par les seigneurs en vue de la culture de leurs domaines et au moyen de concessions de terres communes ou d'avantages propres à attirer et à fixer les cultivateurs. Ces droits privatifs des villages et hameaux à la jouissance et à la propriété de certaines terres sont établis par les lois, réglements et usages les plus anciens, et la loi de 1837 n'a fait, à cet égard, que consacrer les faits existants en même temps que les dispositions écrites dans les lois des 28 août 1792 et 10 juin 1793.

Les biens communaux ont donné lieu dans le passé, comme dans le présent, à des difficultés. Souvent la question de leur mise en valeur a été posée. Le partage a toujours été le mode préféré, mais cette mesure était appliquée aux biens appartenant aux sections de communes. Le partage des biens appartenant aux communes était défendu ; nous verrons plus tard pourquoi et comment.

Déjà avant 1789 et dans le cours du XVIIIe siècle, le partage avait été appliqué avec succès, tantôt pour la jouissance et tantôt pour le fond, pour les trois évêchés, par l'édit de juin 1769 ; pour les généralités d'Auch et de Pau, par les arrêts du conseil de 1771, 1773 et 1777 ; dans le duché de Bourgogne, le Mâconnais, l'Auxerrois, le pays de Gex et Bugey, par l'édit de janvier 1774 ; dans l'Alsace, par l'édit du mois d'avril 1774 ; dans la Flandre française, par lettres patentes du 27 mars 1777, et dans l'Artois par celles du 25 février 1779. La loi du 10 juin 1793 a eu le tort de décréter le partage dans des conditions impossibles à réaliser ; mais bien comprise et bien appliquée, cette mesure peut produire d'excellents résultats et se trouve être en fait d'une application d'autant plus facile que les biens des sections, que l'on a en vue, se trouvent tous placés à proximité des habitations appelées à participer au partage.

Les partages dont nous venons de parler étaient le plus souvent faits, pour la jouissance, au moyen d'allotissements.

Les édits et les lettres patentes de 1769 et 1779 qui les réglaient, ne se contentaient pas d'assurer aux copartageants la jouissance viagère de leurs lots ; ils voulaient que cette jouissance se transmit de père en fils par ordre de primogéniture, et ce n'était qu'en cas de vacances résultant de l'extinction de la ligne masculine que le lot faisait retour à la communauté. Il y avait là tout une combinaison successorale qui donnait à un simple partage de jouissance presque tous les avantages d'un partage définitif. Cette combinaison serait aujourd'hui tout à fait incompatible avec les principes de notre droit privé et de notre droit public.

Le partage par feux est le mode adopté par le plus grand nombre des édits du XVIIIᵉ siècle. C'est celui que le conseil des Cinq-Cents a adopté en 1798 ; c'est celui que le Conseil d'Etat a adopté le 20 juillet 1807, c'est la base qu'ont appliquée plusieurs décisions de la Cour de cassation ; c'est celle que les populations ont adoptée toutes les fois qu'elles ont procédé entre elles au partage de leurs biens communaux par actes purement privés, ainsi que cela s'est souvent pratiqué dans les départements de la Creuse et de la Haute-Vienne. Ces partages, rédigés par actes authentiques et suivis déjà depuis le jour où ils ont été faits de plusieurs mutations successives, ont toujours eu pour base le feu, l'habitation.

Toutes les fois qu'il s'est agi de réglementer l'exercice du droit de propriété, pouvant appartenir aux sections de communes, on s'est trouvé en présence de deux grands principes : le principe du droit de propriété d'une part ; le principe de l'unité communale d'autre part. La conciliation de ces deux principes n'a pas toujours été chose facile ; la loi du 18 juillet 1837 sur l'administration municipale, a essayé cette conciliation en réglant par ses articles 5, 6 et 7 les conséquences de la réunion ou de la distraction des sections de communes, sur le sort des biens de toute nature qui peuvent leur appartenir. La jurisprudence a complété les dispositions de la loi, et le Conseil d'Etat, par ses arrêts de 1856, 1857 et 1859, a protégé et défendu le droit sacré de la propriété contre les conséquences exagérées du principe de l'autorité communale. Aujourd'hui ces deux principes se trouvent encore en présence ; mais la loi sur l'organisation municipale du 5 avril 1884 a conservé aux sections de communes, comme à toute commune réunie à une autre, la jouissance particulière et exclusive des biens qui lui appartiennent.

Question sociale. — Rôle des communaux. — Les communaux jouent partout un grand rôle dans les propriétés grandes et petites. Ils sont dans beaucoup d'endroits une cause déterminante du bon ou du mauvais état des propriétés grandes ou petites.

L'état de la petite propriété en Limousin varie suivant les communaux, qui sont, pour la plupart, envahis par les petits propriétaires. Ce genre de propriété communale les attire dans l'espoir fondé d'en devenir propriétaires et dans la certitude d'en avoir la jouissance. Mais quelle déception ! ces jouissances dans des terrains, le plus souvent de nature ingrate, les obligent à un travail considérable qui n'est pas rémunérateur. Le petit propriétaire qui a acquis près des communaux une parcelle de terrain n'a pas les ressources nécessaires pour sa petite exploitation : il se voit dans la nécessité de marauder le jour et la nuit dans les propriétés voisines pour se procurer les choses indispensables.

A propos des communaux, on dit souvent ; *le riche, le pauvre.* Par ces qualificatifs on a voulu mettre en présence la grande et la petite propriété foncière. Dans cette dernière catégorie, se trouvent deux classes intéressantes de travailleurs : celle des petits propriétaires qui n'obtiennent pas de grandes ressources de leur propriété, et celle des fermiers des petites habitations. Les uns et les autres profitent des communaux et en jouissent de la même manière.

En matière de communaux, on peut faire deux raisonnements également vrais, quoique contradictoires.

Le premier consiste à dire : le pauvre, celui qui possède le moins de terre près du communal est celui qui jouit le plus de ce dernier. Celui qui a des propriétés étendues use peu de ses droits de pacage et de parcours. Il utilise ses biens personnels et préfère ses bons pâturages aux bruyères dévastées ou aux marécages. Celui, au contraire, qui n'a que sa maison et son jardin ne quitte pas le communal. C'est sa vache qui profite des premières herbes, et ce sont ses brebis qui tondent les premières bruyères. Les communaux sont le bien des pauvres. Le pauvre en défriche une partie et y récolte un peu de blé. Le pauvre y nourrit l'été une vache qu'il hiverne avec quelques quintaux de foin. Le pauvre y élève quelques brebis, une chèvre, un porc, dont la laine, le lait et le produit soulagent sa misère. Le pauvre, même quand il ne possède pas un pouce de terrain, peut encore se dire propriétaire, puisqu'il conserve toujours sa part dans les communaux de son village ; c'est donc là une propriété sainte et sacrée à laquelle il ne faut pas toucher. La possession des communaux est en raison inverse de la richesse et de la propriété. La jouissance absolue *du pauvre* a été une usurpation, mais cette usurpation a été consacrée par le temps, par le consentement tacite du grand propriétaire, par la force des choses.

Contradictoirement on peut dire :

L'étendue des défrichements dans les communaux tend à diminuer de jour en jour ; la raison en est bien simple, c'est que le travail n'est pas payé par la récolte et qu'il y a avantage à l'employer autrement. — Comment songerait-on à défricher une partie du communal, quand nous voyons de pauvres gens laisser de meilleurs terrrains sans culture, à cause des frais de labour et du peu de valeur de la récolte ? Si des parcelles de communaux sont encore cultivées, ce sont celles qui, mises en culture depuis longtemps, sont possédées par des propriétaires qui ont au moins une paire de vaches et ne sont pas réputés *pauvres*.

Quant à la vache, aux brebis, à la chèvre, au porc que le pauvre nourrit dans le communal, j'observerai d'abord, en général, que le pauvre est encore plus pauvre et qu'il ne possède pas tout cela. Beaucoup vivent honnêtement du salaire de leur travail et ne retirent, les uns presque rien, les autres rien du tout des communaux de leurs villages. Mais enfin, admettons que le pauvre a une vache, des brebis, un porc, le tout ensemble ou une partie seulement. Cependant, à côté de lui, il y a d'autres habitants, riches sans doute par comparaison qui possèdent deux, quatre, six vaches et même davantage, des chèvres, des troupeaux de brebis et de porcs ; ces habitants ont de grands besoins de litières ;

ils prennent dans le communal les ajoncs et jusqu'au gazon ;
ils ont des bestiaux, et, par conséquent, les moyens que n'a
pas le pauvre de cultiver régulièrement des parcelles plus
ou moins étendues du terrain communal. Qui donc en jouit
le plus et retire la plus grande part de ses produits ? Evidemment, le communal profite à chacun dans la proportion
de ses propriétés privées. Le *riche* (je me sers de ce mot
par comparaison seulement), le riche prend donc plus que sa
part en comptant par tête ou par feu, et réciproquement, le
pauvre ne prend pas toute la sienne. Je mets en fait que,
partout, les quatre ou cinq plus pauvres du village ne retirent pas à eux tous, de leurs communaux, autant qu'un seul
des propriétaires aisés. Qu'est-ce donc maintenant que cette
prétendue propriété du pauvre, dont il profite, au contraire,
moins que les autres ? Puisque la jouissance commune ne
lui procure pas une part égale, il est donc intéressé au partage qui lui attribuera un lot, et les produits de ce lot le
mettront mieux en état de nourrir son petit cheptel.

Les grands propriétaires ne feront pas de résistance au
partage, parce que les propriétés qu'ils possèdent déjà leur
fournissent les moyens de cultiver, d'améliorer le lot qui
leur sera attribué et de se dédommager ainsi d'une perte qui
n'est qu'apparente. Comme ils sont moins exposés aux
alarmes de la misère, ils raisonnent plus juste et s'opiniâtrent
moins dans de faux préjugés.

La mesure du partage que nous allons préconiser profitera
donc en même temps à la mise en valeur des terrains communaux et aux intérêts des communistes de toutes les catégories.

Les communaux ne sont pas une garantie contre le pau-
périsme et la misère ; la preuve en est dans la condition
même des populations dans les pays où il existe des propriétés communales. Il y a, là comme ailleurs, autant et
peut-être plus qu'ailleurs, des pauvres et des malheureux.
Le partage des communaux, en appelant un plus grand
nombre d'individus à la condition de propriétaires, aurait
pour conséquence inévitable de diminuer le nombre des
pauvres, c'est-à-dire de ceux qui ne possèdent rien de la
propriété foncière.

Ce serait de nouveaux espaces ouverts à l'activité humaine.

En arrachant à leur état de stérilité et d'abandon ces terrains vains et vagues dont l'aspect et la nudité déshonorent un pays, et en les livrant à l'industrieuse exploitation de la propriété privée, on procurera au travail un immense développement : défrichements, clôtures, desséchements de marais, établissement de prairies, reboisement de montagnes ; que de travaux assurés, dans le présent et dans l'avenir avec cette fixité constante qui n'appartient qu'à la culture de la terre pratiquée pour soi-même sur sa propriété !

DEUXIÈME QUESTION

Les biens communaux aujourd'hui : leur état actuel, en fait et en droit et ses conséquences. — Législation actuelle.

On porte à quatre millions d'hectares, le total de la superficie des communaux en France. Dans ce chiffre de quatre millions, les bois sont compris pour celui de 2.058.707. Le département de la Haute-Vienne en possède 20.000 et celui de la Creuse 60.000.

Nous allons voir comment ils sont traités partout, et particulièrement dans les départements de la Creuse et de la Haute-Vienne.

Non seulement les communaux sont gaspillés, mutilés, mais ils sont envahis, usurpés.

Il se passe, à l'occasion des communaux, des faits qui varient suivant les pays, mais qui ont tous pour résultat de compromettre les propriétés communales.

Dans le département de la Creuse, *les envahisseurs obtiennent une prime, un droit de primauté, de préemption.*

Pour avoir droit à la cession d'une parcelle des communaux, *il faut l'avoir préalablement empiétée, usurpée.*

État actuel : Un pillage presque continuel dépouille les malheureux terrains de leurs gazons et de leurs engrais naturels. La communauté entière vient y prendre sa terre à bâtir, et y pratique des excavations qui ne se comblent jamais. Les surfaces demeurées praticables aux voitures sont sillonnées de chemins dans tous les sens, avec le dédain, on pourrait dire toute la haine qu'inspirerait un sol ennemi. Enfin si, malgré ces causes, le communal donne quelque chétive production, elle est livrée au pâturage de manière à la détruire plutôt qu'à en profiter. Le gros bétail, les bêtes à laine, les chèvres, les porcs et les oies y sont jetées pêle-mêle, les uns ravageant et infectant ce qui aurait pu être pâturé par les autres. Ajoutons que ce terrain ne produit rien du tout pour le particulier sage et soigneux, qui craint de mêler son troupeau à tant d'animaux nuisibles ou suspects de maladies contagieuses. Voilà pour les terrains nus.

Quant aux bois communaux, ils sont soumis à des inconvénients analogues qu'il est difficile de réprimer à cause des droits d'usage et autres. Exemple, ce qui se passe dans les forêts de la Teste, près d'Arcachon, où les usagers saccagent les bois et font des révolutions.

En outre de ces dépradations, de ce gaspillage, de ces détériorations, il faut ajouter les malversations, les empiétements et l'établissement de servitudes nuisibles qui vont faire de notre part l'objet d'observations et de propositions.

Ce tableau est ressemblant. Eh bien ! vingt mille hectares dans la Haute-Vienne, soixante-mille dans la Creuse, quatre millions d'hectares dans toute la France sont soumis à ce régime. Ils ne donnent pas la dixième partie des produits qu'on en obtiendrait s'ils étaient cultivés sous la féconde influence de l'intérêt privé.

Le mal est donc flagrant ; une loi est nécessaire. Il faut rendre à l'agriculture, restituer à la production tous ces terrains appelés vacants avec tant de vérité. Il faut une mesure décisive, prompte, *obligatoire*.

⁂

Le rapport de la situation financière et matérielle des communes, publié en 1881 par le ministère de l'intérieur, contient, entr'autres renseignements, un état par département des biens communaux. Il ressort de cet état qu'à la fin de 1877 ces biens présentaient une superficie de 4.316.310 hectares, comprenant 2.058.707 hectares de bois et 2.257.603 hectares de terres, dont 1.620.503 étaient productives et 637.100 improductives.

C'était, par rapport à la superficie totale du territoire, un peu plus de 8 °/₀, c'est-à-dire près de un dixième.

On constate d'après le même document qu'en dehors des bois, qui ont subi peu de changements, la superficie des terres appartenant aux communes avait diminué de soixante mille hectares, de 1870 à 1877. La diminution avait porté pour 30.573 hectares, sur les terres improductives.

On constate, d'autre part, en comparant, les chiffres relevés en 1870 et en 1877, que, pendant la même période, il aurait été mis en valeur 15.932 hectares, dont 1.413 pour le département de la Creuse.

On voit, d'après ces chiffres, que la propriété communale tend à se modifier et à se transformer assez rapidement dans certains départements.

Il a été dressé précédemment trois inventaires des biens communaux : le premier en 1847, pour la préparation du projet de loi sur l'amodiation des biens communaux, présenté par le gouvernement le 16 février 1848 ; le second en 1859, à l'occasion du projet de loi sur la mise en valeur des biens communaux, projet qui est devenu la loi du 28 juillet 1860 ; le troisième enfin, en 1863, sur la demande de la commisssion chargée de rechercher les moyens de faciliter et d'étendre l'application de la dite loi.

Une statistique de 1877 a été surtout dressée en vue de constater dans quelle mesure les biens communaux s'étaient transformés depuis 1870. On peut en déduire le mouvement de la propriété communale. Les maires ont pu se tromper sur l'étendue des biens existants, en acceptant des chiffres sans les avoir suffisamment vérifiés, mais ils n'ont pu commettre de grosses erreurs en ce qui concerne les biens aliénés pendant les dernières années, lesquels biens ont été nécessairement arpentés au moment de l'aliénation.

Quoi qu'il en soit, on constate entre les quatre inventaires de 1847, 1859, 1863 et 1877 des différences notables, que ne sauraient expliquer les modifications dans l'état des propriétés, et qui ne peuvent provenir que d'erreurs matérielles ; telles sont notamment des différences en plus qui sembleraient indiquer qu'un assez grand nombre de communes auraient vu s'accroître leurs domaines, ce qui n'est pas admissible. Non seulement l'accroissement est impossible, mais il est constant que, de 1847 à 1859, il a été fait de nombreuses ventes-partages, surtout dans les départemenfs du centre.

De 1859 à 1863, c'est-à-dire dans un espace de quatre années, il y aurait eu une diminution de 185.000 hectares, dont 12.567 sur les bois, 27.283 sur les terres labourables et 145.545 sur les pâtures.

Par rapport à 1863, l'état de 1877 accuse une nouvelle diminution de 422.148 hectares, représentant une diminution de 754.411 hectares sur les terres, compensée par une augmentation de 322.263 hectares sur les bois.

Les éléments des quatre opérations présentent des différences plus ou moins grandes, qui ne permettent pas de se servir de ces documents pour apprécier la transformation de la propriété communale ; et, d'autre part, on chercherait vainement ailleurs des renseignements quelque peu complets sur cette question.

Dans son livre sur les *sections de communes*, M. Aucoc indique qu'au ministère de l'intérieur on évaluait l'étendue des biens communaux aliénés, de 1852 à 1862, à 3.000 ou 4000 hectares en moyenne, chaque année, ce qui représenterait un total de 35.000 hectares et de 70.000 hectares, si on appliquait ce chiffre à la période de 26 années, de 1847 à 1870. De 1870 à 1877, la moyenne aurait été beaucoup plus élevée : elle aurait atteint 10.000 hectares par an. Il est certain que le mouvement s'est beaucoup accentué dans quelques départements (¹). M. Juillet Saint Léger, secrétaire général du département de la *Creuse*, où ce mouvement a pris de grandes proportions, a publié sur ce sujet un très intéressant travail dans les livraisons de juin, juillet et Août 1882 de la *Revue*. — Il a dit, d'un autre côté, dans le rapport de 1877, que de 1856 à 1876, c'est-à-dire dans un espace de vingt ans, il avait été aliéné près de 10.000 hectares de bois appartenant aux communes et aux établissements publics, dont 1.300 hectares pendant les six dernières années. Des reboisements avaient été exécutés sur 49.000 hectares de

---

(1) Malgré nos efforts, nous n'avons pu nous procurer le livre de M Aucoc. D'après nos notes qui sont anciennes, l'auteur a traité utilement les questions d'origine, de constitution, de droits, d'aliénation, d'administration des sections.

terres communales et des mises en valeur par assainissement sur 30.000 hectares.

Le domaine communal tend à diminuer progressivement par suite des aliénations opérées çà et là pour pourvoir à des dépenses publiques. Cependant ce n'est pas à ces opérations que l'on peut attribuer la grande diminution. Elle est, selon toute apparence, la conséquence des partages ordonnés par la loi de 1893, qui n'ont pas été exécutés partout, mais qui l'ont été dans le pays où les bois communaux se prêtaient au morcellement et à l'appropriation individuelle.

Le domaine communal s'est conservé ou a disparu, suivant qu'il était plus ou moins propre à la jouissance commune.

Législation actuelle. — La révolution a attaqué de front le principe des substitutions, le principe de l'indivisibilité des biens ; et la loi du 14 août 1792, ainsi que le décret du 10 juin 1793, a proclamé *l'émancipation* des communaux.

La loi de 1793 attribuait la propriété des communaux aux communes ou sections de communes dans le territoire desquelles ils étaient situés. Elle ordonnait le partage entre tous les habitants de tout âge, de tout sexe, fermier, métayers, valets de labour, domestiques, etc.

L'exécution de cette loi était difficile. Le partage par tête était dangereux. On en comprit bien vite les inconvénients, et, le 21 prairial an IV, il intervint une loi qui, pour arrêter les funestes effets de la loi du 10 juin 1793, maintint dans leur jouisssance tous les possesseurs des communaux, et ordonna de surseoir provisoirement à toutes actions et poursuites résultant de la loi de 1793, sur le partage des biens communaux.

Une autre loi, du 9 ventôse an XII, et un décret du 9 brumaire an XIII, ont ensuite développé la loi de l'an IV.

La loi du 18 juillet 1837 a attribué aux conseils municipaux, le droit de régler la jouissance des biens des communes ; mais ils n'ont pas usé de ce droit. Aucune loi ne leur permettait, en effet, de résoudre les nombreuses difficultés que présentait tout règlement de jouissance. La loi de 1793 était maintenue en principe, en tant qu'elle contenait dévolution de propriété aux communes ou sections de communes ; mais elle était abrogée ou suspendue quant à l'exécution, c'est-à-dire quant au mode de jouissance, de partage, d'attribution. Les conseils municipaux se seraient heurtés à chaque pas contre les obstacles. La question est restée pendante.

Aujourd'hui, dans chaque contrée, les communaux sont régis et soumis à la jouissance, d'une manière différente, suivant les usages et les besoins des communistes. Leurs règles sont anciennes, souvent bizarres. Les lois qui les régissent sont locales ; elles sont le plus souvent inapplicables et tombent en désuétude. Les règlements, les arrêtés préfectoraux, les usages sont choses particulières. La vente ne peut en être effectuée que par décrets. Le partage n'en est pas autorisé ; mais on a tourné la difficulté en admettant un mode dont la définition est choquante : c'est le partage *à titre onéreux*, qui a pour effet de faire passer, dans certaines circonstances, à des communistes, la propriété de terrains communaux, moyennant un prix réduit.

Il est utile de constater hautement la différence trop méconnue qui existe entre les communaux appartenant à une commune entière et ceux appartenant seulement à une section de commune. La vérité est, que les habitants des sections de commune sont propriétaires à titre exclusif de leurs communaux, et que la commune ne peut ni directement, ni indirectement y prétendre aucun droit, aucune part. Dans la Haute-Vienne, la vente des communaux de Saint-Yrieix vient d'être faite au prix de 23.000 francs, dont 3.000 sont attribués à la réparation des chemins de la commune. Les autres 20.000 francs sont entrés dans la caisse municipale. C'est une spoliation des sections de communes au profit de la commune.

Jusqu'à présent, on a paru confondre, sous la dénomination générale de biens communaux, les biens des communes et ceux des sections. Leurs droits et leurs règles sont bien différents.

Cette distinction doit avoir une grande influence sur la solution des questions qui nous occupent. Les biens communaux appartenant aux communes, c'est-à-dire à l'universalité des habitants de la commune, ont une destination générale d'intérêt public ; ils sont administrés par l'autorité municipale ; quel que soit leur sort, ils profitent directement ou indirectement à l'agrégation.

Supposez, en effet, l'amodiation ou la vente de ces biens. Le prix de ferme ou le prix d'aliénation, tombant dans la caisse municipale, employé en travaux d'utilité générale, est réparti entre tous, et la famille entière profite de l'aliénation comme elle profitait du bien lui-même.

Pour leur mise en valeur, on aurait plusieurs moyens, parce que les communes constituent une unité administrative qui a son organisation propre, ses représentants officiels, son budget et sa caisse et qui a, par suite, à sa disposition tous moyens d'action qu'aurait un simple particulier.

Il n'en est pas de même des communaux de sections.

Pour eux, au contraire, il n'y a qu'une seule manière de les mettre en valeur : c'est de les partager en nature. Pourquoi ? Parce que avec tout autre système, on verrait immédiatement surgir une foule de difficultés nées de la constitution même de la section communale, qui puise sa raison d'être dans sa qualité de propriétaire, mais qui n'a, en dehors de cette qualité, aucune existence légale, aucune organisation particulière, qui n'est représentée par aucun agent spécial, et qui, n'ayant ni budget, ni caisse, ne peut se lancer dans aucune des opérations autres que le partage.

La mise en valeur des communaux par l'amodiation pourrait être appliquée aux biens des communes, mais non à ceux des sections. Que pourrait-on faire du prix de la ferme ? Il ne peut pas être attribué à la commune ; on ne saurait songer à le distribuer entre les différents membres de la section considérés *ut singuli*. Comme la section n'a pas de caisse, il faudrait l'employer chaque année à la satisfaction des besoins propres à la section, si elle en a, ou à l'amoindrissement proportionnel des charges pouvant peser sur elle, et ce serait une atteinte portée à *l'unité communale*.

Si la mise en ferme peut être préférée au partage pour les biens communaux proprement dits, le partage doit être préféré toujours à l'amodiation pour les biens appartenant aux sections.

Ces biens ont un caractère privé ; ils proviennent même, pour la plupart, de démembrements récents de propriétés particulières ; ils sont affectés à des intérêts et des besoins individuels. Ils ne sont pas la propriété de tous les membres de la famille communale ; ils sont la propriété de quelques-uns, et appartiennent aux seuls habitants des villages dans les territoires desquels ils sont compris, sans droit aucun pour la commune proprement dite. Donc, employer les revenus de ces communaux privés à des réparations d'intérêt communal, à faire des voies nouvelles de communication, par exemple, ce serait dépouiller la section au profit de la commune.

Ce serait dépouiller la section, car la section a un droit de propriété exclusif et inviolable, aussi exclusif, aussi inviolable que celui des propriétés particulières.

Les biens communaux, a dit la loi de 1793, sont ceux sur la propriété desquels tous les habitants d'une commune ou d'une section de commune ont un droit commun.

« Article 1.er, section IV. — Tous les biens communaux sont et appartiennent de leur nature à la généralité des habitants ou membres des communes, des sections de communes dans le territoire desquelles ces communaux sont situés. »

Enfin la loi de 1837, elle-même, a dit, article 6 : « La section de commune réunie à une autre commune emporte la propriété des biens qui lui appartiennent ».

Les sections de communes agissent, en effet, comme propriétaires de leurs communaux.

Elles en paient l'impôt, en perçoivent exclusivement les fruits, plaident seules à leur occasion.

En cas d'insuccès, ce n'est pas le budget de la commune qui fournit aux frais ; ce sont les habitants seuls de la section qui se cotisent et liquident les dépenses de la guerre.

Si le communal a besoin de grosses réparations, ce n'est pas la caisse municipale qui fournit à ses besoins : ce sont les seuls habitants de la section.

A quel titre donc, une loi viendrait-elle, confondant dans une même pensée, dans un même intérêt, les communaux appartenant aux communes et les communaux appartenant aux sections, ordonner l'amodiation ou la vente au profit des caisses municipales ?

Mais on dit : la propriété des communaux est grevée d'une espèce de substitution éternelle. En donnant le droit de provoquer le partage entre les habitants, la loi de 1793 a méconnu le principe fondamental des communaux ; elle a privé les communes, d'un seul coup, des ressources nécessaires à l'avenir ; elle a dépouillé la commune, être moral, au profit des individus.

Cela est vrai. Les substitutions et les biens de main-morte ont été abolis. La loi de 1793 a rejeté les principes qui avaient dicté l'ordonnance de 1659. La législature moderne a refusé d'admettre l'idée d'un usufruit perpétuel. Le législateur de 1793 a compris autrement que l'ancien régime, l'intérêt des générations futures. L'abus des communaux, les vices de l'indivision, la plaie des substitutions étant constatés, le législateur a pensé que l'intérêt des générations futures était de tuer le mal dans le présent ; de supprimer l'indivision ; d'appeler à l'aide de l'agriculture, c'est-à-dire de l'avenir, l'effort puissant de l'intérêt privé ; d'attribuer la propriété aux communes et aux sections ; et, comme une des conditions de la propriété est de pouvoir en disposer, la loi de 1793 a ordonné le partage des communaux.

Or, la loi de 1793 n'est pas abrogée. L'exécution seule de cette loi est suspendue. La dévolution de propriété qu'elle contient, dévolution absolue, sans condition de redevance, sans réserves contre la section au profit de la commune ou des générations futures, a été respectée, consacrée par une possession de plus d'un siècle.

Une loi nouvelle ne pourrait donc aujourd'hui méconnaître les droits acquis, revenir au principe des substitutions, maintenir le système mortel de l'indivision.

Mais cela fût-il possible, la loi ne pourrait pas au moins confondre les biens de la commune avec ceux de la section, et ordonner l'amodiation ou la vente au profit des caisses municipales ; car, alors, la loi ne consacrerait plus un principe ; elle ordonnerait une spoliation.

LÉGISLATION ET JURISPRUDENCE
Spéciales aux Communaux

Années	Dates	DOCUMENTS ET MOTIFS
1639		Ordonnance pour les biens de main-morte ; substitution pour les communaux.
1771 1773 1793		Arrêts du Conseil.
1762 1774		Édits.
1792 1793	14 Août 10 Juin	Émancipation des communaux.— Attribution aux communes et aux sections de communes. — Partage.
An IV	21 Prairial	Maintien en possession. — Sursis au partage.
An XII	9 Ventôse	Dévolution aux communes et aux sections de communes.
An XIII	9 Brumaire	Décrets qui développent et expliquent la loi de l'an IV.
1807		Avis du Conseil d'Etat favorable au partage par feux.
1808		Autre avis du Conseil d'Etat dans le même sens. — Plusieurs arrêts de la Cour de Cassation aussi dans le même sens. Code Napoléon.
1811	9 Avril	Les départements, les communes et les sections de communes sont mis en possession des communaux.
1837	18 Juillet	Loi qui attribue aux conseils municipaux le droit de régler la jouissance des biens communaux.

LÉGISLATION ET JURISPRUDENCE
Spéciales aux Communaux (*Suite*)

Années	Dates	DOCUMENTS ET MOTIFS
1838	16 Mars	Avis du Conseil d'Etat.
1856	4 Novembre	Arrêts du Conseil d'Etat rendus au contentieux qui décident que le maire et le conseil municipal administrent les biens des sections, mais qu'ils n'y ont aucun droit de prélèvement.
1857	17 Mars	
1859	10 Février et 5 Mars	
1860	2 Février	
1860	28 Juillet	Mise en valeur des communaux.
1864	4 Août	Avis du Conseil d'Etat.
1884	5 Avril	Loi sur l'organisation municipale qui conserve aux sections de communes leurs droits de communaux.

TROISIÈME QUESTION

Y a-t-il lieu à une réforme dans la législation des biens communaux, et dans quel sens ? — Faut-il supprimer les communaux ? par quel moyen ?

Parmi les réformes qui ont, pour la France, un caractère spécial d'opportunité, il faut placer en première ligne celle de la législation des biens communaux et, comme conséquence, leur suppression par le partage en nature gratuit et obligatoire. C'est une mesure qui s'impose.

La réforme dans la législation est difficile parce que, à vrai dire, il n'y a pas sur ce sujet, de législation bien établie ; tout varie à l'infini. C'est ce que nous avons vu à la deuxième question.

Suppression des communaux.

L'existence des biens communaux est contraire à toutes

les indications de la raison, de la science économique, de la théorie agricole.

Pour en comprendre tous les inconvénients, il suffit de comparer les biens indivis avec ceux exploités par les particuliers ; il suffit de voir la position déplorable dans laquelle se trouvent tant de communes riches de communaux et néanmoins tellement pauvres, qu'elles ne peuvent faire face au moindre de leurs besoins (circulaire ministérielle du 6 août 1836). Il suffit de jeter un regard sur ces bruyères stériles, ces landes désolées, où les ruisseaux ravinent le sol, où les sources ne produisent que de dangereux bourbiers. Nous voyons aussi des bois communaux coupillés, ravagés sans ménagement par les usagers. Nous avons vu, à propos de l'état actuel des communaux, à la deuxième question, le tableau triste, mais ressemblant de ces terrains ; eh bien ! 4 millions d'hectares dans la France en général, et en particulier 20 mille hectares dans la Haute-Vienne et 60 mille hectares dans la Creuse sont livrés à ce régime.

Quatre millions d'hectares de biens indivis ne donnent pas la dixième partie des produits qu'on obtiendrait s'ils étaient cultivés sous la féconde influence de l'intérêt privé.

Nous l'avons dit, le mal est flagrant ; une loi est nécessaire. Il faut rendre à l'agriculture, restituer à la production tous ces terrains appelés *vacants* avec tant de vérité. Il faut une mesure prompte, décisive, obligatoire.

Pour en jeter les bases, il faut examiner la législation actuelle, telle que nous l'avons présentée à la deuxième question.

Comment donc le régime des communaux sera-t-il modifié aujourd'hui ?

Comment la loi de 1793 sera-t-elle exécutée ?

Comment les terrains indivis et stériles seront-ils rendus à la culture ?

Sera-ce par l'amodiation, la vente ou le partage ?

En cas de partage, comment sera réparti le sol ?

Par *tête*, par *feu*, *au prorata de la contribution foncière* ou sur les bases combinées de la contribution, de la tête et de l'habitation, par classes ou catégories de propriétés ?

Voilà les difficultés à résoudre, voilà le problème; c'est la réponse à faire à la troisième question.

Nous avons posé les principes en examinant la législation actuelle. Cherchons les moyens de supprimer les communaux, surtout ceux des sections.

L'amodiation présente des difficultés de plusieurs sortes. Le fermier étant trouvé, comment pourra-t-on lui assurer la jouissance du communal? Il ne faut pas se le dissimuler, quelles que soient les précautions prises, les habitants des sections verront dans le fermier un usurpateur de leurs communaux; ils troubleront sa jouissance, contrarieront ses projets, détruiront ses récoltes; et bientôt le fermier, lassé, demandera la résiliation de son bail, laissant les biens communaux de la section livrés au même pillage et aux mêmes abus.

En admettant de la part des habitants de la section, une réserve qui n'est pas dans les mœurs de nos campagnes, comment le prix du bail sera-t-il distribué? La section n'a pas de représentant ordinaire, pas de receveur municipal, pas d'administration organisée. Chaque année, il y aura des mutations : un ayant-droit disparaîtra pour faire place à un autre, et alors commenceront les disputes, les procès.

Mais le plus grand inconvénient ne sera-t-il pas de perpétuer le fatal état d'indivision? Est-ce que le fermier aura des ressources suffisantes pour féconder le sol? Est-ce qu'il trouvera dans la seule perception des revenus un stimulant assez vif, une récompense suffisante à ses labeurs? est-ce qu'il voudra, par des travaux d'irrigation, par des dépenses nécessaires, créer un capital qui ne profiterait pas à sa famille? Nous ne le pensons pas. Les biens affermés, épuisés par un premier effort, seraient restitués à la commune dans un état plus déplorable que celui où ils étaient au moment du bail, et l'amodiation n'aurait d'autre résultat que de compliquer davantage, pour l'avenir, les difficultés du partage.

La vente ne serait-elle pas pire encore?

Le grand propriétaire voisin des communaux pourrait seul acheter. L'argent, distribué par petites sommes, ne profiterait même pas au pauvre habitant, et serait seulement pour lui une cause momentanée de dangereux désordres.

Reste donc le partage en nature, et c'est pour ce dernier mode que la majorité des opinions s'est prononcée dans tous les temps, et c'est celui que nous proposons nous-mêmes ([1]). Le partage en nature a l'avantage de substituer véritablement l'effort de l'intérêt privé à l'inertie de la possession en commun. Gardien vigilant de ses moindres intérêts, utilisant ses plus petites ressources, le propriétaire habitant de section saura tirer un admirable parti du petit lot qui viendra compléter sa maison et son jardin. Il l'entourera de haies, de fossés ; il plantera des arbres, et, l'œil ouvert sur les essais de ses voisins, il n'hésitera pas à employer les procédés nouveaux, si un succès paraît constaté.

Le partage en nature est d'ailleurs dans l'esprit de nos institutions. Nos codes en ont reconnu l'avantage. Le lien du sol n'est-il pas le seul moyen d'empêcher l'invasion des villes par les habitants des campagnes, et de conserver des bras à l'agriculture ?

Le danger du morcellement est une objection sérieuse.

Nous proposerons des proportions et lorsque la part d'un ayant droit ne sera pas de 15 ares au moins, nous renoncerons au partage pour venir à la licitation.

Nous repoussons l'amodiation et la vente ; nous choisissons le partage.

Reste une difficulté dernière : Comment seront faites les parts ? dans quelles proportions le sol sera-t-il divisé entre les ayant-droit ?

Le partage se fera-t-il par tête, au prorata de la contribution foncière ; par feu, ou sur les mesures combinées de la contribution, de l'individu et de l'habitation ?

Le partage par tête fut le mode adopté par la loi de 1793, le partage sans distinction d'âge, de sexe, de condition, au profit des fermiers, métayers, locataires, valets de labour, etc. etc.

Ce système était l'exagération des idées dominantes. Le

[1] Voir ce qui vient d'être dit à la première question.

législateur de 1793 voulait, en individualisant, en quelque
sorte, la propriété communale, augmenter le nombre des
citoyens actifs, et rompre de plus en plus les liens qui rat-
tachaient encore au régime détruit. Mais le moyen était trop
énergique : le partage par tête dépassait le but. Un député
de la Creuse le qualifia de barbare, de délétère. La loi de
l'an IV en fit justice.

Depuis cette époque, le partage par tête a été partout repoussé.

Le partage au prorata de la contribution foncière semble
d'abord le mode le plus équitable, le plus rationnel. Plus la
propriété est grande, dit-on, plus elle use de communal ;
plus l'habitant de la section a de têtes de bétail, plus il
jouit du commun. Le contraire de ce qui apparaît d'abord,
existe-t-il en réalité ?

Le partage au prorata de la contribution foncière est, en
effet, basé sur la possession, la jouissance. Or, en matière
de communaux, nous avons vu à la première question ce
qu'il en est de la jouissance des communaux par le grand et
le petit propriétaire. Nous allons démontrer que le partage
par feu est le plus équitable, en établissant comme il a été
fait pour les bois du Nouhaud des classes ou des catégories
de propriété.

Nous avons dû repousser la base de la contribution foncière, parce qu'elle eut absorbé le communal au profit de la
grande propriété.

Partage par feux.

Nous avons adopté le partage par feu : on entend par
feu, dit M. Dalloz, toute personne ayant ménage particulier.

C'est ce que nous apprend l'encyclopédie méthodique,
V. feu, en ces termes : « Feu signifie quelquefois ménage,
et il est pris en ce sens dans la plus grande partie du
royaume. » Cette expression comprend, comme on voit, les
célibataires comme les gens mariés. C'est aussi la remarque
de M. de Cormenin, page 368.

Le feu, c'est l'habitation distincte, indépendante ; l'habitation occupée par le propriétaire ou par un mandataire, fermier, colon, bordier, etc.

Avant la loi de 1793, lorsqu'il était dérogé, par hasard, au principe de l'inaliénabilité des biens communaux, le partage par feu était généralement adopté. Les édits de 1762 et 1774, les arrêts du conseil de 1771, 1773 et 1777 sont là pour l'attester.

En 1807 et 1808, le conseil d'Etat, consulté sur la question de savoir quelle devait être la base d'après laquelle deux communes propriétaires par indivis d'un bien communal, devaient le partager entre elles, fut d'avis que ce partage devait être fait en raison du nombre des feux par chaque commune. Plus tard, il a été jugé de même par de nombreux arrêts de la cour de cassation.

Enfin, le bon sens public, d'accord avec la loi, avec la jurisprudence, a adopté le partage par feu. Beaucoup de communaux ont été partagés. Dans plusieurs localités, les habitants propriétaires de la section se sont réunis, et, d'accord, ont divisé les communaux de la section. Ils ont toujours pris pour base le feu, l'habitation.

Toute autre mode serait, en effet, impopulaire, provoquerait le mécontentement des propriétaires-cultivateurs, empêcherait la bonne et facile exécution d'une loi qui doit rendre à l'agriculture et au pays de véritables services.

Pour faire une bonne loi, il faut tenir compte des sentiments des populations, des faits essentiels hautement exprimés par l'opinion publique.

Nous avons démontré que l'amodiation au profit de la commune serait une spoliation. Est-il besoin de démontrer encore que l'amodiation au profit de la section est tout simplement une impossibilité ?

Quelles sont les sections, dans notre pays, qui ont pour leur usage particulier un établissement quelconque, une maison d'école, une église, etc., etc. ?

Quelles sont les sections qui, pour leur service exclusif, ont besoin de chemins ? En admettant que la section, avec ses revenus privés, entreprenne certains travaux, que deviendront ces travaux, à qui appartiendront-ils ? Seront-ils propriétés privées ou propriétés communales ?

Enfin, l'amodiation même au profit de la section ne sera-t-elle pas toujours l'amodiation avec tous les inconvénients que nous avons signalés ? Ne sera-t-elle pas la perpétuité de l'indivision avec tous ses dangers, tous ses abus ?

Profitons des leçons du passé, des enseignements du bon sens public, et disons que le partage par feu est encore le seul mode équitable et possible pour la transformation des biens communaux de section.

Le partage serait obligatoire.

Les feux établis dans l'année de la promulgation seraient seuls exceptés du partage.

Tous les partages effectués déjà par les communes seraient maintenus, consolidés par la loi nouvelle.

Toutes les servitudes acquises seraient respectées.

Enfin les terrains communaux appelés courtillages seraient laissés dans l'indivision, comme nécessaires à toutes les exploitations particulières.

Le partage par feu fait la part trop large à l'habitant pauvre, à la petite propriété. Il faut des catégories (1).

Nous avons repoussé la combinaison par la contribution. Le pauvre ne pourrait pas croire à une équitable répartition, si la mesure de la propriété foncière venait s'étendre sur le communal.

Cette difficulté, nous paraît avoir été réglée équitablement par l'établissement de classes ou catégories de propriétés accepté pour le partage des bois du Nouhand ainsi que nous allons le présenter aux pages suivantes.

En 1863, M. le Ministre de l'intérieur a invité les départements à donner leur avis sur le mode de mise en valeur ou de transformation des biens des *sections* de communes qui seraient le plus appropriés aux besoins du pays. Dans les départements de la Creuse et de la Haute-Vienne, on n'a pas hésité à demander le partage en nature, à titre gratuit et obligatoire, comme étant le plus conforme à la nature et à l'origine de ces biens, et le mieux approprié aux usages locaux, ainsi qu'aux conditions et aux nécessités agricoles du pays.

Nous affirmons par un *exemple personnel* la vérité de ce

(1) Comme par exemple, il en a été établi, pour le partage des bois du Nouhaud, p. 125.

que nous venons de dire et de ce que nous dirons dans ce chapitre sur les communaux :

D'un acte passé devant M⁰ Rouchon, notaire à Bourganeuf le 2 mai 1836, il a été extrait ce qui suit :

« A la suite de longues discussions entre l'ancien seigneur comte du Dognon et les habitants du village de Nouhaud, sur la propriété des bois et forêts qui dépendent de ce village et qui sont situés dans le territoire de la commune de Saint-Pierre-Chérignat, il intervint entre eux le vingt avril de l'année seize-cent-cinquante-neuf, un traité en forme authentique, par lequel ledit seigneur, comte du Dognon donna et délaissa aux dix-neuf habitants qui tous y sont nominativement désignés, tous lesdits bois et forêts, moyennant la somme de quinze livres d'arrentement annuel et perpétuel, pour *par lesdits habitants et les leurs*, y est-il dit, *en jouir et disposer à leur bon plaisir et volonté.*

C'est en vertu de ce titre que les habitants du Nouhaud y désignés sont devenus propriétaires de ces bois et forêts, qui sont aujourd'hui connus sous le nom de bois de Nouhaud.

Ils ont toujours été jouis depuis dans l'indivision, par les héritiers ou représentants de ces dix-neuf habitants qui seuls, s'ils étaient connus, pourraient prétendre à la propriété promiscue de ces mêmes bois.

Mais plus de deux cents ans se sont écoulés depuis ce traité et les noms de ces habitants ont presqu'entièrement disparu, en sorte qu'il serait bien difficile aujourd'hui, pour ne pas dire impossible, d'établir, soit leur descendance, soit la transmission de leurs propriétés par voie d'aliénation.

Dans cet état de doute et d'ignorance, les propriétaires actuels de Nouhaud, qui tous figurent comme portés au présent acte, ou y sont légalement représentés, ont fait jusqu'à ce jour, acte de propriété dans cette forêt et dans les pacages qui en dépendent, soit en y prenant du bois pour leur chauffage et l'entretien de leurs héritages, soit en y faisant paître leurs troupeaux.

Mais cette jouissance indivise étant devenue un sujet de contestations entre les habitants de Nouhaud, dont les uns se prétendaient seuls propriétaires de ces bois par représentation des dix-neuf habitants dénommés en l'acte de seize-cent-cinquante-neuf, tandis que les autres soutenaient, au contraire, que ces bois étaient communs à la généralité des habitants du Nouhaud, puisqu'aucun d'eux ne pouvait suffi-samment y établir son droit de propriété ; les parties étaient sur le point d'"en venir à un procès qui aurait occasionné des frais énormes, lorsque par l'avis de conseils sages et éclairés, elles se sont rapprochées pour traiter amiablement ensemble et, par suite, faire opérer la division de ces biens entre elles.

En conséquence, il a été fait arrêté ce qui suit :

1º Les bois et pacages du Nouhaud sont reconnus propriété privée et indivise entre tous les comparants susnommés. Ceux d'entre eux qui voulaient les faire déclarer biens com-munaux renoncent à cette prétention, en présence d'un titre constitutif de propriété privée, quoique promiscue, tel que celui de seize-cent-cinquante-neuf.

2º Il demeure convenu que le pacage ou ribière des Vergnes en son entier, ainsi que le bois dont il est garni, de-meurera indivis entre les comparants, pour être par eux, joui de même.

3º Les bois de Nouhaud seront partagés entre les compa-rants, suivant la distinction qui va être établie. Comme il est impossible, ainsi qu'on l'a dit plus haut, de reconnaître ceux d'entre les comparants qui représentent soit par voie d'hérédité, soit par toute autre voie de transmission, les dix-neuf propriétaires primitifs desdits bois du Nouhaud, et par suite, de déterminer les droits de chacun isur ces bois, les parties ont d'un commun accord, formé, en prenant pour bases la valeur et l'étendue des propriétés et par conséquent les besoins de chacunes d'elles, deux classes principales de propriétaires : dans la première, qui comprend ceux dont les biens immeubles sont les plus considérables audit village du Nouhaud, ont été portés :

(Suivent les noms de 11 propriétaires, formant ensemble 11 têtes, ayant droit a autant de portions égales.)

La seconde classe, composée des petits propriétaires comprend :

(Suivent les noms de 21 propriétaires.)

4° Il demeure convenu que la part de chacun de ces petits propriétaires sera de soixante-quinze ares, ou trois septerées, ancienne mesure de Bourganeuf, ce qui fait qu'il leur est attribué, en totalité dans les bois du Nouhaud, une étendue en superficie de quinze hectares soixante-quinze ares. Le surplus desdits bois, appartiendra exclusivement aux onze grands propriétaires susnommés, entre lesquels la division en sera faite par égales portions après la distraction dont il sera ci-après parlé.

(Suivent des conventions qui règlent le partage.)... »

Cet acte répond aux questions posées.

Par son exécution, les propriétaires dans les sections du Nouhaud ont fait opérer le partage et se sont mis en jouissance, chacun pour sa part.

A la suite de ce partage, les propriétaires des bois de Nouhaud ont eu à supporter un procès qui leur a été intenté par les propriétaires de Pourrioux, qui trouvaient que le morcellement nuisait à la servitude de pacage qu'ils avaient dans lesdits bois. Cette difficulté a été réglée par une transaction qui a donné les rivières en toute propriété aux propriétaires de Pourrioux, qui ont renoncé à tous droits sur les bois.

A ce propos, il a été présenté par les parties des documents curieux par leur ancienneté. L'acte de 1836 en rappelle quelques-uns. Nous attirons l'attention sur le titre de 1463, écrit en latin, dans lequel le mot *personaliter* est répété plusieurs fois, et sur celui de 1659, qui porte vente des bois à 19 propriétaires du Nouhaud. Ces deux titres indiquent suffisamment l'origine et le caractère privé de ces bois, qui sont devenus plus tard communaux de la section de Nouhaud. Enfin l'acte de 1836 établit le partage *par feux*. Le tout est à l'appui de ce que nous venons de dire sur les communaux.

Le partage que nous préconisons doit être appliqué aux biens appartenant aux sections de communes; quant à ceux qui appartiennent aux communes, ils sont soumis à d'autres règles, et, si le partage en est défendu, les municipalités peuvent, comme nous l'avons indiqué, avoir recours à l'amodiation et à la vente. Seulement le partage réussirait mieux

Les conclusions que nous allons formuler sont conformes à tout ce qui a été dit et fait sur la question, dans tous les temps et plus particulièrement au commencement de ce siècle, en 1889 au congrès international de la propriété foncière, et à la commission extraparlementaire du cadastre. Voilà leur tendance :

CONCLUSIONS.

1º Qu'une nouvelle loi ordonne immédiatement le partage en nature de tous les biens composant le domaine communal des sections ou villages.

2º Que cette loi reconnaisse et proclame le droit distinct et exclusif des sections de commune aux biens qui leur appartiennent, et repousse en conséquence toute forme de prélèvement au profit de la commune entière sur les communaux de la section.

3º Que le partage soit fait par feu existant depuis un an au moins avant la promulgation de la loi.

4º Que la licitation remplace le partage en nature, chaque fois que le résultat du partage sera d'attribuer à chaque ayant-droit une part inférieure à 15 ares.

5º Que les partages effectués déjà soient maintenus, et les servitudes acquises, respectées ;

6º Que les terrains communaux appelés courtillages, soient laissés dans l'indivision, comme nécessaires à toutes les exploitations particulières.

Une législation de cette nature est d'autant plus nécessaire que les partages à titre gratuit ou moyennant un prix minime ont lieu fréquemment avec la sanction de l'administration, bien qu'ils soient interdits par loi, et que, ne pouvant être entourés de garanties suffisantes, ils ont lieu contrairement à l'intérêt public et aux règles de l'équité. La vente des communaux de Saint-Yriex (Haute-Vienne) qui vient d'être faite et dont nous avons parlé à la page 112 est un exemple typique de la spoliation des sections de commune et de la dilapidation des communaux en général.

Nous exposons plus loin, au titre du bornage, la nécessité de borner les communaux et les talus de routes.

CHAPITRE IV.

Division de la Propriété foncière rurale.

———

Le cadastre représente la propriété foncière divisée par départements, arrondissements, cantons, communes, sections de communes et parcelles.

Dans l'usage, on divise généralement la propriété rurale, en grande, moyenne et petite propriété.

Grande, moyenne et petite propriété rurale.

Pour démontrer la défectuosité d'une division de la propriété rurale, par superficie appliquée à la définition de grande, moyenne et petite propriété, il suffit d'indiquer la variété des natures de terrains, qui composent les propriétés, celle de leurs cultures ; la différence dans leurs prix et leurs rendements. La division par superficie serait possible dans les pays où les parcelles sont semblables, mais cela n'existe que dans de très rares parties de la France.

Voici un tableau qui peut être appliqué au département de la Creuse, aux départements voisins et à beaucoup d'autres.

TABLEAU DES TERRAINS VARIÉS,
leurs prix, leurs rendements dans le département de la Creuse

NATURE des TERRAINS	PRIX DE VENTE moyen par Hectare	RENDEMENTS en argent
Prés	3.000 fr.	3 à 3 1/2 %
Pâtures	1.000	Et ce, non compris l'Impôt
Terres	500	pris l'Impôt
Bois (sol)	500	les
Châtaigneraies	500	Réparations
Champs froids, Bruyères.	150 fr. à 200 fr.	et les aléas

La moyenne des prix de vente des propriétés où sont agglomérées les différentes natures de terrains est de mille francs par hectare. Les propriétés qui sont dans le rayon de 10 kilomètres des grands centres ont une valeur vénale de convenance et des rendements qui changent les prix, les double, et même les quintuple.

Pour diviser la propriété foncière rurale en grande, moyenne et petite propriété, il faut en venir à la division par unités foncières rurales, composées d'une, de plusieurs, ou d'un grand nombre de parcelles d'un seul tenant, appartenant au même propriétaire, à la subdivision des propriétés par exploitation. Il faut compléter cette division par les prix des propriétés et leurs rendements comme par exemple : Petite propriété, valeur vénale de 1 à 5.000 francs. Revenu net à 3 $^0/_0$ 1 à 150 francs. Moyenne propriété de 5 à 50.000 francs ; revenu net 150 à 1.500 francs. Grande propriété valeur de 50.000 et au-dessus ; revenu net à calculer à 3 $^0/_0$.

Le tableau que nous joignons à la page suivante facilite l'agencement que nous proposons pour les catégories de propriétés par superficies, revenus matriciels, revenus réels, contributions foncières ; il donne aussi les moyennes des contributions foncières à la charge d'un propriétaire de chaque catégorie.

Nous prenons pour exemple la commune de Saint-Amand-Jartoudeix (Creuse).

(Voir le tableau de la page suivante)

COMMUNE DE SAINT-AMAND-JARTOUDEIX

1.867 Hectares

État des Propriétés foncières (non compris les Propriétés bâties)

PROPRIÉTÉS	NOMBRE des Propriétaires	CONTENANCE totale de ces propriétés	CONTENANCE moyenne d'une propriété	REVENUS matriciels	Nombre des propriétés	MONTANT total des Revenus	REVENU moyen d'une propriété	MONTANT de la Contribution foncière pesant sur ces propriétés	MOYENNE de la Contribution foncière à la charge d'une propriété
de moins d'un hectare.	47	14ᴴ 18ᵃ 49ᶜ	0ᴴ 30ᵃ 18ᶜ	de 0 à 1 franc	23	7 ᶠʳ 38 ᶜ	0 ᶠʳ 32 ᶜ	2 ᶠʳ 54 ᶜ	0 ᶠʳ 11 ᶜ
de 1 à 6 hectares . .	45	106ᴴ 16ᵃ 93ᶜ	2ᴴ 35ᵃ 93ᶜ	de 1 à 15 francs	36	294 ᶠʳ 10ᶜ	5 ᶠʳ 25 ᶜ	101 ᶠʳ 27 ᶜ	1 ᶠʳ 81 ᶜ
de 6 à 40 hectares . .	26	365ᴴ 06ᵃ 10ᶜ	14ᴴ 04ᵃ 08ᶜ	de 15 à 150 fr.	34	2.014 ᶠʳ 85ᶜ	59 ᶠʳ 26 ᶜ	693 ᶠʳ 79 ᶜ	20 ᶠʳ 40 ᶜ
de 40 hectares et au-dessus	14	1.167ᴴ 49ᵃ 34ᶜ	83ᴴ 39ᵃ 23ᶜ	de 150 fr. et au-dessus	19	8.993 ᶠʳ 60ᶜ	473 ᶠʳ 34 ᶜ	3.096 ᶠʳ 86 ᶜ	162 ᶠʳ 99 ᶜ

OBSERVATIONS. — La plus petite propriété n'a qu'une contenance de 0.06 centiares ; la plus grande a une contenance de 188 hectares 44 ares 99 centiares (dans la commune).

Le revenu le plus faible est de 0 fr. 03 ; le revenu le plus élevé atteint 1.260 fr. 14.

La contribution a été calculée d'après le centime le franc de 1896 qui est de 0 fr. 34.434.

Les définitions de la grande, moyenne et petite propriété rurale, leurs conditions et leurs diverses circonstances se trouvent souvent confondues.

La grande propriété rurale est celle qui réunit les conditions de grande superficie, de rendements considérables, de grande agriculture ; elle appartient aux propriétaires de grande fortune ; elle est exploitée largement et fournit à la moyenne et à la petite propriété les éléments qui leur manquent, les ressources nécessaires. Sa mission est de donner des exemples, de faire des essais et principalement de remplir le devoir social et fraternel, d'être utile aux petits propriétaires voisins, de leur aider.

La propriété moyenne est comprise entre la grande et la petite propriété.

En parlant de ces deux dernières, la moyenne trouvera ce qui lui appartient.

La plupart des questions que nous allons traiter intéressent en même temps la grande, la moyenne et la petite propriété. Pour cette dernière, nous allons donner des explications qui rattacheront les trois genres de propriétés rurales.

Ces trois genres de propriété ne sont pas faciles à définir, à délimiter, ni à distinguer.

Ils s'enchevêtrent de telle sorte et les anneaux qui les relient sont tellement élastiques qu'ils se confondent dans leurs affinités. Nous avons vu que la division par superficie, pour établir des catégories, ne pouvait pas être exacte ; il faut se contenter des appréciations à faire suivant le sens dans lequel on veut entendre ces distinctions et suivant, aussi, la valeur des terrains ou leurs rendements.

Au lieu d'une quantité de superficie, on se rapprocherait plus de l'exactitude en fixant une quotité de valeur vénale et de revenu.

On peut parler de l'importance des propriétés rurales sans s'inquiéter des superficies en laissant pour chaque pays, et suivant les circonstances, l'appréciation de grande, moyenne, et petite propriété.

Définition de la petite propriété rurale.

On entend par petite propriété rurale une exploitation de minime importance ; mais cette dénomination est insuffisante parce que les limites de la grande et de la petite propriété ne sont pas définies, qu'un certain nombre de parcelles ou de petites propriétés finissent par en faire une grande, et que de grandes propriétés composées principalement d'unités majuscules contiennent le plus souvent des parcelles minuscules intercalées ou environnantes. D'autres propriétés importantes, comme celles qui se trouvent près des villes ou dans des régions d'agriculture intense, sont composées d'un nombre de parcelles isolées, petits îlots qui forment des archipels.

Dans cette distinction de grande et petite propriété, surtout à propos des questions d'économie sociale, on a le plus souvent en vue la situation du propriétaire, sa richesse mobilière ou immobilière, *sa fortune globale.* — Tel qui a une propriété petite, peut avoir une grande fortune mobilière, industrielle ou autre : il n'est pas un petit propriétaire dans le sens habituel du mot.

Au lieu de dire la petite propriété, il vaudrait mieux dire les *petits propriétaires* et entendre, par ces mots, ceux qui sont intéressants ; qui, n'ayant pour toute fortune qu'une petite propriété, doivent recourir au travail pour vivre et se faire honneur, ceux qui ont besoin d'être protégés, même contre leurs propres fautes.

Dans la mémorable discussion qui a eu lieu au mois de juillet 1894, à la Chambre des députés, sur les contributions directes et l'impôt en général, la dénomination de petite propriété a faussé les discussions, elle a jeté du trouble, de la confusion. M. le député Jaurès, qui avait parlé à la Chambre du dégrèvement de la *petite propriété,* a senti le besoin, plus tard, à propos de la conversion de la rente 4 $\frac{1}{2}$ p. %. d'employer les mots *petits propriétaires* dans le sens de la définition ci-dessus. Si M. Jaurès, ainsi que MM. Cavaignac et Doumer, avaient employé ces mots dès l'abord, M. Jules Roche n'aurait pu leur dire avec raison : « Votre système aurait pour effet de dégrever les propriétaires « riches en valeurs mobilières possédant de grandes pro-

« priétés composées de petites parcelles ; ce qui n'est pas
« dans vos intentions ». C'était une équivoque.

A la faveur de la fausse dénomination *petite propriété*,
il a été facile à M. le Ministre des finances de démontrer
l'injustice du dégrèvement des petites cotes. C'était toujours
l'équivoque. . . . .

La petite propriété rurale est indispensable à la grande et
réciproquement. — Les petits propriétaires sont indispensables aux grands et réciproquement.

Le journal *Les Débats* a publié un très intéressant article de M. Leroy-Beaulieu sur la petite, moyenne et grande
propriété.

Le célèbre économiste, répondant aux utopies des socialistes qui vont parcourant les campagnes, excitant les petits
propriétaires contre les gros et moyens propriétaires, montre
que dans les pays civilisés la petite propriété ne peut pros-
pérer qu'à côté de la grande et de la moyenne. « Elle est,
dit-il, comme ces plantes qui ne peuvent s'élever qu'accro-
chées à des arbres vigoureux. Seule, elle se traîne, sans
sève et sans essor. Si elle accaparait un canton entier, à
plus forte raison tout le pays de France, la petite propriété
languirait et dépérirait, faute de ces subsides en salaires qui
lui sont très avantageux, faute aussi de l'ouverture générale
d'esprit, de la préparation scientifique, des connaissances
techniques, du goût, de l'initiative, de l'abondance des capitaux et de l'habitude de s'en servir. La petite propriété n'est
nulle part si florissante que là où se rencontre la grande
propriété, surtout la grande propriété moderne, scientifi-
quement conduite et méthodiquement organisée. Or, cette
grande propriété moderne devient un type de plus en plus
répandu.

« C'est elle qui soutient indirectement la petite propriété
et qui l'instruit. Le petit propriétaire fait chez le grand et
moyen propriétaires des journées de huit à neuf heures pendant lesquelles il n'épuise pas ses forces et qui lui valent
un bon salaire. Il consacre deux ou trois heures supplémen-
taires à la culture de son propre morceau de sol ; c'est alors
pour lui un profit net. »

Tous les progrès agricoles sont dus à la grande propriété ;

non seulement elle est un exemple pour les petits propriétaires, mais elle les fait profiter des expériences, des essais
de toutes sortes toujours dispendieux, souvent décevants,
comme pour les engrais, les amendements, les choix de
semences, les modes de culture. Pour les questions d'élevage
et de sélection des animaux, les grands propriétaires tiennent,
à la disposition des petits, des étalons de choix qui reviennent très chers. Lauréats des concours, les grands propriétaires payent cette gloire, qui ruinerait non seulement
les petits, mais aussi les propriétaires moyens, ceux qui ont
besoin des revenus de leurs propriétés.

Nous prenons pour type une propriété bien connue située
dans l'Aube, celle de Pont-sur-Seine, appartenant à M. Périer,
ancien président de la République, et à Mme Périer, sa
mère. Cette propriété, d'une contenance approximative de
1.400 hectares, est principalement composée d'une grande
unité foncière au milieu de laquelle se trouve la résidence,
avec organisation des cultures en même temps productives
et voluptuaires. Mais autour de cette grande unité d'un seul
tenant, malgré les routes, canaux, rivières et chemins de
fer qui la traversent, sont des exploitations qui confinent aux
grands villages et bourgs de Saint-Aubin, Quinsay, Pomme-
reau, Longueperte et à la ville de Pont. Ces exploitations
sont elles-mêmes composées de parcelles plus ou moins
grandes qui sont éparses et limitrophes d'une grande quantité de petits propriétaires. L'état de la petite propriété dans
cette région est particulier. Le mouvement par mutation y
est très rare. Les petits propriétaires profitent du voisinage
de cette grande propriété dans les conditions indiquées par
M. Leroy-Beaulieu. Ils cultivent leur petite propriété, en
donnant leur concours pour la grande ; ils sont rénumérés
en argent et en bienfaits.

Dans la Creuse, la Corrèze et la Haute-Vienne, les propriétés grandes et petites sont le plus souvent composées de
parcelles dans des terrains variés. Pour former une exploitation, *même petite*, il faut avoir recours à toutes les natures
de terrains et prendre, où on les trouve, des terres, prés,
pacages, bois, champs froids, etc. ; de là vient le morcellement à l'infini qui ne permet pas le remembrement ; de là

aussi les limites incertaines, variables, et de là surtout une source de procès qui ruinent les *petits propriétaires.*

Dans ces pays d'émigration, les ouvriers, les maçons spécialement, rapportent tous les ans une certaine somme qu'ils s'empressent d'employer en achetant quelques parcelles de terrain qui deviennent pour eux l'occasion de dépenses et de dangers à cause de l'incertitude de la propriété quant à sa possession, quant aux limites, à cause encore des frais de justice, de mutations et autres qui ne sont pas en rapport avec la valeur des petites propriétés.

Les partisans du morcellement soutiennent que, par la division de la propriété, la terre, cette mère nourricière, suivant la pensée de Fénelon, cette source de toute production peut devenir accessible à tous. L'intérêt de la propriété, grande et petite, est un lien des plus puissants qui attache les citoyens au maintien de l'Etat et de la société.

Les adversaires du morcellement pensent que diviser la propriété c'est la détruire. Ils critiquent avec amertume les effets de notre loi sur les successions. Le Code civil divise, découpe, éparpille, pulvérise le sol. La division de la propriété n'est pas en harmonie avec les intérêts agricoles de notre pays.

La loi sur les successions contribue puissamment à cette division infinie, malgré les dispositions de l'art. 832 du Code civil, ainsi conçues : « Dans la formation et la composition des lots, on doit éviter, autant que possible, de morceler les héritages et de diviser les exploitations. »

La grande et la petite culture, la grande et la petite propriété, ont chacune leurs avantages respectifs ; elles peuvent parfaitement coexister et se prêter un mutuel concours.

Il est incontestable que le morcellement de la propriété a contribué puissamment au développement de la richesse territoriale et a produit, en France, les résultats les plus favorables. Indépendamment des avantages matériels, il a produit aussi des avantages moraux. M. le comte de Casabianca, dans son rapport lu au Sénaat, sur le projet du Code rural, s'exprime ainsi relativement au morcellement :

« Si dans nos campagnes s'est agglomérée cette population
« vigoureuse qui constitue la principale force de nos armées,
« n'est-ce pas surtout parce qu'elle s'est attachée au sol dont
« elle est devenue maîtresse ? Le suffrage universel aurait-il
« sauvé la France en 1848 et en 1851, sans cette masse de
« petits propriétaires, qui, en repoussant les doctrines spo-
« liatrices, défendaient à la fois leurs champs et la cause de
« l'ordre et de la société. »

Le morcellement des terres, la petite propriété, est assurément un bienfait, puisqu'elle donne plus de force à un
pays, plus de bien-être, plus d'indépendance à ses habitants
et plus de produits dans certains cas.

La petite propriété est la plus obérée. Les 7/10 des ordres
sont ouverts sur des sommes inférieures à 10,000 francs et
la moitié sur des sommes inférieures à 5.000 francs.

Les petites propriétés rurales n'ont pas de crédit. Celles
d'une valeur moyenne de 1.500 francs, qui sont les plus
nombreuses, ne sont pas protégées ; elles n'ont pas accès aux
banques, aux crédits hypothécaires, agricoles ou autres.
L'incertitude de leur constitution, de leur transmission, leur
enlève toute garantie à cause des procès auxquels elles sont
assujetties, des incidents des saisies immobilières, des frais
de toutes sortes.

***

Etude des réformes législatives ou autres à faire
pour améliorer
la grande et la petite propriété foncière rurale.

Pour satisfaire à cet article du programme, il faudrait un
bien gros volume. Les réformes législatives ou autres qui
intéressent la grande propriété sont encore plus intéressantes
pour la petite propriété qui en a besoin plus encore que la
grande. Nous citerions a loi sur les justices de paix, et tant
d'autres parmi lesquelles se trouverait le complément des
lois qui doivent établir le rapport des frais de toutes sortes
avec l'importance des intérêts en litige ou la valeur des immeubles en question. Mais la loi la plus importante pour la
grande et surtout pour la petite propriété, c'est celle qui
constituera la propriété foncière et en assurera la transmis-

sion ; c'est la loi qui règlementera le bornage, le facilitera, lui donnera une judicieuse impulsion et, au besoin, l'ordonnera.

La question sociale étreint la société contemporaine. On se croirait revenu à 1790, tant ces deux fins de siècle sont pareilles. — Le code de 1804, très apprécié à son époque, à quatre-vingt-dix ans de distance, a cessé d'être en harmonie avec la transformation d'une société en continuelle formation.

Des réformes s'imposent (¹)

La question foncière reste la plus délicate et la plus obscure de toutes nos équivoques économiques et sociales. C'est le petit propriétaire qui dénouera en France le nœud gordien.

Voilà bien des années, depuis 1860, que nous poursuivons dans la sphère malheureusement trop étroite de notre initiative personnelle la solution du problème, en nous efforçant d'en vulgariser les moyens pratiques. Nous avons la joie de constater que nos idées ont fait leur chemin. Il suffit de citer les années 1860-66-67-69-89-91-92, où nous avons eu la mémorable séance du Sénat, la grande enquête agricole, où nous avons présenté le livre terrier que nous avions appliqué dans le canton-nord de Limoges, les congrès de la propriété foncière, les séances de la commission du cadastre, les rapports au Conseil d'Etat, aux Chambres et ailleurs. Enfin la loi du 17 mars 1898, qui prépare une satisfaction complète à notre système.

La Révolution a affranchi et étendu le droit de propriété dans le sens de la propriété individuelle. Le plus misérable des hommes, s'il est laborieux, économe, peut devenir en France propriétaire foncier. Mais le droit qu'il achète lui est-il à tout jamais garanti ? Est-il à l'abri des revendications et des procès sur cette parcelle de terre qu'il a loyalement payée ? nous affirmons que non.

Depuis 1870, rien n'a été fait pour les quatre millions de petits propriétaires émancipés par la Révolution. — Rien n'a été essayé pour consolider dans leurs mains le *titre foncier*.

En 1894, sous l'influence d'un mouvement irrésistible de

(1) Saint-Genis

morcellement et de labeur intense, les quatre millions de petits propriétaires fonciers de 1790 ont doublé de nombre. Il serait criminel d'ajourner plus longtemps l'étude parlementaire des questions de constitution, sécurité, facilité de transmission de la propriété foncière qui peuvent être données facilement, économiquement, démocratiquement par le bornage même facultatif, suivant le système que nous préconisons.

On a organisé les congrès fonciers de 1889 et de 1892; on a institué la commission extra-parlementaire du cadastre; on a proposé des expédients; on a hasardé quelques pas vers la réforme de la procédure. Mais quel a été le résultat de ces bonnes intentions? Rien!

C'est qu'on devait aborder le travail pratique du bornage qui répond à tout. C'était trop simple pour les grands savants.

On attendait beaucoup de la commission du cadastre. Ses résolutions sont-elles exécutables??? Elle devait constituer en assemblée plénière ses commissions, sous-commissions, comités, etc. Elle ne le fera pas à cause de ses divergences inextricables. M. Cheysson, président de son comité d'enquête, a fait un rapport qui préconise notre système et conclut au bornage facultatif.

M. Jaurès a demandé qu'on dégrevât les petits propriétaires fonciers exploitant personnellement. « Il ne faut pas, « a-t-il dit, décourager la démocratie rurale; il faut abaisser « les droits de mutations, dégrever les charges qui pèsent « sur la terre afin de permettre avant tout aux paysans de la « conserver. Il ne suffit pas de rendre facile l'acquisition de « la terre, il faut que l'acquéreur puisse la conserver et la « transmettre sûrement et à son heure. » Voilà des paroles qu'il est bon de retenir de la part d'un socialiste auquel on prête des idées de collectivisme; elles profitent à la propriété individuelle.

Toutes les combinaisons de procédure et de crédit resteront impuissantes si l'on ne donne pas avant tout à la propriété foncière une bonne constitution qui assure la sécurité de sa transmission; et cela par la simplicité native du bornage cadastral.

Un bon moyen pour combattre le socialisme agraire, et pour arrêter son invasion, c'est le bornage cadastral (livre terrier), qui est appelé à délivrer la petite propriété de l'incertitude qui la ruine, la rend impropre à la transmission, inaccessible aux crédits agricoles hypothécaires ou autres.

Les petits propriétaires sont dégoûtés d'une société dans laquelle ils ne sont pas protégés.

Les réformes pour améliorer la grande et la petite propriété sont à l'infini. En choisissant celles qui sont relatives à la constitution des propriétés foncières, à la sécurité de leur transmission, nous croyons avoir pris la bases de toutes les réformes.

L'idéal d'un gouvernement démocratique est de rendre la propriété accessible à tous et d'y maintenir en possession les acquéreurs, en les protégeant à la fois contre leurs propres imprudences et contre les surprises d'autrui (').

De tous les côtés on demande des réformes législatives et autres dans l'intérêt de la propriété rurale. C'est surtout dans l'intérêt de la petite propriété rurale que les économistes proposent des réformes ; mais elles sont primées et subordonnées à une réforme primordiale et nécessaire, celle du bornage.

M. de Couronnel, à la session de 1895 du Conseil général de la Haute-Vienne, a, d'accord avec plusieurs de ses collègues, proposé de refaire le cadastre par le système économique et facile de l'ancien juge de paix de Limoges et d'abandonner celui de l'administration des contributions directes. Sa proposition a été adopté à l'unanimité. Cette délibération a été prise en connaissance de cause, puisque c'est à Limoges que le Livre-foncier-terrier, a été établi par nous depuis trente ans.

Une réforme des plus utiles aux petits propriétaires se trouve dans l'instruction primaire. Depuis 30 ans, l'ancien juge de paix de Limoges a demandé qu'elle soit tournée dans le sens des études de la géométrie, de l'arpentage et des nivellements. Il demande aussi que les écoles primaires soient dotées des instruments nécessaires à ces études. Sur le premier point, il a reçu satisfaction par la réforme des

(1) De Saint-Genis

programmes pour les examens des professeurs et des écoliers. Mais cette satisfaction est éphémère, parce que les écoles primaires n'ont pas d'instruments pour la géométrie. Si le cadastre est refait, il faut qu'il soit tenu au courant des mutations ; il faut que les notaires obtiennent facilement les renseignements et documents parmi lesquels les plans sont essentiels. Nous traiterons plus spécialement cette question au mot *enseignement agricole*.

Le nombre des petits propriétaires augmente tous les jours. Nous venons de voir qu'on peut en porter le chiffre à 8.000.000. Il faut faire des réformes dans leur intérêt ; mais il faut se garder des innovations dangereuses. Le *home-stead*, par exemple, implanté dans d'autre pays, ne réussirait pas en France pour la petite prapriété. Ce serait une espèce de majorat *minuscule* qui ruinerait les petits propriétaires ; ils seraient paralysés ; ils n'auraient pas de crédit ; ne pouvant transmettre leur propriété, ils l'abandonneraient.

La question du livre terrier par le bornage cadastral est du plus haut intérêt pour les propriétaires, parce qu'elle entraîne toutes celles relatives à la constitution physique et juridique de la propriété foncière rurale, à la sécurité de sa transmission, à la garantie de tous les crédits hypothécaires, agricoles et autres.

Les plus graves questions sociales y trouvent leur place. Le livre terrier que nous préconisons se prête à toutes les réformes, utiles, sociales, fraternelles, à la condition qu'elles soient *rationnelles*. La petite propriété surtout en a besoin. Il faut que ce livre soit personnel et réel, c'est-à-dire patronymique, patrimonial.

Y a-t-il une réforme plus utile aux propriétaires, de petite fortune, que celle relative aux actes de l'état-civil ?

Avec le livre-foncier *patronymique*, les propriétaires, surtout les petits, ne seraient pas exposés aux griffes des agents d'affaires chargés de démêler les intérêts des successibles par les recherches généalogiques.

M. le député Ricard, à son passage au minstère de la justice avait fait commencer un travail sur cette réforme. L'a-t-il abandonné ?

La réforme sur la saisie arrêt des salaires, nouvellement adoptée par la Chambre des députés, intéressent les ouvriers des villes et des campagnes. La démocratie rurale, celle qui, possédant un petit immeuble, demande d'autres ressources à des travaux du dehors, pourrait trouver son crédit diminué par la sévérité des fournisseurs des choses de première nécessité.

La réforme des formalités, des frais et lenteur de l'hypothèque, et la garantie que la petite propriété bien constituée pourrait fournir, ferait bien mieux l'affaire des petits propriétaires.

Combien d'autres réformes il y aurait à faire dans l'intérêt de la propriété rurale et surtout dans l'intérêt de la démocratie rurale !

CHAPITRE V

Act' Torrens - Livres terriers. - Plans - Cadastres

On a beaucoup parlé de l'Act' Torrens qui régle, en Australie, à nos antipodes, la constitution et la transmission de la proqriété immobilière. Il suffira de faire connaître ce mode applicable à des pays nouveaux, pour montrer qu'il ne saurait être admissible en France, où il n'offrirait pas les garanties nécessaires à la propriété foncière.

Qu'est-ce que le système Torrens ?

Ce système est dû à sir Robert Torrens, qui conçut l'idée d'appliquer à la vente du sol, un système analogue à celui qui était en usage pour la vente des navires.

Son premier caractère, c'est d'être absolument facultatif. Libre à qui veut de l'adopter ou de rester, s'il le préfère, sous le régime du droit commun.

Ce caractère que certains optimistes ont considéré comme étant la base même du système de l'Act'-Torrens, n'a été, en somme, qu'un moyen transitoire d'amener peu à peu tous les propriétaires à en faire l'application.

Tout propriétaire qui veut placer sa propriété sous le système de l'acte Torrens, fait une déclaration au bureau d'enregistrement. Ce bureau enrègistre la déclaration du propriétaire et lui demande la production de ses titres et leur justification. Une purge légale est opérée, une certaine publicité a lieu, et, au bout de trois ou six mois, s'il n'y a pas eu d'opposition, la propriété est immatriculée. Un plan cadastral est établi, indiquant tout à la fois la condition juridique et matérielle de l'immeuble, mentionnant les charges dont il est grevé, telles que servitudes, hypothèques ; puis un certificat de titre est remis au propriétaire.

A partir de ce moment, la propriété acquiert une individualité propre.

Voilà donc un propriétaire muni d'un certificat, d'un titre de propriété qui est exactement pour lui ce qu'est pour nous un titre nominatif de rente : ce titre, le propriétaire l'a en mains ; il constitue son patrimoine.

Le propriétaire manque-t-il de récoltes, veut-il emprunter sur sa récolte ? Aussitôt il s'adresse à une banque où il peut facilement engager son titre, et on lui prête sur la production de ce titre.

Les moissons, les récoltes une fois vendues, l'emprunteur retire son titre ; et si, dans la suite, il se trouve gêné pour faire des travaux nécessités par les exigences de la récolte, il s'adresse derechef à son banquier, auquel il fait le dépôt de ce titre.

Supposons que le propriétaire veuille transmettre sa propriété. Avec le système Torrens, on trouvera dans les bureaux de tabac, par exemple, des formules de toute espèce, avec la même facilité qu'on y achète des timbres-poste ou du papier timbré. Il suffit que le propriétaire transmette une de ces formules au bureau d'enregistrement, avec sa signature légalisée par le maire ou tout fonctionnaire en tenant lieu, pour que la transmission puisse s'opérer ; il est dépossédé. Son acquéreur reçoit la formule de transmission et contre remise du titre, à son tour il devient propriétaire. Il en est de même pour les hypothèques. Il y a des formules aussi simples qui frappent le titre, et il suffit d'en adresser une au bureau de l'enregistrement.

De la sorte, le propriétaire est toujours au courant de sa situation hypothécaire, et de son côté, celui qui veut contracter avec lui n'a qu'à demander la production du titre de l'emprunteur pour être exactement au courant de cette situation.

*
* *

Livres-terriers. — Les livres-terriers sont ceux qui étaient faits dans l'ancien temps pour l'assiette des impôts. Ils portaient en même temps l'indication des terrains, leurs limites et les noms et qualités de ceux qui les possédaient.

Le Livre terrier serait aujourd'hui l'assemblage géomé-

trique et graphique des éléments qui composent la constitution physique, juridique agricole et fiscale de la propriété
foncière rurale. Il doit être le palladium de cette propriété,
le sanctuaire, l'arche sainte où seront déposés tous les titres
et documents qut l'intéressent.

La constitution physique de la propriété foncière a lieu
par la constatation graphique et matérielle des lieux, à l'aide
de la géométrie, des écritures et des signes appliqués sur la
propriété foncière, tels que bornes, pieds-cormiers, fossés, etc.

La constitution juridique se fait par délimitation, bornages, plans, livres-terriers, cadastres, plans parcellaires,
titres, et dans certains pays, par l'Act' Torrens.

Plans synoptiques, figurés. — Les plans synoptiques,
figuratifs, sont ceux qui sont faits en vue de servir à se
guider sur les terrains, à les reconnaître. On avait autrefois,
comme aujourd'hui, besoin de ces plans pour faire des études et des opérations sur les terrains. Ils précédaient la
confection des livres-terriers et y étaient adjoints.

Plans parcellaires. — Les plans parcellaires sont ceux
qui ont été faits après 1791, par parcelles, en vue de la
confection du cadastre, et qui y ont été joints.

Ces différentes définitions vont servir à nos propositions
de constitution physique, juridique, agricole et fiscale de la
propriété rurale.

* * *

LES CADASTRES :

Cadastre patronymique. — Cadastre patrimonial, cadastre
fiscal, cadastre judiciaire.

Les neuf dixièmes des procès, en France, prennent leur
origine dans les questions de propriété et de famille. — Les
bornages et les servitudes obtiennent leur grande part. L'incertitude des noms cause des désordres dans les successions.

On pourrait éviter bien des inconvénients au moyen de
deux cadastres : l'un *patronymique*, l'autre *patrimonial*.

Le cadastre patronymique assurerait le nom et la fortune
dans les familles. D'accord avec MM. les maires, MM. les
juges de paix auraient bientôt recherché les arbres généalogiques de toutes les familles, en s'arrêtant à l'année 1800.

Les cadres seraient disposés pour être continués.

Ce serait sans frais pour le gouvernement, qui trouverait avantage à fournir des extraits. Ce travail intéressant aurait pour but de conserver les noms dans les familles. Les noms sont une fortune qu'il faut mettre à l'abri des pertes et protéger contre les envahissements.

Le cadastre patrimonial fixerait contradictoirement le périmètre des propriétés de chacun, réglerait les questions de voisinage par des *titres contradictoires*. Ces titres porteraient la constatation du bornage, la relation de toutes les servitudes, rappeleraient les vieux titres, les renouvelleraient. Les propriétaires seraient ainsi à l'abri des malheurs qui peuvent provenir de l'application de l'article 691 du Code civil, lequel oblige à rapporter des documents dont on a souvent perdu la trace et qui sont dispersés dans toutes les archives, dans toutes les études, le plus souvent même anéantis par la longueur des temps. La nécessité de conserver dans les greffes du canton les titres relatifs à la propriété est d'autant plus grande qu'il devient habituel aux notaires de ne plus s'inquiéter des vieux titres, parce qu'il est très rare qu'on soit obligé de recourir à ces minutes. Les moyens de droit fournissent le plus souvent des garanties nouvelles pour l'exécution des contrats. Les prescriptions protègent la propriété presque partout, mais non pour les servitudes discontinues. Pour ces dernières, il faut le titre. Il est souvent bien difficile de se le procurer. Lorsqu'un notaire vient à décéder, le récolement des minutes de son étude n'est exigé que jusqu'à cinquante ans. Une délibération de la Chambre des notaires de l'arrondissement de Limoges a autorisé ces derniers à enfouir dans un local désigné à cet effet toutes les vieilles minutes.

Le cadastre *actuel* est la représentation graphique, géométrique, périmétrique des parcelles de terrains. Il est aussi la réunion des documents qui servent à asseoir l'impôt foncier. On donne au mot cadastre des sens différents, suivant l'idée que l'on poursuit, mais le plus souvent, il révèle l'idée fiscale.

Que veut dire le mot cadastre? En italien « Cadastros » (Je fais des cadres) « Cadatizo ». C'est le quadrillement de la terre. C'est donc l'opération géométrique toute seule, les plans parcellaires, le livre géométrique que l'on veut faire servir à limiter les propriétés. Il n'est là-dessus qu'un renseignement. Joint aux notes qui accompagnent les parcelles, il forme le livre d'impôt auquel on a donné le nom ; cadastre.

Age du Cadastre

Le tableau qui suit indique par périodes l'époque à laquelle ont été dressés, qu'ils soient de création ancienne ou qu'ils aient été renouvelés, les documents cadastraux servant, pour 1884, à l'établissement de la contribution foncière.

PÉRIODE DE L'ÉMISSION du rôle cadastral	NOMBRE de communes
de 1808 à 1822	6.131
» 1823 à 1827	8.568
» 1829 à 1831	19.851
» 1832 à 1884	1.207
Total.	35.757

L'idée d'utiliser le cadastre pour servir à la détermination des limites des propriétés n'est pas nouvelle, et, sous l'ancien régime, dans les pays de taille réelle, les questions de limites ont maintes fois été tranchées à l'aide des renseignements fournis par les livres ou plans terriers.

Pour refaire le cadastre d'une manière juridique et pour donner à la propriété immobilière la sécurité qui lui est nécessaire, le moyen signalé par la plupart des auteurs qui ont écrit sur la question et par un certain nombre de conseils généraux, serait de faire précéder le lever de tout plan cadastral d'*une délimitation générale immédiatement suivie d'un bornage*. Ce mode de procéder avait été signalé dès 1781, par Dutillet de Villars, (Précis d'un projet d'établissement du cadastre).

Cette question a été étudiée de nouveau, lors de la préparation du projet de loi concernant le renouvellement des opérations cadastrales présenté, en 1876, par M. Léon Say.

Le projet de loi (complété par le projet rectificatif déposé le 11 janvier 1877) disposa que dans le cas du renouvellement du cadastre d'une commune, sur la désignation du conseil général, les contribuables qui jugeraient à propos de faire borner leurs propriétés, dans le délai d'une année à partir de la date de la décision de l'assemblée départementale, seraient *dispensés de la formalité du timbre pour les actes ayant trait au bornage;* l'enregistrement serait effectué gratuitement pour les actes de bornage comportant cette formalité.

Ces questions touchent à toutes les branches de notre ordre social ; elles intéressent tous les ministères, nous pouvons dégager pour les leurs adapter, les éléments qui se rapportent à chacun d'eux.

Ministère des finances. — Un décret du 31 mai 1891 a constitué sous la présidence de M. le ministre des Finances, une commission extraparlementaire du cadastre. L'idée fiscale que révèle le mot cadastre a vraisemblablement motivé cette attribution qui est d'ailleurs justifiée par les aptitudes dont ont fait preuve les ministres qui se sont succédé aux finances jusqu'à ce jour.

Cette commission était chargée d'une mission complexe. Nous en trouvons la preuve dans le rapport dont nous donnons quelques extraits à cause de leurs tendances à la détermination physique et juridique de la propriété foncière.

« Dans la pensée du gouvernement, *le cadastre, perpétué*
« *à l'aide d'un système permanent de conservation*, ne
« serait pas seulement un instrument fiscal et administratif,
« il devrait satisfaire à d'autres besoins. Des abornements
« généraux et une triangulation rigoureuse précéderaient le
« renouvellement des opérations ; le *cadastre constituerait*
« *la base de la propriété foncière ; il assurerait la sécu-*
« *rité des hypothèques et la régularité des transactions*
« *immobilières;* il fournirait enfin à l'agriculture, par le dé-
« veloppement des institutions de crédit, les moyens d'ac-

« tion qui lui font défaut aujourd'hui. En un mot, il de-
« viendrait le *grand livre terrier* de la France.

. . . .

« C'est surtout lorsqu'on envisagera le cadastre comme
« base de propriété foncière, au point de vue de la sécurité
« des hypothèques et des transactions immobilières, que les
« décisions à prendre devront être mûrement étudiées quant
« à leurs conséquences et leur portée économique.

. . . .

« La création de livres fonciers, analogues à ceux en
« usage dans plusieurs pays étrangers, a été préconisé par
« de nombreux économistes et des jurisconsultes autorisés ;
« elle a été réclamée d'une manière formelle, par la com-
« mission d'étude instituée auprès du ministère de l'agri-
« culture, et par le congrès international de la transmission
« de la propriété foncière tenu à Paris en 1889. Enfin, le
« Parlement, lors de l'examen et de la discussion du budget
« de l'année 1891, a nettement indiqué, conformément à la
« proposition du gouvernement, sa volonté de voir mettre à
« l'étude l'organisation des livres fonciers.

« Dans ces conditions, il n'est pas douteux que les études
« du gouvernement doivent comprendre, non pas seulement
« la réforme de notre système hypothécaire, mais l'ensemble
« de la question immobilière.

« Toutes les difficultés de cette question peuvent se résu-
« mer dans ces deux propositions ;

« 1º Déterminer la propriété ;

« 2º Conserver les effets de cette détermination.

« La propriété doit être déterminée d'abord physiquement,
« puis juridiquement.

« La détermination physique résultera de la reconnais-
« sance des limites de l'immeuble, de sa contenance et de
« son rattachement exact à un plan d'ensemble ; c'est l'objet
« des opérations qui constituent la partie d'art du cadastre. A
« ce premier point se rattache la question de l'abornement et
« de ses conditions d'exécution, tant au point de vue tech-
« nique qu'au point de vue juridique.

« La détermination juridique doit faire connaître les droits

« qui existent sur l'immeuble, principalement le droit de
« propriété.

. . . .

« On peut dire que tout le monde est intéressé à l'établis-
« sement définitif *d'un bon cadastre* et de *livres fonciers*
« donnant la sécurité à la propriété immobilière. L'Etat, les
« départements, les communes, les particuliers peuvent donc
« être appelés, chacun dans la mesure de son intérêt propre,
« à contribuer aux frais d'une réforme qui est depuis long-
« temps réclamée par l'opinion.

« Tels sont les principaux problèmes qui devront être ré-
« solus avant de passer à la rédaction de la loi cadastrale
« et des lois foncières destinées à la compléter et à lui
« faire produire tous les résultats heureux qu'il est permis
« d'en attendre.

« Par la variété et l'importance des questions qu'il
« soulève, le programme qui vient d'être esquissé sollicite
« l'analyse la plus sévère, *l'examen le plus minutieux* et le
« plus attentif de la part *de tous les hommes compétents*
« *que leur science juridique ou technique* leur autorité
« dans le Parlement, le Conseil d'Etat, les Facultés de droit
« et les différentes branches des services publics ou spéciaux
« intéressés, désignent pour collaborer à la mise en œuvre
« *des projets* qu'il s'agit de présenter aux Chambres. »

Dans ces citations nous relevons ces mots : Tout le monde
est intéressé à la question.

Le ministère des Finances trouvera dans notre proposition
bien des satisfactions, parmi lesquelles, la péréquation de
l'Impôt foncier.

D'accord avec d'autres réformes parallèles, du ressort des
différents ministères, elle ouvre à M. Poincaré, ancien Ministre des Finances, la facilité de faire exécuter une partie des
promesses qu'il a faites à la Chambre, dans son remarquable
discours sur les contributions directes.

Un des avantages les plus saisissants du système présenté,
est de permettre *l'évaluation par unités foncières, exploitations, divisions de propriétés,* qui est la seule praticable
et juste pour l'assiette de l'impôt foncier.

Ministère de l'Instruction publique. — S'il a paru rationnel de donner la première place au ministère des Finances, il convient de passer immédiatement aux rapports du ministère de l'instruction publique avec le Livre-terrier cadastral, et de montrer la part principale de ce ministère dans l'exécution et le maintien à jour de la grande œuvre nationale.

Le Livre-terrier, dans lequel il aura la plus grande gloire, celle de composer une armée de géomètres, qui se renouvellera tous les ans et sera apte à appliquer, rectifier le Cadastre et à le tenir au courant en fournissant les documents pour les mutations.

Dans ces opérations officielles de bornage, l'ancien juge de paix de Limoges a souvent, à défaut de géomètres, employé le concours utile de MM. les instituteurs et de leurs écoliers. (voir ce qui est dit dans notre déposition à l'enquête de 1867). Un chapitre spécial à l'enseignement agricole, va être inséré à la 3e partie.

Ministère de la Justice. — Dans l'idée de ceux qui ont principalement en vue le Cadastre judiciaire, le ministère de la justice serait le premier intéressé à l'établissement du Livre-foncier *patrimonial, patronymique, personnel, réel, et juridique.*

La justice s'exerce également et simultanément sur les personnes et sur les choses ; il est impossible de séparer, en justice, la propriété foncière de la personne qui la possède.

Ministère de l'Agriculture. — La paix dans les campagnes, la certitude sur les droits des propriétés, nécessaires à l'exécution des travaux agricoles, l'accès aux divers crédits, la disparition des procès qui ruinent les petits propriétaires, et bien d'autres bénéfices, seraient donnés à l'Agriculture par le bornage cadastral.

Ministère des travaux publics. — Sans entrer dans le détail des avantages que pourrait trouver ce ministère à un Livre foncier cadastral qui porterait la délimitation physique et juridique du territoire de la France, il suffit d'indiquer le parti qu'il pourrait en tirer pour faciliter les entreprises générales du gouvernement, pour lesquelles il est indispensable de se mettre en rapport avec les propriétaires. Comme, par exemple, lorsqu'il y a des expropriations.

Le Cadastre actuel, auquel les administrations ont recours, est tellement défectueux et insuffisant qu'il occasionne des erreurs grossières ; il nécessite des travaux et des dépenses considérables pour le lever des plans, l'exécution des projets, etc.

Ministère de la guerre. — Ce qui vient d'être dit pour le Ministère des Travaux publics, s'applique au ministère de la guerre et peut s'augmenter de toutes les observations que suggèreront le génie militaire et la stratégie.

Ministère du commerce. — On doit supposer que le commerce, comme l'agriculture, profitera des avantages incalculables d'un bon réglement de la propriété rurale.

Ministère de l'Intérieur. — Le ministère de l'Intérieur, qui touche à toutes les branches de notre organisation sociale, aura la mission de régler dans les départements les moyens d'arriver à la prompte exécution du livre foncier cadastral dont le pays a le plus grand besoin.

Ministère des Affaires étrangères. — Ce qui vient d'être dit pour la France peut être appliqué à toutes les nations. Mais le livre foncier préconisé a un caractère international que nous allons démontrer à la 3e partie.

Ministère des Colonies. — Pourquoi donner à nos Colonies, d'autres règles que celles de la mère patrie ! Ne vaut-il pas mieux au contraire, faire profiter nos pays nouveaux du bénéfice de l'expérience de la vieille métropole française ? Pourquoi priver les Colonies du bénéfice de nos lois si sages, provenant de l'étude des lois anciennes, prenant leurs origines et leurs bases dans les besoins et les mœurs des pays anciens, modifiés et à modifier suivant les nécessités, les sentiments et les mœurs d'aujourd'hui. Il est bon d'éviter les inconvénients et les aventures de l'*Act-Torrens*, et autres productions des pays exotiques qui sont tous dans des situations différentes.

Ministère de la Marine. — Le Ministère de la Marine reste le dernier. Il semble que le bornage cadastral n'aurait rien de commun avec l'empire des mers. Et cependant, ne pourrait-on pas entrevoir la nécessité de fixer par des bouées captives (bornes flottantes) la possession, la servitude de ces grands espaces communs ou particuliers. La pêche et les drainages dans ces fonds ténébreux n'ont-ils pas besoin d'être réglementés ?

TROISIÈME PARTIE.

GUIDE POUR LE BORNAGE.

CHAPITRE I.

Bornage Cadastral.

Les questions de bornage, de cadastre et d'impôt ont été présentées dans la 1re partie de cet ouvrage par ordre chronologique. Malgré leur connexité, la question des impôts a été, autant que possible, séparée de celle du bornage cadastral, qui doit constituer la propriété rurale graphiquement et juridiquement. Dans la deuxième partie nous avons parlé des généralités qui intéressent la propriété foncière rurale. Nous avons réservé pour la troisième partie les documents spéciaux à la délimitation et au bornage, de manière à les condenser, pour simplifier et faciliter la pratique. Il est convenu que nous devons éviter la doctrine et l'étude du droit ; nous ne devons même pas parler de la procédure à laquelle il ne faut recourir qu'en cas de difficultés irréconciliables, c'est-à-dire de litige, qui nécessitent les conseils, la direction des avoués et des avocats et qui sortent du bornage ordinaire que nous préconisons.

Dans le grand nombre de ceux qui se sont occupés de bornage et de cadastre, nous sommes seul qui nous soyons placé au point de vue particulier des propriétaires et de leurs biens ruraux particuliers, ou communes prises isolément.

Notre but est de donner les moyens de constituer physiquement et juridiquement la propriété foncière rurale par le bornage cadastral, à tenir au courant des mutations. Nous nous affranchissons du soin des doctrines et des théories pour rester avec la pratique la plus simple et la plus facile.

* *
*

Le bornage cadastral est une mesure économique, démocratique et sociale qui s'impose. Elle est économique comme base fondamentale de la propriété foncière, comme sécurité de tous les crédits ; elle est démocratique, parce que la démocratie rurale souffre le plus de son absence ; elle est sociale, puisqu'elle doit porter la détermination physique, juridique et fiscale de la propriété foncière sur laquelle la société est fondée.

Depuis cent ans que la question du bornage cadastral est devenue plus vivace, elle serait résolue, si elle n'avait pas été noyée dans la fiscalité. Aujourd'hui, elle court le danger de tomber en outre dans les ornières techniques, juridiques et professionnelles. Pour la dégager, il faut la séparer et la présenter seule. Contrairement à ce qui a été fait jusqu'à présent, nous voulons marcher en dehors des questions fiscales, juridiques, techniques, gouvernementales, communales, collectivistes, coërcitives, draconniennes, etc.

Nous avons en idée le bornage comme base du cadastre et comme sécurité de la propriété foncière. Nous voulons aussi indiquer les moyens de faire cette opération sans inconvénients, presque sans frais, avec les propriétaires eux-mêmes, à l'aide de toutes les influences locales.

La grande œuvre sociale, démocratique et rationnelle qui s'impose, c'est le livre-terrier juridique, fiscal et agricole de la propriété rurale, avec constatation des servitudes et rectification des plans parcellaires.

Pour l'obtenir, notre système *simple, facile, pratique, économique, politique et social,* consiste à faire opérer le bornage des propriétés avec constatation des servitudes et rectification des plans parcellaires, par les moyens ordinaires ; à réunir tous les bornages particuliers en un faisceau, pour former le livre terrier général qui sera organisé par les soins des administrations, après que la géométrie et les procédés techniques anciens et nouveaux auront fixé notre travail (Rapport de M. Cheysson à la commission du cadastre).

Avec notre système, les bornages sont particuliers, en ce sens qu'ils intéressent chaque propriétaire pour chacune de ses propriétés ; ils sont en même temps collectifs, puisqu'ils entraînent la délimitation entre tous les voisins pour leurs propriétés contiguës.

Le bornage entre tous les voisins d'un groupe de propriétés situées dans une commune ou dans les communes limitrophes est particulier et collectif.

L'opération proposée a pour but, nous l'avons dit à la page 40, de donner satisfaction aux réclamations diverses et d'obtenir un cadastre contradictoire, judiciaire et fiscale, qui formera le Livre terrier de la propriété rurale, *établira sa constitution, son existence et garantira sa transmission sans que le gouvernement ait rien à payer, sans qu'il ait la crainte d'exciter, de préoccuper les masses, sans changer les lois actuelles, sans rien faire qui puisse être délicat, dangereux ou impolitique.*

Ces questions complexes, toujours pendantes, toujours à l'étude, surtout depuis 1789, reçoivent des solutions partielles : elles reviennent périodiquement ; leur complexité les fait toujours dévier. Il faut qu'elles soient distinguées, séparées, qu'elles soient placées sous la direction des ministères qu'elles intéressent plus spécialement.

La question du Livre terrier, étudiée sous la première République, sous Napoléon 1er et sous tous les régimes postérieurs, est prête à recevoir solution en tant qu'il s'agit de déterminer physiquement et juridiquement la propriété foncière rurale. Nous avons l'orgueil de croire qu'après les approbations et les récompenses attribuées au système que nous préconisons, l'exposé du résumé de nos travaux, qui date de quarante ans, fournira pour la préparation de l'œuvre, des documents utiles. (¹).

Notre idée a été jugée *utile et vraie*; elle a été acceptée. De périodes en périodes, les événements l'ont retardée. Nous sommes convaincu que sa réalisation est prochaine. D'ailleurs, tout ce qui a été dit et fait, tout ce qui a été projeté jusqu'à présent, laisse intacte l'application de notre système. La loi sur le cadastre, du 17 mars 1898, lui donne une grande actualité.

Nous n'avons rien inventé. Nous avons puisé notre force dans l'autorité des auteurs et orateurs anciens et modernes, dont nous avons mis en pratique les maximes.

Si nous avons réussi à faire dans le canton nord de Limoges le livre terrier, juridique par le bornage cadastral, c'est que nous avons agi par les *moyens simples, usuels, légaux et sociaux*.

On voudra bien nous accorder que le cadastre (livre terrier) serait refait en France si les gouvernements de l'Empire et de la République avaient fait ce que nous avons pu faire nous-mêmes; s'ils avaient suivi l'exemple que nous avons donné; préconisé notre système par une impulsion judicieuse, par des facilités, des dégrèvements; s'ils avaient fait ou provoqué les modifications législatives, anodines que nous avons indiquées.

L'exécution de l'œuvre pouvant être confiée à des gens simples, nous portons toute notre attention à éviter la doctrine et ne faire de théorie que pour aider la pratique.

Le bornage cadastral répond à tous les besoins physiques et juridiques de la propriété foncière rurale; il peut être mis en pratique par :

(1) Rapport de M. Piat à la commission du cadastre.

L'initiative des juges de paix, qui se confond avec l'impulsion judicieuse du gouvernement ; l'initiative des géomètres, d'accord avec l'administration préfectorale, les juges de paix et les propriétaires ; l'initiative des propriétaires s'accordant entre eux, pour régler les conditions de leur bornage, l'exécuter eux-mêmes, ou le faire exécuter par des hommes compétents.

Pour expliquer notre système, en faire connaître le but et donner les moyens pratiques et économiques pour son exécution, nous ne saurions mieux faire que de placer ici la copie textuelle de notre déposition devant la commission supérieure de l'enquête agricole de 1867, réunie à Paris, sous la présidence de M. le ministre de l'agriculture. (Volume des dépositions orales, séance du 13 juin 1867. Page 407).

La première partie de cette déposition est spéciale au cadastre fiscal. Nous l'avons insérée aux pages 39 et suivantes. La deuxième partie est afférente au cadastre physique juridique (bornage). Nous allons en donner la copie en recommandant de se reporter à la première partie, à cause des documents qui sont communs aux deux cadastres, (fiscal et juridique).

Cadastre juridique ou judiciaire. (Bornage cadastral) :

Suite de la déposition à l'enquête de 1867.

. . . .

M. FREYSSINAUD. Mode de procéder : Mon système n'est nullement coërcitif ; C'est la mise en pratique de l'article 646 du Code Napoléon.

J'ai eu l'honneur, d'exposer ce système à sa majesté l'Empereur, à peu près dans ces termes :

Le jour où les propriétaires sauront qu'il est dans le désir du gouvernement que le bornage soit fait, tous se mettront à l'œuvre ; on plantera des bornes partout où il n'y aura pas de difficultés. En cas de contestations, elles pourraient venir devant les tribunaux sur requête d'urgence ; elles seraient instruites et jugées sommairement d'après l'art. 404 du code de procédure civil. De cette manière, il n'y aurait plus à craindre dans les procès les lenteurs, les frais et les passions.

Les procès dans des circonstances pareilles seraient favorables : ils feraient cesser l'incertitude, cause trop fréquente de querelles entre voisins, de gêne pour les travaux d'agriculture.

Dans mon canton je cherche à faire comprendre aux propriétaires l'intérêt qu'ils ont à obtenir leur délimitation. Quand je trouve un propriétaire bien disposé, je lui conseille d'appeler devant moi, par un simple avertissement, ses voisins. Il arrive que tous se présentent. On fait alors un procès-verbal amiable, par lequel on me charge de diriger l'opération du bornage.

Quand je fais cette opération à un endroit, les propriétaires touchés par le bornage du voisin comprennent l'utilité de cette opération et demandent eux-mêmes à la faire avec leurs autres voisins.

La plupart des personnes qui demandent la revision du cadastre, la demandent au point de vue de la propriété. Pour cela il faut que la délimitation soit *contradictoire ; il faut qu'elle produise un titre.* C'est une affaire toute particulière aux propriétaires, pour laquelle il est bien de leur laisser toute l'initiative et une liberté absolue. Si le gouvernement s'en occupait, l'opération plairait moins et pourrait lui créer de grands embarras, en outre des grandes dépenses.

La géométrie aide beaucoup dans ces opérations, mais elle ne peut être que secondaire.

Contenance : Je ne crois pas, surtout pour les pays acccidentés, qu'on arrive à quelque chose d'exact, si l'on se bornait à chercher la contenance. Il vaut mieux chercher à rétablir les lignes divisoires par les circonstances où se trouvent ces lignes. Les difficultés ne se présentent pas de la même manière sur les différentes côtés d'une parcelle avec les divers voisins. Les moyens de décider peuvent ne pas être les mêmes ; le plus souvent il ne le sont pas. Si je mesurait la contenance d'un terrain, je ne saurais pas, en cas de déficit, si je dois faire le mouvement à gauche ou à droite et j'arriverais peut être à produire dans la contrée un trouble.

Je ne considère dans la délimitation que les lignes divisoires. En cela, je suis d'accord avec la loi, avec le Code civil.

Il ne faut pas avoir en vue la contenance des terrains, mais les différentes circonstances qui entourent les lignes séparatives. Il faut appliquer, avant tout, les lois qui sont en usage dans notre pays ; sur une ligne, la possession peut être applicable, et ailleurs ce sont d'autres moyens de droit, ou les titres.

M. le PRÉSIDENT. Vous prenez la possession comme base de vos opérations de bornage ?

M. FREYSSINAUD. Pas exclusivement.

M. le PRÉSIDENT. Alors vous êtes obligé de chercher la contenance ?

M. FREYSSINAUD. Je borne avec tous les moyens de droit ; je ne m'appuie pas uniquement sur la possession.

M. le PRÉSIDENT. Mais alors, je le répète, il faut fixer la contenance et procéder à un arpentage. Vous savez qu'il y a deux actions : d'abord l'action en bornage, pour laquelle la loi de 1838 a établi la compétence des juges de paix. Il y a aussi l'action en arpentage et bornage ; on y a recours lorsqu'il existe un déficit par suite d'un défaut de contenance. On réclame ce déficit à un voisin ; celui-ci le demande à un autre, et ainsi de suite, on se met tous successivement en cause, et j'ai vu à cette occasion des procès qui ont coûté 10 à 12000 francs de frais avant d'arriver à ce qu'on appelle une borne fermée. Tout un cantonnement entre en mouvement, lorsqu'il a été dressé à borne ouverte et qu'il n'y a pas de procès verbaux contradictoires ayant vérifié les bornes ; et tous les voisins, les uns après les autres, à l'infini, se trouvent mis en cause par un seul individu qui, quelque fois ne possède qu'un are ou même quelque centiares de terre. Il peut s'en suivre des procès qui durent plusieurs années et qui sont très dispendieux.

M. FREYSSINAUD. En cherchant la contenance, on court le risque de tomber dans les procès avec tous les malheurs qui en résultent et qui viennent d'être si bien signalés. C'est pour cela que je ne veux pas chercher la contenance. Les titres ne donnent pas la contenance exactement ; ils ne la donnent qu'approximativement et pas fidélement.

Certaines cours ont pour jurisprudence d'accepter les arpentages. Elles ont raison dans les pays de plaine, tels que la Meurthe, la Moselle et autres ; et cependant, à la Cour de Nancy, M. Lézaud, mon compatriote, fut obligé, alors qu'il remplissait les fonctions de procureur général près cette cour impériale, de calmer *le zèle des arpenteurs, contre lesquels des plaintes arrivaient chaque jour au parquet.*

C'était cependant un pays où les opérations géométriques peuvent avoir tout leur effet. Il n'en est pas de même dans le Limousin. Nous n'avons pas de demandes en arpentage. Du reste cette demande n'est pas dans nos lois et le code ne la prescrit pas.

M. le PRÉSIDENT. Je vous demande pardon. S'il me manque une quantité et que je crois que mon voisin la détient, j'ai le droit de l'assigner et je l'assigne par une action en arpentage et bornage.

L'action en bornage c'est l'action au possessoire ; celle en arpentage et bornage est l'action au pétitoire.

M. FREYSSINAUD. L'action en bornage a pour but de faire la délimitation par tous les moyens de droit. L'arpentage, c'est un mode de renseignements ; mais ce n'est pas un moyen de droit.

Avec l'action en bornage on n'est pas tenu d'arpenter.

M. le PRÉSIDENT. Dans l'action en pétition de propriété, c'est-à-dire dans l'action compétitoire, on arpente ; et, quand on arrive là, c'est sans limites : on met tout un canton en cause.

M. FREYSSINAUD. C'est un malheur qu'il faut éviter. Je crois que j'y arrive en limitant le procès entre les propriétaires contigus, en évitant d'y faire entrer les autres voisins. Quand il s'agit de terrains mouvementés, la contenance n'a jamais pu être donnée d'une manière parfaite. En effet, les feuilles sur lesquelles sont les plans parcellaires ont une surface plane, et, lorsqu'il s'agira d'un terrain à boursouflements, il faudra un soin tout particulier pour l'y placer : il faudra mesurer le terrain d'une façon particulière et le comprimer par la pensée pour le réduire à la surface plane. Il faut changer la forme d'un terrain mouvementé, la rendre plate sur le papier en sorte qu'il ne sera pas possible d'évi-

ter les inexactitudes. Je crois pouvoir soutenir que les opérations de géomètre en matière d'abornement sont des plus
dangereuses; qu'elles ont notamment l'inconvénient, ainsi que
M. le Président vient de l'indiquer, de mettre toute une
contrée en mouvement et quelquefois de changer une propriété de place; on touche aux droits sacrés de la propriété.
Si on confine le procès aux limites d'un propriétaire avec
son voisin; si l'on adopte telle manière de voir pour une
ligne et telle autre pour la ligne de l'autre côté; si l'on
décide qu'ici la prescription est acquise, que là elle n'existe
pas, les choses se simplifient, et l'on arrive promptement à
des solutions équitables, justes et faciles. Voilà où le système de délimitation, tel que je l'entends, présente le plus
grand avantage.

M. LE PRÉSIDENT. Mais par cela seul, ainsi que vous avez
commencé par le dire, que ce système n'a rien de coercitif,
il en résulte que tout doit se faire de bonne volonté. C'est
une affaire d'influence de la part du juge de paix dans son
canton.

Croyez-vous que celà puisse faire l'objet d'une loi?

M. DE BOUREUILLE. Je complète la question de M. le Président en ajoutant : Croyez-vous qu'on puisse faire une loi
qui empêcherait la demande de l'arpentage en justice? Car
enfin on ne peut pas empêcher un propriétaire qui, d'après
ses titres, a droit à telle ou telle parcelle de terrain, d'ac-
tionner ses voisins pour la recouvrer.

M. FREYSSINAUD. Je demande le maintien des lois actuelles
avec l'adjonction des dispositions législatives dont j'ai soumis le projet à la Commission. Je persiste dans ce que j'ai
dit plus haut, à savoir que l'arpentage et le mesurage ne
doivent être employés que comme mode de renseignements à
défaut d'autres moyens; que la contenance exprimée dans les
titres et celle portée sur les plans *manquent d'exactitude*,
de vérité, et qu'il faut confiner la difficulté d'une délimitation
sur la ligne divisoire entre deux propriétaires. Il ne peut y
avoir de question de contenance à engager qu'entre vendeurs
et acquéreurs, jamais entre voisins étrangers aux contrats.

Si dans les bornages on commettait la faute de mesurer
les contenances indiquées par les contrats ou le cadastre, on

tomberait dans une perturbation générale. Les dernières parcelles dans un polygone pourraient se trouver fort rétrécies. Mesurer les contenances, c'est faire la plus grande faute en matière de bornage ; c'est faire échec à la loi, à la vérité. Trois géomètres qui mesureront les uns après les autres un terrain vallonné, tourmenté, trouveront chacun des contenances différentes.

(M. Freyssinaud développe une carte où sont représentées les propriétés contenues dans le canton nord de Limoges, où il s'est particulièrement livré à des opérations de bornage).

M. FREYSSINAUD. La propriété de M. de X s'enchevêtre au-delà de Couzeix, depuis le village des Planchettes, dans tous les petits villages dispersés et descend jusqu'à Limoges. C'est une propriété d'une grande étendue, très divisée.

M. de X ayant touché, par suite de cette délimitation, à beaucoup de propriétaires contigus, ceux-ci ont voulu que l'opération faite d'un côté fut faite des autres côtés.

Tout ce qui est teinté en jaune représente les parties où la délimitation est complètement terminée.

Ce qui est teinté en demi-jaune indique les parties pour lesquelles on me demande de faire le bornage. Aussitôt mon retour à Limoges, je vais envoyer dans mon canton une circulaire par laquelle je dirai aux propriétaires qui veulent le bornage de m'envoyer leurs noms, pour pouvoir en dresser une liste et faire un plan d'ensemble. J'éviterai des frais ; surtout je ferai disparaître sous une mesure qui deviendra générale les préoccupations des propriétaires, qui reculent devant le désir de faire leur bornage dans la crainte d'éveiller chez leurs voisins des susceptibilités. Je suis persuadé qu'en moins de dix mois je serai arrivé à un résultat presque complet pour la délimitation du canton nord de Limoges.

M. LE PRÉSIDENT. Il n'y a rien de coercitif ; tout dépendra de la bonne volonté des propriétaires.

M. FREYSSINAUD. Sans doute. Je suis certain néanmoins qu'on arrivera à quelque chose de complet pour tous ceux qui veulent le renouvellement du cadastre. Si l'on demande au gouvernement une rénovation totale ce sera peut-être une dépense de 2 à 300 millions à lui imposer avec de la responsabilité et des dangers politiques.

Le Gouvernement peut dire aux propriétaires : avec l'article 646, faites vos affaires vous-mêmes.

J'ai fait faire sur ma propriété personnelle cette opération de bornage. Mes voisins ont imité mon exemple, et je crois que dans toute la France on se hâterait d'en faire autant si le système était préconisé.

Je parle devant M. le baron de Benoist qui s'est occupé de cette question et qui habite un pays où l'on fait beaucoup de ces opérations, mais d'une autre manière.

M. ANDRÉ. Comme juge de paix connaissant parfaitement votre système, vous l'avez appliqué avec succès dans un canton. Les résultats que vous avez obtenus auprès de certains propriétaires ont amené d'autres propriétaires à vous demander ces bornages, qui se généralisent dans le canton nord de Limoges ; mais ces résultats peuvent être personnels au juge de paix.

M. LE PRÉSIDENT. C'est très honorable pour M. Freyssinaud ; mais cela n'est peut-être pas praticable pour tout le monde.

M. ANDRÉ. La Commission supérieure se demande comment le système qui n'entraîne pas de coercition, pourrait être généralisé dans près de 3 ou 4,000 cantons ?

M. LE PRÉSIDENT. Trois ou quatre paysans un peu chicaneurs dans un canton (et chez moi ils le sont assez) arrêteront tout.

M. FREYSSINAUD. *Autour de moi* beaucoup de mes collègues font des bornages, peut-être d'une autre manière; mais chacun réussit.

Ce ne sont pas seulement les juges de paix qui auront à faire ces opérations ; tout le monde pourra y employer son influence. Dans le pays de M. le baron de Benoist, ces opérations ont parfaitement réussi et ont été généralisées par suite du consentement des propriétaires en dehors des juges de paix.

M. le baron DE BENOIST. On va plus loin que vous ; on demande de nouvelles dispositions législatives.

L'article 646 du Code civil doit-il être obligatoire ou facultatif ?

M. FREYSSINAUD. Il s'agirait de rendre obligatoire l'article 646. Cette solution rencontre des difficultés ; mais elle a beaucoup d'adhérents. Au commencement de mes opérations, je croyais que si l'article 646 était rendu obligatoire, nous aurions bientôt un cadastre parfait à tous les points de vue. A mesure que j'ai fait des opérations, j'ai trouvé que la coercition aurait des dangers ; aussi ai-je renoncé à ce système pour en venir au système d'impulsion officieuse, de patronage, de facilités, de dégrévements de la part du Gouvernement. Je crois qu'au bout d'un certain temps, lorsqu'on aurait essayé du système par insinuation et encouragements, il ne resterait plus que quelques trainards, qu'il faudrait enlever avec une loi obligatoire. Mais alors, il n'y aurait plus de difficultés. Ceux qui ont intérêt à faire des bornages sont précisément les grands propriétaires, et un grand propriétaire entraîne quelques fois tout un canton.

Conservation du Cadastre.

M. LE PRÉSIDENT. Voulez-vous aborder la question de la conservation du cadastre permettant de suivre la propriété dans toute ses transformations ?

M. FREYSSINAUD. Pour conserver le cadastre et le tenir au courant des mutations, il suffit d'imposer aux notaires l'obligation de ne faire leurs contrats que sur la vue d'un plan, avec la constatation écrite du chaînage et du bornage. Supposez qu'un père de famille divise une terre en trois ou quatre parties ; il faudra que le plan désigne parfaitement les parts, représente géométriquement la figure des terrains, indique bien les bornes, et que le notaire ne fasse l'acte que sur un plan qui sera annexé à la minute, remis à l'administration du cadastre et de l'enregistement et reporté sur le grand plan, à l'encre rouge, de manière à reproduire les mouvements qui sont faits dans la propriété. Pour les mutations, je crois que c'est le seul bon système. Ce ne serait pour mettre ces feuilles au net, tous les trois ou quatre ans, qu'une question de copie des plans, c'est-à-dire un travail insignifiant. Dans nos pays, les notaires soigneux font leurs actes, les plans en main, et joignent à la minute le plan indicatif des modifications. Le cadastre géométrique ainsi conservé, l'administration de l'enregistrement choisirait un mode de conservation du cadastre écrit.

M. GAUDIN. C'est alors ici que se place le système qui a été réclamé bien souvent et que nous demandons nous-mêmes. Il y a un moment où arrive l'obligation. L'obligation, suivant vous, n'est pas de faire le cadastre à un moment donné ; mais de ne pas pouvoir transmettre sa propriété, faire un acte notarié, sans que le plan ait été dressé auparavant. C'est donc tout simplement un délai véritable, jusqu'au premier acte notarié qu'on aura à passer pour la translation de la propriété.

M. LE PRÉSIDENT. Quand on fera un partage entre héritiers, quand on vendra, il faudra nécessairement appeler le géomètre, faire faire l'arpentage, car la propriété n'a plus la même contenance du moment qu'elle a changé de forme ; il faudra faire un plan, l'annexer à l'acte notarié. On se plaint déjà des frais qu'entraînent les actes, puisqu'on demande un tarif pour les notaires, chose qui malheureusement n'existe pas. Eh bien, ces frais seront de beaucoup augmentés.

M. FREYSSINAUD. Ici se place une question sur laquelle j'appelle toute l'attention de la commission. Il serait d'une très haute utilité d'introduire dans l'instruction primaire les habitudes de l'arpentage. Lorsqu'on n'a pas pratiqué ces opération, son croit qu'elles sont difficiles, mais elles sont d'une simplicité élémentaire, et chacun peut faire lui même les opérations qu'il croyait d'abord compliquées, parce qu'il ne les avait jamais pratiquées ou parce qu'il les avait perdues de vue.

Si l'instruction primaire habituait dès les premiers temps les élèves à s'occuper de ces questions, chacun pourrait faire lui même son opération de bornage, et on n'aurait besoin de géomètres que comme vérificateurs. Ce point a fait de ma part l'objet de deux pétitions adressées l'une à S. Ex. M. le Ministre de l'Agriculture et du Commerce, l'autre à S. Ex. M. le Ministre de l'Instruction publique. Un décret (1)

(1) Année 1865.

de l'Empereur a dit l'année dernière : « Il faut que dans
« les écoles normales on s'occupe beaucoup d'arpentage et
« de nivellement ». Mais alors, il faut que les instituteurs
qui auront cette richesse dans l'esprit la transmettent à leurs
élèves. Je me suis adressé à M. le Ministre de l'Instruction
publique, en lui disant que j'avais institué deux prix pour
les élèves adultes ou autres des écoles primaires de mon
canton qui feraient le mieux un bornage et un nivellement,
et je lui demandais sa haute approbation. S. Ex. a répondu
immédiatement qu'il m'approuvait et il m'a envoyé un troisième prix à distribuer. Je vais donc à la fin de cette année
distribuer des prix à des élèves qui n'ont pas été préparés,
et qui cependant vont faire un bornage et un arpentage.
Ceci indique que les opérations sont très simples ; il faut
les propager, les vulgariser.

M. le Ministre de l'Agriculture ne m'a pas autant favorisé.
Je lui demandais qu'il voulût bien, pour faciliter et propager
ces études, envoyer des instruments dans chaque chef-lieu
des communes de mon canton. Il m'a été répondu que le
Ministre ne pouvait pas entrer dans cette dépense, parce qu'il
faudrait la généraliser.

Dans les écoles primaires, on peut parvenir à propager et
à vulgariser la connaissance des opérations de cadastre et
de nivellement, de manière que chaque petit paysan sache
les faire. J'ai été très souvent appelé par des propriétaires
en dehors de mon canton ; je leur ai expliqué le mode ; le
maître d'école avec deux adultes ont très bien fait les opérations de bornage et d'arpentage.

Difficultés du Cadastre actuel. — Sa défectuosité.

Pour donner une idée de l'insuffisance du cadastre actuel
et de son impuissance dans les questions de propriété, il
suffit de dire que les plans ont été faits le plus généralement à l'échelle de 1 à 2,500, et qu'à cette échelle, 1 mètre
c'est l'épaisseur d'un cheveu : il n'est pas appréciable. Les lignes elles-mêmes du plan tiennent un mètre de superficie et
pour peu qu'elles soient empâtées, elles emportent deux
mètres. Les règles de la géométrie, en cette matière, sont si
peu exactes que les vérificateurs sont obligés d'admettre un

mètre de tolérance par 100ᵐ, ce qui veut dire qu'avec le plan appliqué au terrain tel géomètre trouvera 99ᵐ tandis qu'un autre sera dans la vérité en déclarant qu'il y a 101ᵐ. Non seulement les instruments sont insuffisants et la science aussi, mais le papier lui-même s'oppose à l'exactitude des opérations; car il se tend et se détend suivant les températures et cette différence est très sensible pour l'échelle de 1ᵐ à 2,500ᵐ.

L'administration des contributions directes délivre des plans mal copiés sur des feuilles de toile gommée, qui non seulement se tendent et se détendent, mais se gondolent avec l'humidité. Avec cette arme défectueuse, il ne faut aller sur le terrain que par un beau temps, et ne pas être surpris par la pluie. C'est là le plan officiel qui n'est pas irréprochable.

Insuffisance des plans cadastraux.

L'opération de mesurage n'arrivera jamais qu'à des précisions relatives de 1 à 2 mètres près.

Or, tout le monde sait que, dans les procès entre voisins, la difficulté réside le plus souvent sur une incertitude de lignes qui doit varier dans 50 centimètres, 1 mètre ou tout au plus 2 mètres.

Si les difficultés portent sur les espaces de 1ᵐ et que l'échelle de 1 à 2,500ᵐ ne permette pas d'apprécier cet espace, comment le cadastre pourra-t-il servir à régler la question de bornage, d'incertitude de ligne ? Comment ce document pourra-t-il servir à juger les nombreux procès qui ont pour objet une chose mince par la valeur, mince par le volume, comme cela arrive souvent pour un arbre rabougri, procès qui vont souvent à la Cour de cassation pour être envoyés devant une autre Cour avec de volumineux dossiers qui portent dans leurs flancs la passion et produisent la misère ?

Le cadastre à l'échelle de 1 à 2,500 ne peut donc pas être appliqué à la propriété. L'Empereur Napoléon 1ᵉʳ le savait bien, puisqu'il disait après avoir édicté son article 646 qui avait trait *aux abornements :* Un bon cadastre sera le complément de mon code; mais il faudrait que les plans fussent assez développés pour représenter suffisamment les distances. Supposez l'échelle du double de 1 à 1,250, et vous aurez encore les mêmes inconvénients; seulement ils seront moindres.

Le cadastre ne peut donc être qu'accessoire complémentaire. L'opération principale, c'est l'*abornement* écrit.

Défectuosité des plans parcellaires.

A l'insuffisance de la géométrie il faut ajouter la défectuosité des plans, leurs irrégularités, leurs erreurs matérielles.

Un collègue ami m'écrivait dernièrement ceci : « Deux plaideurs sont venus devant moi, munis chacun de l'extrait officiel du plan de leurs propriétés contiguës dont les limites se trouvent être les mêmes que celles de leur commune. Armé de la feuille, chaque plaideur a raison. Les feuilles elles-mêmes sont en désaccord ».

On ferait un roman avec les difficultés, les particularités et les supercheries auxquelles étaient soumis les agents du cadastre et des contributions directes. Il leur fallait traîner les paysans sur le terrain pour obtenir des désignations de noms, qui étaient le plus souvent faussés dans l'espoir d'éviter l'impôt. C'était une tâche difficile, et il faut convenir qu'elle a été dure à remplir pour ceux à qui elle a été imposée. S'ils avaient fait quelque chose de tout à fait bon, ils auraient doublement bien mérité de la patrie.

Non seulement le cadastre est défectueux ; mais on ne peut y recourir qu'avec des dépenses considérables. Les instructions défendent le déplacement des plans des communes. On se trouve dans la nécessité de réclamer des extraits de plans non seulement pour la propriété des demandeurs, mais encore pour celle des voisins. Il faudrait même réclamer des plans entiers, car on est souvent obligé d'aller fort loin chercher des points de repère. Et pour ces immenses extraits qui portent une multitude de numéros, il faut payer 20 centimes par parcelle et le double pour les parcelles coloriées, et encore 2 francs en sus pour la première parcelle. C'est le tarif. Il y a moyen de tourner la difficulté par des facilités de communication des plans.

Il faut cependant sortir d'embarras; il faut tirer tout le parti possible de ce faible document; c'est le moment de plaider la cause du malheureux cadastre.

Utilité du Cadastre actuel.

A quoi est bon le cadastre actuel ?

Si le cadastre actuel n'est pas suffisant, tel qu'il est pour les questions de propriété, il n'en est pas moins très utile dans beaucoup de circonstances.

Pour la propriété, il porte d'utiles enseignements et aide souvent à régler des questions qui, sans avoir une grande valeur, peuvent se rapporter à des terrains relativement étendus. Dans les terrains bien cultivés, les procès surgissent sur des espaces petits, parce que la valeur du sol attire la vigilance du propriétaire, et qu'il n'y a dans ses circonstances que de faibles empiètements, qui peuvent avoir lieu en dehors de la mauvaise foi. C'est ainsi qu'il est difficile d'arrêter la charrue à un point bien fixe. Mais dans les bois, les pâturages, les terrains vagues, où la culture ne se fait pas, où les actes de propriétaires n'ont lieu qu'à des périodes reculées, dans des terrains sans valeur où la dépaissance est commune ou presque vaine, les envahissements qui se manifestent sont considérables ; et alors, à la différence de quelques mètres, le cadastre peut être utilement appliqué ; il rend de grands services. Dans la pénurie de titres où nous sommes, où nous enfonçons chaque jour davantage, la justice serait embarrassée ; il serait difficile d'appliquer les moyens de droit, car en matière de dépaissance et de terrains vagues la possession est fugitive et ne peut pas être constatée. Quand il s'agit de remettre dans ses limites un propriétaire qui s'en est trop écarté au détriment d'un voisin négligent, ou absent, ou dont la propriété n'était pas susceptible de culture, auquel cas la terre cultivée gagne toujours, l'application du cadastre réussit très bien.

Il y a une autre considération en faveur du cadastre, c'est qu'à tort ou à raison la plupart des propriétaires y ont confiance. Il serait maladroit et malheureux de détruire cette confiance ; il faut au contraire la raffermir. Ceci est d'autant plus nécessaire que dans bien des cas la justice n'a pas autre chose.

Je parlais tout à l'heure des plans qui ne représentent plus l'image du pays, où le morcellement de la propriété a été grand, mais il y a beaucoup de pays où le cadastre représente encore la physionomie de la propriété ; la plus grande partie de la France se trouve dans cette situation. *Cette silhouette* (qu'on prenne le mot en bonne part) qui donne les contours d'un champ, saisit l'œil du paysan illettré et peut le convaincre.

Si le cadastre est défectueux dans certains pays, il a été fait dans d'autres avec une presque exactitude qui lui permet de rendre de très grands services à la propriété. Il faut bien le conserver.

Néanmoins, il y a urgence à le renouveler sur d'autres bases. On comprend la grande utilité de l'ancien cadastre pour faire le nouveau, après les *abornements* auxquels il aura beaucoup aidé.

Palladium de la propriété.

Ce que voulait Napoléon Ier, c'était un grand livre de la propriété qui put servir à fixer les limites et empêcher les procès, en même temps qu'il servirait à l'établissement de l'impôt.

Le livre foncier, le Palladium de la propriété, ne se trouvera pas dans le cadastre renouvelé par le travail géométrique seul. Pour arriver au résultat désiré, ce cadastre ne doit être que le complément des *abornements* faits en exécution de l'article 646, par les voies amiables où judiciaires. C'est Napoléon Ier qui l'a dit : « Il faut les *abornements* écrits et les plans périmétriques des propriétés ». Le Palladium de la propriété devra contenir la constatation des servitudes apparentes et occultes. Comment établir sur un plan des servitudes occultes discontinues ? Comment établir par un plan un droit de passage, d'usage, de puisage ou autre ? Comment, par exemple, établir ce qui est dit, dans un de mes procès verbaux, que le passage pour les numéros 24, 25, 26, et 27 s'exercera comme par le passé à moindre dégât sur le numéro 28, ce qui veut dire que, suivant la culture sur ce numéro, la servitude de passage aura lieu en des endroits divers, à moindre dégât. Le plan pourrait bien indiquer un chemin ; mais les parties n'ont pas voulu faire une ornière préjudiciable à la culture, elles ont voulu établir un droit de passage variable qui soit le moins gênant possible. Les modes de servitudes d'eau, d'irrigation, ne peuvent être établis que par écrit.

Je fais un appel à tous ceux qui, comme moi, se préoccupent du bornage et du cadastre.

Concours au bornage
des notaires et de tous les hommes d'affaires.

Je demande les bons conseils des chefs de la magistrature, le bénéfice des études et des travaux de tous les savants, gens de génie, géomètres et autres. J'appelle à mon aide tous les juges de paix mes collègues et je demande spécialement le concours de MM. les notaires qui, par leurs fonctions et leurs aptitudes sont les auxiliaires intelligents et utiles des juges de paix, avec lesquels ils doivent faire la plus grande partie du travail que je propose.

MM. les notaires font tous les jours isolément ou en masse des bornages contradictoires écrits qu'ils rendent authentiques pour les échanges, ventes, partages ou tous autres actes déclaratifs ou translatifs de propriété. C'est évidemment par les notaires et les juges de paix que les *abornements* amiables périmétriques doivent être rédigés sous la forme authentique pour avoir force de titres.

M. le Président. Pour résumer votre pensée, la délimitation une fois faite, le mode de conservation de ce genre de cadastre qui se plierait à toutes les mutations, à toutes les transformations de la propriété, consisterait dans l'intervention du notaire qui, toutes les fois qu'il y aurait une mutation et qu'on serait obligé de faire un acte, constaterait l'état de la propriété au moyen d'un plan annexé à l'acte.

M. Freyssinaud. Oui M. le Président.

Je demande la permission de présenter une dernière observation et de formuler un vœu dont la réalisation serait très avantageuse en matière cadastrale. Ce serait que M. le Ministre de l'Intérieur voulut bien imposer à l'administration des ponts et chaussées, aux agents voyer d'arrondissements, l'obligation d'inscrire sur les plans déposés à la Préfecture les nouvelles routes qui sont construites. Ce qui fait la confusion, ce qui fait qu'on ne se retrouve pas sur les plans cadastraux, c'est que les chemins nouveaux ne sont pas inscrits. Il serait très facile à ces Messieurs, qui relèvent une copie du plan cadastral pour faire leur tracé, d'y inscrire ces tracés à l'encre rouge, en sorte que, lorsqu'on irait sur le terrain avec un plan cadastral, on s'y reconnaîtrait; ce qui n'a pas lieu aujourd'hui, à cause de la confusion que les nouveaux travaux ont apportée dans le cadastre. C'est quelque chose de très simple qui n'entraînerait aucun inconvénient ni aucune dépense et ce serait même un grand service rendu à l'agriculture.

*
* *

Pour continuer de faire connaître les moyens pratiques, utiles et économiques pour arriver au bornage cadastral, particulier et collectif, nous parlerons de notre système appliqué au canton nord de Limoges, en nous référant pour plus amples explications, à notre susdite déposition. Notre tâche sera simplifiée par l'annexion des pièces qui seront données comme exemples au formulaire.

*
* *

Le 1er avril 1866, l'auteur a été appelé par S. M. Napoléon III, à une audience, pour y développer son système.

Sa Majesté lui a demandé une note. Cette note a motivé un rapport de M. le Garde des Sceaux. Il est utile de le présenter *in extenso* pour ce qui a rapport au cadastre, parce qu'il résume et discute le système de M. Freyssinaud.

MINISTÈRE DE LA JUSTICE
ET DES CULTES
—
Direction des Affaires civiles
—
Division d'Administration et de Législation

Juillet 1866.

Observations sur la note remise à Sa Majesté l'Empereur, par M. Freyssinaud, Juge de paix à Limoges.

Question de Bornage

M. Freyssinaud, à l'occasion de cette question de bornage, ne parle plus du système qu'il a adopté dans son canton pour amener ses justiciables à faire à l'amiable un assez grand nombre de bornages de leurs propriétés respectives. Nous devons sur ce point combler la lacune que présente la note de M. Freyssinaud. Voici ce qui résulte en substance d'un rapport adressé par M. le Procureur général près la cour Impériale de Limoges à M. le garde des Sceaux, qui l'avait consulté sur le résultat de l'initiative de ce juge de paix.

Rapport de M. le Procureur Général de Limoges.

M. Freyssinaud, juge de paix du canton nord de Limoges, a songé, d'abord, au bornage obligatoire comme au remède le plus certain et le plus commode. Mais il ne s'en est pas tenu à la théorie ; prenant la loi telle qu'elle est, il a du moins cherché à en tirer le meilleur parti possible. Usant de son influence, il a profité de toutes les occasions pour conseiller à ses justiciables de recourir au bornage amiable comme au moyen préventif le meilleur pour se garantir des procès dans l'avenir. Il a obtenu quelques résultats ; mais en faisant fonctionner la loi telle qu'elle existe, il lui est arrivé, chose remarquable, d'abandonner son idée première et de trouver la loi actuelle suffisante.

Il n'a pas procédé par un bornage général, mais par bornages individuels.

Pour se mettre en mouvement, il attend qu'il se présente un demandeur en bornage.

Une fois saisi de la demande, il adresse un billet d'avertissement à chacun des propriétaires dont les immeubles sont contigus à ceux du demandeur.

Dans ce billet dont le cadre est imprimé, il les prévient que, pour éviter les frais de citation, jugement et de tous actes de procédure, il recevra par procès-verbaux de conciliation les consentements au bornage amiable. Il les avertit aussi qu'ils auront à voir si dans le procès-verbal de conciliation il leur paraîtrait opportun, quant au bornage, de proroger en cas de difficultés les pouvoirs du juge, pour qu'il puisse poser irrévocablement les bornes, et, quant aux servitudes, de consentir si elles sont reconnues, à ce qu'elles soient constatées, et, en cas de difficultés à s'en rapporter à un ou trois arbitres que le juge choisirait et qui recevraient pouvoir de trancher les constestations avant que leur solution fût compliquée d'une question de frais. Si, comme il arrive fréquemment, toutes parties tombent d'accord et acceptent ces propositions, un procès-verbal signé des parties, ou mentionnant qu'elles ne savent signer, constate ces conventions et, à un jour rapproché, commencent les opérations du bornage.

Jusqu'à ce jour et durant une période de 4 ans environ, le juge de paix du canton nord de Limoges a été saisi de 18 demandes qui ont été menées à bonne fin et qui intéressaient 147 défendeurs. La contenance intérieure et totale des terrains délimités est de 1.124 hectares. Les frais se sont élevés au chiffre de 2.075 francs, c'est-à-dire un peu moins de 2 francs par hectare. Aucune réclamation ne paraît avoir été la suite de ces opérations qui semblent avoir été heureusement accomplies.

Cependant une grave objection peut être élevée contre ce mode de procéder. Ce juge de paix, dans le procès-verbal préliminaire qu'il dresse, se fait autoriser par les parties à proroger sa juridiction sur toutes difficultés se rattachant au bornage, et qui parfois peuvent toucher à des questions de propriété, de la compétence exclusive des tribunaux civils, et que, même en vertu d'une prorogation, il ne saurait trancher par une extension abusive de l'article 7 du code de procédure civile.

On comprend tous les dangers d'un mode de procédure par lequel le juge de paix se fait d'avance attribuer le pouvoir de trancher des difficultés dont les parties n'ont pu, au moment où elles donnent leur consentement, mesurer toute la portée : . . . .

La loi est suffisante. Elle est en harmonie avec les mœurs actuelles qui portent chacun à diriger ses affaires ainsi qu'il l'entend, à ses risques et périls.

Si le bornage était imposé et obligatoire, le gouvernement, sans avantage bien appréciable, accepterait la responsabilité de mécontentement qu'il ne paraît ni utile ni prudent de soulever, lorsque l'intérêt public ne le réclame pas. Ce qu'on vient de dire des bornages obligatoires, il faudrait le dire de ceux qu'un juge de paix imposerait en quelque sorte par la pression d'un zèle excessif et par la crainte des résultats d'un procès dont il deviendrait le juge, s'il n'en était le conciliateur.

Si, comme on le dit plus haut, 18 bornages ont mis en

mouvement 147 défendeurs, il est facile de comprendre de quel poids a dû peser l'autorité du juge de paix pour mettre tant d'intéressés d'accord.

Et M. le Ministre ajoute :

Que M. Freyssinaud continue donc son œuvre avec intelligence et surtout sans parti pris de coaction et de violence morale, et il ne méritera que des éloges. *Quelle plus belle récompense pourrait-il d'ailleurs envier après celle d'avoir été admis à l'honneur d'exposer à l'Empereur lui-même son système, ses travaux et son œuvre accomplie ?* (1)

**

Nous trouvons encore des explications dans un rapport fait par M. Lezaud, premier Président de la Cour impériale de Limoges, au Conseil général de la Haute-Vienne (Session de 1868, sur le bornage des propriétés particulières) :

« M. Freyssinaud, juge de paix du canton-nord de Limoges, se livre, depuis longtemps, dans sa circonscription judiciaire, à des bornages amiables, avec constatation de toutes les servitudes qui peuvent exister sur les héritages abornés, et rectification des plans parcellaires du cadastre.

« Il prie M. le Préfet de vouloir bien soumettre au Conseil général les résultats obtenus, et de demander à cette assemblée qu'en s'associant à une utile pensée, elle donne au bornage des propriétés dans le département une impulsion judicieuse soit par des subventions aux comices, soit par des primes et récompenses décernées aux propriétaires qui entrent le plus largement dans la voie du bornage et de la rectification des plans parcellaires.

« C'est avec le plus vif intérêt que la commission a examiné les documents divers qui lui ont été communiqués par M. Freyssinaud.

« Il poursuit une œuvre dont l'exécution, si on pouvait obtenir qu'elle devînt générale, aurait d'inappréciables avantages. Elle amènerait, sans aucun doute, l'extinction des

---

(1) Les journaux de l'époque ont rendu compte de la bienveillance avec laquelle l'Empereur a accueilli nos explications et nos réponses à ses observations. On voit par l'extrait du rapport qu'une récompense était promise Le ministre ne l'a pas accordée parce qu'il s'est conformé au mot d'ordre de l'époque : *ajourner toute réforme cadastrale.*

procès si nombreux que font naître, dans les pays où la propriété est morcelée, l'incertitude de ses limites et l'existence des servitudes diverses dont elle peut être grevée. Elle permettrait la rectification progressive des plans parcellaires, et constituerait, peu à peu, le cadastre sur des bases d'autant plus exactes et solides que ces opérations seraient le résultat de décisions amiables consacrées par l'autorité judiciaire.

« Le consentement des parties donne au bornage contradictoire, fait en vertu de l'article 646 du Code Napoléon, la valeur et les effets d'un titre. L'arbitrage auquel se soumettent les propriétaires, en cas de discussion, fixe l'existence et l'étendue des diverses servitudes.

« C'est par ce moyen que M. Freyssinaud est parvenu à réaliser la délimitation des propriétés et la rectification cacastrale, dans le canton nord de Limoges, sur une étendue de plus de 5,000 hectares. (1)

« Il prépare ces diverses opérations; il les encourage par ses conseils; il les facilite par ses démarches, et, lorsque la résolution est prise, il intervient en sa qualité de juge de paix, non pour juger les procès, mais pour les prévenir. Il consacre alors judiciairement une situation acceptée par les parties, et qui fixe d'une manière inébranlable les conditions et l'assiette de leurs propriétés respectives.

« C'est de la conciliation utile au plus haut degré, et, à ce point de vue, la commission propose au Conseil général de donner toute son approbation, son appui moral et tous ses encouragements aux travaux auxquels se livre M. Freyssinaud dans son canton.

« Les résultats qu'il a déjà obtenus sont si considérables et si utiles qu'on ne saurait contester l'immense avantage qu'il y aurait à ce qu'ils fussent généralisés en France.

« Cette action conciliatrice, M. Freyssinaud l'a exercée autour de lui sur une grande échelle, et il a ainsi prouvé lui-même les résultats utiles et considérables qui peuvent être obtenus sous l'influence de notre législation et du droit commun.

« Aussi la commission propose-t-elle de remercier M. Freyssinaud de sa communication, et de lui accorder toute son

(1) Deux ans après c'était 10,000 hectares.

approbation et toutes ses sympathies pour les travaux si utiles auxquels il s'est livré, afin d'amener dans son canton, par la conciliation et le consentement des propriétaires, une bonne délimitation et une assiette de leurs propriétés pouvant leur assurer toute sécurité pour l'avenir.

« Le conseil adopte ces conclusions. »

Objets et signes délimitatifs.

Les objets considérés comme signes délimitatifs sont le plus ordinairement les bornes, rochers, murs, fossés, haies, arbres, rideaux, tertres, pieds corniers, souches ou autres objets souvent soumis à des marques, ou façonnés et bornés eux-mêmes comme les ravins, tertres, rideaux, fossés, murs. Les chemins privés, les ruisseaux, sont aussi des choses et des objets délimitatifs.

Au commencement des législations, les signes extérieurs étaient des titres apparents qui tenaient lieu de titres écrits.

Bornes

Les bornes sont par excellence des signes délimitatifs. Ce sont des signes extérieurs, des titres apparents aux yeux de tous, qui attestent la possession, la corroborent, la caractérisent.

Les bornes sont des points mathématiques qui sont joints entre eux par des lignes aussi mathématiques, qui forment les limites, confins et finages ; qui indiquent la fin des surfaces.

La matière, la forme, l'agencement, le complément des bornes, varient suivant la géologie, les nécessités, les usages et les circonstances de chaque pays. Les propriétaires prennent ce qu'il y a de mieux pour assurer la fixité des limites. — Les auteurs ont tous donné des indications et fait des recommandations qui ont leur valeur.

Le mieux est de se servir de pierres oblongues avec les *témoins* d'usage, dont les plus usités sont des pierres, tuiles ou briques cassées en deux, de façon à pouvoir être patronnées en cas de recherches.

Pose des bornes.

La plantation des bornes sera d'autant mieux exécutée que la qualité des matériaux employés pour le bornage sera meilleure. On obtiendra par ce moyen une conservation durable des bornes, inappréciable pour un cadastre terrier.

Les bornes servant au bornage des limites de propriétés doivent avoir de 0ᵐ 50 à 0ᵐ 60 de longueur au moins, qu'elles soient brutes ou taillées.

Toutefois, dans les contrées marécageuses, on peut employer comme signes de limites, des piquets en bois, de chêne ou de châtaignier. (Le châtaignier se conserve mieux à l'humidité).

Les romains avaient voué un véritable culte aux signes délimitatifs des héritages, et ce n'est pas seulement par amour pour la paix et la concorde qui doivent régner entre voisins, qu'ils avaient été portés à diviniser les pierres, arbres ou autres objets consacrés marquant le terme des propriétés; les bornes étaient pour eux l'attestation du droit; elles représentaient le droit de propriété même. En même temps qu'elles étaient le titre le plus certain du propriétaire, elles protestaient sans cesse contre les empiètements ou les usurpations. Celui qui avait été condamné pour suppression ou déplacement de bornes, était noté d'infamie. — Presque tous les peuples ont pris les plus grandes précautions pour marquer la place des bornes d'une manière durable. — Chez les Indous, on enterre des os, et, de plus, quelques parcelles des choses dont l'homme se sert; des briques, des verres brisés, du charbon, du sable, enfin des substances de toutes sortes que la terre ne corrode pas. Dans le nord de l'europe, on procédait ainsi. — En France, on prenait des mesures pour en perpétuer le souvenir ; le droit coutumier édictait des amendes et des peines.

CHAPITRE II

Délimitations. — Bornages. — Vues générales.
Législation — Loi du 17 mars 1898.
Enseignements agricole. — Mode de procéder en général.

Délimiter c'est rechercher les limites, les fixer.

Borner, c'est assurer la délimitation par des signes apparents, fixes, qui sont délimitatifs; titres muets accompagnés de titres écrits qui les décrivent et les expliquent.

Délimitations-Bornages.

C'est avec intention que nous mettons un trait d'union à ces deux mots ; ils sont liés l'un à l'autre.

Ils représentent des choses différentes, néanmoins souvent confondues à cause de leurs affinités.

On se sert beaucoup du mot délimitation pour calmer les craintes éphémères de ceux qui sont effrayés par le bornage.

On a beaucoup discuté sur la différence entre la délimitation et le bornage.

Cette différence est, dans beaucoup de cas, plus spécieuse que positive. Cependant elle existe. On pourrait dire que la délimitation est le moyen ; que le bornage est le résultat.

Délimitation.

La délimitation est l'acte, le fait par lequel les limites sont fixées ; elle est le préliminaire indispensable du bornage.

La délimitation peut être faite dans certains cas sans le bornage.

La délimitation administrative qui fixerait, rectifierait ou changerait les limites des départements, arrondissements. cantons et communes n'aurait pas besoin d'être suivie de bornage ; il suffirait qu'elle fût constatée par des documents administratifs, unilatéraux. Il en serait autrement, s'il s'agissait de fixer les limites entre les Etats, entre les propriétés de l'Etat français, celles soumises à l'autorité et à la surveillance du gouvernement et les propriétés contiguës. — Il y aurait alors nécessité de bornage, après délimitation contradictoire ; le contrat de bornage deviendrait synallagmatique. Il confirmerait la délimitation ; s'il s'agissait du bornage international, nous verrions les préliminaires qui ont eu lieu et les précautions qui ont été prises pour les délimitations d'Algérie, d'Espagne, d'Allemagne après la guerre de 1871, et aujourd'hui du Tonkin et de Madagascar.

Bornage.

Le bornage est en même temps le corrollaire et la consécration de la délimitation *finium regundorum* des Romains. Il est le contrat juridique qui enveloppe la délimitation, la précède par des préliminaires, des engagements, des conventions ; il la suit pour lui donner en dernier lieu la physionomie, la fixité, la force juridique. Il consacre la volonté des parties.

Ce contrat, quand il intéresse les Etats, les nations, est soumis aux règles particulières du droit international ; quand il est administratif, il obéit à d'autres règlements, et, quand il se rapporte à la délimitation des propriétés particulières contiguës, il est régi par le code civil. — Il peut être, dans ce dernier cas, fait par actes sous signatures privées, par actes notariés, par procès-verbaux ou jugements du juge de paix.

Le bornage est la constitution et la consolidation du droit de propriété.

Le bornage détermine la propriété de chacun ; la confirme dans son intégrité ; il a pour objet d'empêcher ou de réprimer les empiètements ; il fait cesser la promiscuité et forme la garantie et comme le couronnement de la propriété immobilière.

Le bornage n'intéresse pas seulement les particuliers, l'ordre public y est aussi éminemment engagé. Il importe, en effet, au plus haut degré, dans l'intérêt général, que les limites des propriétés soient bien arrêtées ; il n'y a pas de propriété bien assise sans un bon système de bornage.

Le bornage n'est pas un droit, c'est une opération, un fait auquel tout propriétaire a droit.

L'article 646 du code civil constate le droit à cette opération qui ne peut être refusée ; elle se fait amiablement ou judiciairement. Les formes de son accomplissement varient suivant les pays et les circonstances.

Bornage et droit au bornage sont souvent confondus. N'équivoquons pas sur les mots. Admettons que le bornage soit un droit au bornage et faisons du bornage général, collectif et particulier.

Tous les fonds de terre sont sujets au bornage.

Tous les propriétaires, tous les représentants sont acceptés dans les opérations de bornage amiable.

Nous ne nous inquiétons pas de savoir à qui appartient, à qui compète l'action en bornage ainsi que la défense au bornage.

Certaines pages qui vont suivre ont été prises en grande partie dans le livre de M. Noizet. Nous les avons modifiées à cause de légères divergences que nous faisons disparaître pour mieux les adapter à notre système.

On entend par *délimitation*, dans son acception la plus large, tout à la fois la recherche, la reconnaissance et la constatation des limites d'une propriété immobilière par rapport aux propriétés qui l'entourent.

Dans le langage habituel, et même au palais, on regarde ces deux mots bornage, délimitation, comme synonymes ; le mot *bornage* est même plus souvent employé pour exprimer deux faits pourtant bien distincts, celui de *délimiter* et celui de *borner*.

Cette confusion vient de ce que, dans l'usage, le bornage suit presque toujours immédiatement la délimitation.

La plupart de ceux qui ont écrit sur cette matière ont uniquement porté leur attention sur les questions litigieuses qui peuvent s'élever à l'occasion de la fixation des limites des propriétés rurales. Nous présenterons la *délimitation* et le *bornage* sous un autre aspect ; nous les considérerons surtout au point de vue de leur utilité, de leurs avantages, des difficultés de leur exécution et des moyens de faire disparaître ces difficultés.

La propriété des biens-fonds est sans contredit l'institution fondamentale sur laquelle repose l'état social des peuples civilisés. Comme il est impossible de concevoir un bien-fonds sans limites, l'établissement et le maintien de ces limites sont une condition essentielle de l'institution elle-même.

Aussi, en remontant aux premiers âges, on reconnaît que le droit de propriété et celui de délimitation se sont, pour ainsi dire, toujours identifiés.

Dans tous les temps, le maintien de l'intégrité des héritages par la délimination a été l'objet de la sollicitude du législateur.

La délimitation intéresse éminemment l'agriculture ; elle assure la sécurité du possesseur ; elle garantit la paix et le repos des familles. Aussi les anciens peuples lui ont-ils donné une place dans leurs dogmes religieux, et ont-ils imprimé aux signes qui la manifestent un caractère sacré.

Les païens adoraient le dieu *Terme.*

Le Code pénal qui nous régit, article 456, punit le délit de déplacement ou de suppression de bornes d'un emprisonnement d'un mois à un an, et d'une amende qui ne peut être au-dessous de 50 francs.

Ce que veulent tous les propriétaires, grands, moyens et petits, c'est la constitution physique et juridique de la propriété, qui leur assurera la sécurité dans lapossession et la transmission de leur propriété, qui leur facilitera l'accès des crédits hypothéquaires, agricoles et autres.

Il est urgent de faciliter et de régulariser la délimitation générale, dans l'intérêt des propriétaires eux-mêmes.

Le Gouvernement, convaincu que le bien-être général et l'accroissement de la richesse publique dépendent surtout des progrès de l'agriculture, favorise et seconde ces progrès par tous les moyens qui sont en son pouvoir : institution du crédit foncier, institution du crédit agricole, institution de comices agricoles, concours, primes d'encouragement, expositions de produits, de bestiaux, d'instruments et de machines de culture ; il n'épargne rien pour exciter le zèle et l'émulation, pour propager l'amélioration et le perfectionnement de cet élément capital de la prospérité de la France.

Sans aucun doute, il porte le même intérêt à la propriété rurale elle-même ; il désire non moins vivement la faire respecter et en assurer la paisible possession dans son intégrité. S'il a tardé à prendre les mesures qui attesteront toute sa sollicitude, c'est qu'il a reconnu que les questions soulevées sur cette matière, n'étaient pas encore suffisamment élucidées pour recevoir une solution satisfaisante et définitive.

Cependant, dans l'état actuel de notre législation, tandis que la poursuite d'office par le ministère public et une pénalité sévère protègent la propriété mobilière, la propriété rurale reste exposée aux envahissements et à la rapacité des voisins, sans aucun autre moyen de répression que l'action civile.

Cette lacune regrettable peut jusqu'à un certain point se justifier par la difficulté de prouver l'intention criminelle de l'auteur de l'empiétement, lorsqu'il n'existe pas de limites apparentes ; le seul moyen d'obvier à cet inconvénient est de faciliter la délimitation, et de lui imprimer un caractère de fixité qui déjoue toutes les ruses de la cupidité.

L'urgence de recourir à ce moyen se fait de plus en plus sentir à raison de la grande division des biens ruraux, qui croît sans cesse dans beaucoup de localités, et surtout à raison du grand nombre de petits propriétaires qui exploitent eux-mêmes leurs terres et qui, pour la plupart, sont stimulés et dominés par un désir effréné de les agrandir.

Aussi, dans toutes les parties de la France, les propriétaires, impatientés de cet état de choses, font depuis quelques années, les uns isolément, les autres collectivement, exécuter des opérations particulières.

Tel est le besoin de délimitation, que de tous côtés on exécute ces opérations, et que le nombre va toujours croissant.

Un fait incontestable, dont la plupart des économistes se félicitent, parce qu'ils le regardent comme un gage assuré de l'accroissement du bien-être général, c'est la grande division de la propriété rurale, et l'exploitation des terres par les petits propriétaires eux-mêmes.

Le petit propriétaire qui laboure, sème et récolte lui-même son champ, est animé du désir de l'agrandir ; c'est souvent pour lui une véritable passion : *terrena cupido;* il est toujours prêt à profiter de la négligence de ses voisins pour commettre des empiétements.

Exagération de contenance dans les titres.

Un fléau qui, dans ces derniers temps, est venu jeter la perturbation dans les droits des propriétaires de biens ruraux, c'est l'exagération de contenance dans les actes.

On profite de ce que souvent il n'y a pas de titres anciens, ou bien de ce qu'il n'y en a que d'irréguliers, pour se dispenser, dans les actes d'aliénation, d'établir l'origine de la propriété et de relater les titres antérieurs ; par là on se met fort à l'aise pour l'indication de la contenance.

Tantôt la fraude est l'œuvre du vendeur seul qui, portant dans l'acte une contenance supérieure à celle à laquelle il a droit, régularise ainsi une usurpation antérieure, et s'en fait payer le prix. L'acquéreur de bonne foi prend possession de tout le terrain vendu, et, après dix années, la prescription le protège invinciblement contre l'action du véritable propriétaire.

Tantôt, au contraire, l'acquéreur, pour consolider par anticipation une usurpation qu'il prémédite, fait porter dans l'acte une contenance supérieure à celle vendue, en dispensant de garantie le vendeur qui, au moyen de cette clause, n'a pas d'intérêt à s'opposer à une fausse énonciation ; l usurpation ne manque pas d'avoir lieu bientôt après, et au bout des dix ans, elle est légalement consolidée.

Tantôt, enfin, l'exagération de contenance est le résultat d'un honteux concert entre le vendeur et l'acquéreur, qui s'en partagent le bénéfice.

Déplacement de bornes.

Lorsque les limites des terres arables sont indiquées par des bornes en pierre, sans qu'il existe de repère auquel ces bornes se rattachent, et sans qu'il y ait un acte ou un plan qui détermine, par la mention de ce repère, le lieu précis où chaque borne a été plantée, rien n'est plus facile que de déplacer les bornes sans qu'il soit possible au voisin, dans la propriété duquel elles sont replantées, de s'apercevoir du déplacement.

Les bornes ne sont donc qu'un leurre, lorsque la distance de l'une à l'autre n'est pas cotée sur un plan contradictoire ou constatée dans un titre légal.

De plus, pour éviter le déplacement et la transposition de partie d'une parcelle avec ses bornes, il faut que la place que cette parcelle occupe sur le terrain soit fixée au moyen d'un repère immuable auquel elle se rattache et se relie par l'indication, sur le plan et dans l'acte de délimitation, de la distance des sommets de ses angles à ce repère.

Absence de signes délimitatifs.

Il est inutile de dire que l'anticipation est bien plus facile à commettre et bien plus difficile à constater lorsque, ce qui est très fréquent, aucun signe délimitatif n'existe pour fixer les parcelles d'un finage; de plus il n'est pas rare que, dans ce cas, le terrain anticipé sur une parcelle se retrouve dans une autre parcelle, qui en est séparée par plusieurs autres placées entre les deux. Voici comment les choses se passent :

Lorsqu'un laboureur, profitant de la difficulté de reconnaître des limites qui ne sont pas suffisamment caractérisées, a poussé ses sillons au-delà de ces limites, le riverain, venant cultiver à son tour, s'aperçoit que son champ n'a plus ses anciennes dimensions ; et dans l'impossibilité de vérifier de quel côté a été commise l'anticipation, il arrive souvent que, pour récupérer le terrain perdu, il dépasse aussi la limite, mais du côté opposé à celui où l'anticipation a eu lieu ; le troisième laboureur, sur lequel porte ainsi l'anticipation du premier, en fait ensuite lui-même autant que le second, et, comme lui, pousse, pour récupérer le terrain qui lui a été pris, ses sillons sur la pièce qui se trouve du côté opposé à celui où s'est faite l'anticipation commise à son préjudice ; le quatrième laboureur peut en faire encore autant lui-même sur une cinquième pièce, et ainsi de suite indéfiniment.

On voit par là comment il se fait que le terrain pris sur une pièce se retrouve en excédant dans une autre pièce qui en est séparée par cinq ou six et même un plus grand nombre de pièces intermédiaires : il en résulte dans toutes les parcelles du finage un désordre, une confusion, qui ne peuvent cesser que par la délimitation simultanée de toutes ces parcelles.

Crainte de procès mal fondée.

Depuis cent ans on repousse la délimitation générale à cause de l'avalanche de procès qu'elle devait entraîner avec elle, et qui devait couvrir et désoler toute la France; toutes les fois que la proposition de l'opération a été faite, on n'a pas manqué de produire cet épouvantail, et il a suffi pour la faire rejeter.

La délimitation se continue de tous côtés, dans un très grand nombre de communes, dans des conditions bien plus défavorables que si une loi avait réglementé l'opération : des motifs sérieux et fondés de refus et de résistance existent, et pourtant ces refus, ces résistances n'ont pas lieu.

En 1863, époque où M. Noizet faisait imprimer ses idées, nous commencions le bornage dans le canton nord de Limoges et nous adressions à l'Empereur un mémoire dans lequel nous disions : « L'esprit d'usurpation et de chicane est dans la nature de l'homme ; il se manifeste surtout chez les gens primitifs. Dans les campagnes, il faut y mettre un frein.

« S'il y avait lieu de craindre qu'en France, l'application du travail indiqué pût entraîner des inconvénients, remuer des passions, soulever des procès, le danger ne serait pas grand. Un procès latent n'en existe pas moins ; il a une origine, un motif ; il se manifestera à la première occasion ; une fois commencé, un premier acte donné (*ultima ratio*, il deviendra difficile à arrêter ; il produira toutes ses conséquences désastreuses. S'il était soulevé par l'opération du bornage, il n'y aurait ni frais ni passion ; le juge de paix s'en rendrait maître, et l'arrangerait facilement. »

En l'année 1866, dans un rapport à M. le ministre de la justice, M. le Procureur général disait qu'aucune réclamation n'avait suivi nos opérations. En 1858, à la session du Conseil général, M. le premier Président Lezaud s'exprimait ainsi ; « Les résultats obtenus sont si considérables et si utiles qu'on ne saurait contester l'immence avantage qu'il y aurait à ce qu'ils fussent généralisés en France. » A notre tour, nous avons pu affirmer en diverses circonstances que *pas un procès de bornage n'a paru devant les tribunaux*, et que toutes les procédures commencées pour les difficultés de propriété sont venues s'éteindre dans nos procès-verbaux de la constitution de la propriété foncière.

⁕ ⁕

Législation sur le bornage.

La législation nouvelle ne contient qu'un petit nombre de dispositions sur le bornage. La principale est l'article laconique 646 du Code civil : Tout propriétaire peut obliger son voisin au bornage de leurs propriétés *contiguës* ; le bornage se fait à frais communs. L'article 6 de la loi des justices de paix dispose : Les juges de paix connaissent, à charge d'appel, des actions en bornage, lorsque la propriété ou les titres ne sont pas contestés.

Le législateur de 1838 est resté au dessous de sa mission, il n'a pas comblé la lacune. Il était entendu, compris de tous, que les actions en bornages, seraient transférées aux justices de paix ; l'énormité des frais occasionnés par ces sortes d'affaires, appelait cette réforme. Elles étaient considérées comme un fléau dans les campagnes, à cause des frais qui outrepassaient la valeur des terrains en litige ; cette crainte occasionnait le délaissement sans limites des propriétés.

Où donc aller chercher les principes du droit pour chacun de limiter son champ ? Le Code a laissé à cet égard un immense vide. L'article 646 ne contient pas un principe générateur, pas de procédure indiquée. Il faut recourir aux principes généraux du droit. L'origine des règles sur le bornage en France, est dans les lois romaines, le droit coutumier et les usages.

⁕ ⁕

Le titre de la loi romaine ou digeste est ainsi conçu : *Censibus (D 50 t 15) et censitoribus et perequatoribus inspectoribus.* — Si on se rapporte au texte de la loi on voit qu'il s'agit d'établir dans certaines conditions de contrées et de personnes, l'impôt personnel et immobilier de la façon la plus juste et la plus équitable.

..... On y voit des questions de désignation, de confrontation, de mesurage à constater par écrit ; mais jamais par cadres ni tableaux. Il n'y avait pas de cadastres, mais bien des bornages écrits qui pouvaient avoir certaine force en justice.

Le Code romain, au livre II, titre 57, pose les règles pour les contrats relatifs aux choses immobilières ; il indique ce que les actes doivent contenir : l'origine de la propriété, les précédents propriétaires, le prix, etc. Les questions d'hérédité y sont aussi réglées ; les règles de la prescription sont aussi posées. Ce sont des livres-terriers, des bornages ; ce sont surtout des livres d'impôts, pareils à ceux qui ont existé chez les peuples les plus anciens, sous des formes diverses. On trouve des traces de ces livres dans les tables de recensement de la Gaule au IVe et Ve siècles. Charles V en 1359, Henri IV en 1604, le ministre Colbert en 1670, ont fait faire ce que nous appelons aujourd'hui les opérations cadastrales, mais qui n'étaient en réalité que des livres censitaires ou d'impôts, des terriers, ou cerquemanages, en un mot, des procès-verbaux écrits. — Nous ne voulons pas dire qu'à cette époque l'arpentage et la géométrie ne fussent pas en usage ; nous avons, au contraire, dans les archives de chaque pays des plans et des tableaux qui représentent des propriétés isolées ; mais ils ne sont que l'accessoire incomplet et souvent inexact des arpentages écrits, que les tribunaux sont si heureux de rencontrer dans les questions obscures qui leur sont soumises.

Ce n'est, comme il a été dit, qu'en 1791, que l'on a eu l'idée de faire un tableau général, un grand cadre de la propriété, divisé par de petits cadres, renfermant des polygones.

Cette idée nouvelle a séduit ; elle a été poussée par les hommes de l'art *qui ont dissimulé la vérité et qui ont fait croire à une exactitude impossible.* On a abandonné les arpentements écrits pour se contenter des arpentements géométriques ; on a abandonné la chose vraie, pour poursuivre une ombre mensongère. On a préféré le portrait à la personne, et encore n'a-t-on fait qu'une silhouette, devenue caricature à cause des changements. (L'exécution de la loi du 17 mars 1898 aurait les mêmes inconvénients en donnant aux plans la force *mensongère* des titres).

Une administration spéciale a été créée, une armée de géomètres a été composée ; des dépenses énormes ont été faites. Une fois engagés, les hommes de l'administration cadastrale, les géomètres ou autres employés, ont pris à cœur de faire valoir leurs travaux. Ils étaient entraînés par un sentiment d'intérêt personnel, plutôt que par un sentiment d'intérêt général. Ils mettaient une grande activité à rendre possible la continuation de leur œuvre, et surtout ils prenaient grand soin de cacher les fautes de leurs opérations, ils agissaient par à peu près. De là sont venues les défectuosités les plus désolantes que l'on a rencontrées lorsqu'on a voulu faire à la propriété l'application du cadastre, qui, disait-on, avait été fait pour elle. Il avait produit le malheur immense de faire négliger les constatations contradictoires et écrites pour s'en tenir à des images inexactes, mensongères et insuffisantes, qui, pour comble d'inconvénients, étaient destinés à périr dans l'inutilité, parce qu'elles n'étaient pas organisées de manière à suivre le mouvement de la propriété.

* *

La loi de 1791 portait les dispositions de l'article 646 du Code civil. Le projet du code rural de 1808 les rééditait. Les commissions consultatives donnèrent naissance à de nouveaux projets qui restèrent en balance à cause de leurs variétés et des difficultés d'applications. Hors l'article 646 du Code civil, on n'y trouve que des détails superflus ou des dispositions susceptibles de controverse. La commission de la Cour de Grenoble nous a paru le mieux résumer les nécessités du bornage en ces termes : « Une loi féconde sur le bornage a pour devoir, 1° y obliger autant que possible ; 2° établir des règles de délimitation ; 3° établir un mode simple et facile d'exécution. » — Cette loi est encore à paraître.

Voici en résumé par ordre chronologique les propositions de lois et les lois sur lesquelles roule la question du bornage cadastral ; elles sont toutes primées par l'article 646

du Code civil. — Loi de 1791. — Année 1804. — Code
civil, article 646 : « Tout propriétaire peut obliger son voisin au bornage de leurs propriétés contiguës. Le bornage se
se fait à frais communs ».

Cet article est le critérium, la concrétion, le condensement
des règles du bornage. Son laconisme opportun, laisse leur
force à toutes les lois, à tous les usages qui peuvent s'appliquer à cette matière complexe.

En 1818, il y a eu un projet de code rural. La loi de
1838 sur les justices de paix est venue ensuite. Elle n'a fait
que compliquer la situation en laissant flotter incertaines les
attributions nouvelles conférées aux tribunaux de premier
degré.

Dans ces circonstances, à l'aide de la pratique de tous les
temps, nous avons cherché à présenter un travail utile à
faire sortir de ce dédale par les voies les plus directes de
la pratique, les propriétaires enchevétrés dans des difficultés
inextricables et dangereuses. Heureux, si nous avons frayé
une route pour la constitution et la conservation de la propriété rurale et surtout si nous avons trouvé les moyens
d'arrêter l'esprit d'usurpation et les chicanes.

Depuis 1789, par période de 10 à vingt ans, on s'est très
fort préoccupé en France des questions de constitution,
consolidation et transmission de la propriété foncière ; elles
n'ont pas été résolues parce qu'elles ont toujours été ver-
sées dans les ornières fiscales, techniques, juridiques et
professionnelles.

En 1893, ces questions étaient à l'ordre du jour. Voulant
les traiter séparément et obtenir des modifications législatives, nous avons fait présenter à la Chambre des députés,
un projet de loi qui a été envoyé par elle à M. le ministre
des finances ; en voici la teneur :

« Il sera établi en France et aux Colonies un cadastre, livre-
terrier, patronymique, patrimonial, personnel et réel, qui dé-
terminera physiquement et juridiquement la propriété foncière,
en même temps qu'il portera les noms, prénoms, professions,
domiciles des propriétaires, leurs qualités et leurs capacités
au point de vue du droit de propriété.

« Ce livre sera constitué sur les bases du bornage cadastral périmétrique des propriétés, avec constatation des servitudes et rectifications des plans parcellaires, au moyens de croquis, figurés et référés, appliqués au plan du cadastre actuel.

« *Bornages.* — Les bornages auront lieu conformément aux lois et usages qui sont aujourd'hui en vigueur.

« *Impulsion du Gouvernement. — Bornage des communaux, routes, biens de l'Etat.* — Le gouvernement donnera une judicieuse impulsion aux bornages, en décidant que les primes dans les concours, les récompenses, les indemnités, secours, dégrèvements, etc., ne pourront être accordés qu'à l'occasion des propriétés soumises au bornage. Il prendra l'initiative du bornage immédiat des biens qui sont placés sous son autorité et sa surveillance, tels que talus de routes, communaux, domaines de l'Etat, biens appartenant aux établissements de bienfaisance, aux institutions religieuses, etc.

« *Dispense de frais.* — L'initiative des bornages des propriétés particulières sera laissée à leurs propriétaires ; ils seront écrits sur papier libre, enregistrés gratis et dispensés de tous droits revenant à l'Etat ; les tarifs des fonctionnaires seront réduits de moitié.

« *Juges de paix, tuteurs, administrateurs.* — La compétence des juges de paix, en matière de bornage, sera étendue à toutes les questions de délimitation. Lorsqu'il s'agira de communes, de femmes mariées, d'interdits ou d'autres incapables, les administrateurs, les tuteurs ou autres défenseurs de leurs droits, seront aptes à provoquer les bornages et y défendre sans autorisation devant les juges de paix. En cas d'appel cette autorisation deviendrait nécessaire.

« *Litiges, incidents.* — Les litiges et les incidents qui se produiront à l'occasion des bornages seront instruits sommairement et jugés dans le plus bref délai, alors même qu'il s'agirait de servitudes.

« *Protocoles.* — Les actes relatifs aux bornages et aux modifications de la propriété seront précédés d'un protocole qui établira la situation personnelle des intéressés.

« *Conservation du cadastre au courant des mutations.* — Tout acte modificatif de la propriété devra être accompagné d'un plan géométrique, de la description des bornes, de leur orientation, distances et autres circonstances, avec indication des feuilles, numéros du cadastre et autres renseignements. Les notaires auront un délai de quinze jours pour se procurer les documents et faire les annexes aux actes.

« *Ecoles primaires.* — Dans les écoles primaires, dans les les cours supérieurs des écoles élémentaires, dans les classes d'adultes, l'instruction sera dirigée vers les études de la géométrie, particulièrement vers l'arpentage et les nivellements. Ces écoles seront dotées des instruments indispensables à l'étude et à la pratique de cette science. »

* *
*

Rapport sur la pétition de M. Freyssinaud, ancien juge de paix du canton nord de Limoges, à la commission du Cadastre, par M. Piat.

M. Freyssinaud a adressé à la Chambre des députés une pétition ayant pour objet l'établissement d'un livre foncier en France et dans les colonies. Cette pétition a été renvoyée à M. le Ministre des finances, le 9 février 1894, par la commission des pétitions.

Le pétitionnaire, ancien juge de paix du canton nord de Limoges, se basant sur ses propres travaux, est d'avis qu'un bornage général des propriétés, obligatoire pour l'Etat et les établissements publics, facultatif pour les particuliers, est le seul moyen de résoudre la question cadastrale.

Il affirme que ce travail permettrait de recueillir, rapidement et à peu de frais, sur la situation juridique des propriétés et des propriétaires, ainsi que sur la détermination physique et la valeur des immeubles, tous les renseignements nécessaires à l'établissement d'un livre foncier-terrier pour la mise à jour du cadastre et pour l'assiette de l'impôt foncier.

La Sous-Commission technique vient d'adopter précisément, dans sa séance du 1er juin 1894, le principe du bornage général facultatif pour les particuliers, obligatoire pour l'Etat, les départements, les communes et les établissements publics.

Mais la louable initiative dont a fait preuve M. Freyssinaud ne semble pas pouvoir être imitée, et donner, dans toute la France, les mêmes résultats que ceux qu'a pu obtenir le pétitionnaire dans le canton nord de Limoges.

Une organisation nouvelle est nécessaire, et les intéressants travaux de M. Freyssinaud constituent, pour l'étude de cette organisation, *une contribution très utile.*

* *
*

Extrait du rapport fait par M. Cheysson, Président du Comité d'enquête, à la commission du Cadastre.

A côté des abornements généraux, proprement dits, l'en- quête a encore révélé, sur certains points du territoire, des opérations qui méritent de prendre place au même niveau et qui consistent en bornages collectifs.

Dans ce nombre, il convient de citer le département de l'Oise, où ces bornages ont été effectués dans les neuf dixièmes des communes du département (630 sur 701), et les environs de Limoges, où M. Freyssinaud, alors juge de paix du canton Nord de cette ville, a obtenu, par son admirable persévérance et par son action personnelle, des résultats auxquels le Comité d'enquête est heureux de rendre hommage.

De 1863 à 1870, M. Freyssinaud a profité de l'ascendant légitime que lui donnaient ses fonctions pour engager ses justiciables à faire borner leurs propriétés à l'amiable, en vue d'éviter des procès. Il est ainsi parvenu, sans rendre un seul jugement et sans donner lieu à aucune réclamation ultérieure, à délimiter amiablement de nombreuses propriétés embrassant une superficie de 10.000 hectares et moyennant des frais insignifiants, qui ont varié de 0 fr. 70 à 2 fr. par hectare et par propriétaire.

M. Freyssinaud procédait à ce bornage, en présence des intéressés, qui produisaient leurs titres, et avec l'assistance d'un géomètre qui, muni d'un extrait du plan cadastral, effectuait sur le terrain les mesurages nécessaires pour la pose des bornes et la mise à jour du plan. En outre, chaque propriété bornée était décrite juridiquement et physiquement dans un procès-verbal des opérations dressé par le juge de paix et signé par tous les intéressés, ce qui lui donnait la valeur et la force d'un véritable Livre foncier.

Dans une pétition qu'il vient d'adresser tout récemment à la Chambre des députés, M. Freyssinaud, se basant sur son expérience et ses propres travaux, soutient que l'on peut résoudre la question cadastrale sans recourir à l'obligation, en procédant comme il l'a fait à Limoges et en ne faisant intervenir l'Etat que pour borner les propriétés publiques et pour récompenser, par des subventions et quelques faveurs, les propriétaires les plus disposés à délimiter leurs immeubles.

D'abord partisan du bornage obligatoire, M. Freyssinaud s'est ensuite rallié au bornage facultatif sous le régime du droit commun, et il a montré le parti qu'on en pouvait tirer avec du dévouement et du tact.

C'est une conversion et ce sont des résultats à retenir, pour le moment où l'on devra statuer sur la délimitation des propriétés et sur son caractère libre ou obligatoire.

Les opérations de M. Freyssinaud ne suppriment pas la nécessité de la réfection du cadastre ; mais elles lui servent d'excellente préface. Une fois le terrain préparé par cette délimitation amiable, les géomètres peuvent venir et procéder avec sécurité à leurs opérations techniques.

Le droit commun actuel suffit, à la rigueur, pour réaliser de tels abornements, ainsi que le prouvent les exemples des bornages effectués dans les départements de l'Est, de l'Oise et de la Haute-Vienne. Pour réaliser aujourd'hui des bornages collectifs, il faut admettre une interprétation très large de l'article 646 du code civil et une initiative un peu hardie du juge de paix. — C'est ainsi que, dans un rapport sur les bornages menés à bien par M. Freyssinaud, le Procureur général de Limoges tout en leur rendant l'hommage qu'ils méritent, signale que cet honorable magistrat n'a pu réussir qu'en se faisant attribuer par ses justiciables une compétence plus étendue que celle qu'il tenait de la loi.

. . . .

Quant à la délimitation obligatoire, l'on comprend que les esprits, même très libéraux, fassent taire leur répugnance ordinaire pour la contrainte légale en présence des avantages considérables à en espérer.

Le comité d'enquête n'a pourtant pas cru pouvoir aller jusque là. Comme M. Freyssinaud, qui n'en demande pas même tant, il lui a semblé qu'avec l'article 646 du code civil et la loi de 1888 on sera suffisamment armé pour les besoins du cadastre et du livre foncier, pourvu qu'on sache bien manier ces ressources légales.

* * *

M. Boudenoot, président de la sous-commission technique du cadastre, avait déposé sur les bureaux de cette assemblée notre projet; il fut l'objet des deux rapports favorables que nous venons de copier. Nous avons attendu, avec tous ceux qui s'occupent de ces questions, les documents et les délibérations qui devaient sortir des doctes dissertations de la grande assemblée. Notre projet de loi était simplement indicatif; c'était un préliminaire de la proposition de la loi sur le cadastre, dont l'étude était confiée à la Commission nommée à cet effet. Dans ces circonstances, nous avons été surpris par le vote précipité, indiscuté, de la loi du 17 mars 1898, dont les inconvénients doivent être amoindris par de nouvelles dispositions législatives indispensables, qui peuvent être prises en grande partie dans notre proposition.

Aux termes de la constitution, l'envoi de notre proposition à M. le ministre des finances était le suprême succès qu'elle pouvait obtenir.

M. le député Boudenoot qui en avait été le rapporteur, et plusieurs de ses collègues, ont proposé à la Chambre une loi similaire dans laquelle ils ont omis de placer les moyens juridiques de notre proposition. Cette loi a été adoptée *sans discussion* par la Chambre, et, après des modifications *profondes*, faites par le Sénat, adoptées aussi *sans discussion*, est devenue la loi du 17 mars 1898. La législature actuelle aura le devoir de reprendre cette loi pour la mettre dans des conditions utiles, *pour ouvrir une nouvelle ère du bornage et du cadastre.*

La loi Boudenoot votée par la Chambre, en première lecture le 12 juillet 1895, *au moment de son départ*, a été votée en deuxième délibération à la fin de décembre suivant. Elle portait atteinte au droit de propriété et modifiait implicitement l'article 646 du Code civil. Personne ne s'est rendu compte de quoi il s'agissait, et un député, M. Lorois, s'étant plaint, au moment où l'on annonçait la mise au voix de l'ensemble, de cette façon d'enlever le vote, le président lui a simplement répliqué qu'il n'avait qu'à voir l'ordre du jour. Effectivement, dans l'ordre du jour qui a eu lieu à la fin de la séance du 10 décembre 1895, au milieu du bruit, le président a bien dit, suivant le compte rendu *in extenso* : « La commission, d'accord avec le gouvernement, demande l'inscription en tête de l'ordre du jour de la deuxième séance de demain, *sous réserve qu'il n'y aura pas de débats*, de la deuxième délibération, sur la proposition de M. Boudenoot, tendant à rendre plus rapide et plus économique la revision du cadastre. »

Cependant l'ordre du jour publié dans le *Journal Officiel* du 11 n'en fait aucune mention, et nul ne pouvait soupçonner que cette proposition sur laquelle on avait évité toute discussion en première délibération, allait être enlevée dans le brouhaha désordonné d'un commencement de séance.

Le titre alléchant que porte la proposition n'indique d'ailleurs, en aucune façon, son importance intrinsèque. Où apparaît le véritable esprit de cette tentative de législation, c'est dans les articles du projet. Nous pourrions les discuter, nous estimons que c'est inutile, parce que le Sénat a anéanti cette loi, *restée cachée depuis 1895* et présentée *subrepticement* en février et mars 1898, au moment où les Chambres fatiguées, préoccupées des élections, étaient sur le point de se séparer ; qu'il l'a refaite *de fond en comble* sans tenir compte de certains articles très sages, et qu'il lui a substitué des dispositions nouvelles qui, acceptées *sans discussion*, sur le rapport de M. le sénateur Morel, et adoptées par la Chambre, toujours *sans discussion*, sur le rapport de M. le député Boudenoot, ont formé la loi très importante de constitution et de réglementation de la propriété foncière du 17 mars 1898.

C'est cette loi promulguée le 17 mars, dont nous avons à indiquer la défectuosité, l'inanité et même la nocuité. Après en avoir fait le procès, nous aurons à démontrer la nécessité de la réformer pour la mettre dans des conditions utiles.

Nous allons donner la loi, telle qu'elle a été insérée au *Journal Officiel* ; nous mettrons à la suite nos observations, qui ne peuvent être que très succinctes. Nous les appuierons principalement sur les opinions émises à la commission du cadastre et plus récemment à la Chambre des députés. Nous sommes heureux de nous trouver d'accord avec M. Cheysson ; nous lui emprunterons ses arguments qui ont une grande et juste autorité.

M. Cheysson, inspecteur général des ponts et chaussées, professeur à l'Ecole des mines, président du comité d'enquête à la sous-commission technique du cadastre, a fait, sur le cadastre, un rapport lumineux et magistral, sur divers points de vue historiques, techniques et d'enquête ; mais il s'est arrêté devant le point de vue juridique. La rectitude de son esprit l'a garanti contre les utopies qui ont été présentées au congrès international de 1892 par quelques économistes hardis, qui ont proposé la mobilisation du sol. Cette rectitude l'a aussi garanti contre les hérésies en droit.

* * *

LOI DU 17 MARS 1898.

SUR LA RÉVISION DU CADASTRE.

Extrait du Journal Officiel.

M. LE PRÉSIDENT. L'ordre du jour appelle la première délibération de la proposition de loi, adoptée par la Chambre des députés, adoptée avec modification par le Sénat, tendant à rendre plus rapide et plus économique la revision du cadastre.

M. BOUDENOOT, *rapporteur.* La commission du budget, d'accord avec le Gouvernement, demande à la Chambre de vouloir bien prononcer l'urgence.

M. LE PRÉSIDENT. Personne ne demande la parole ?...

Je consulte la Chambre sur la déclaration d'urgence.

(La Chambre, consultée, déclare l'urgence).

M. LE PRÉSIDENT. Personne ne demande la parole pour la discussion générale ?...

Je consulte la Chambre sur la question de savoir si elle entend passer à la discussion des articles ?

(La Chambre, consultée, décide de passer à la discussion des articles).

M. LE PRÉSIDENT. « Art. 1er. — Il sera inscrit annuellement au budget du ministère des finances, pour concourir aux frais de renouvellement ou de revision et de conservation du cadastre, un crédit qui sera affecté :

« 1° A l'entretien d'un service dit « du renouvellement ou de la revision et de la conservation du cadastre » ;

« 2° A l'allocation de subventions aux communes qui, cadastrées depuis trente ans au moins, demanderont le renouvellement ou la revision de leur cadastre et s'engageront à en assurer la conservation.

« Personne ne demande la parole ?...

« Je mets aux voix l'article 1er.

(L'article 1er, mis aux voix, est adopté).

« Art. 2. — La part de l'Etat dans la dépense d'établissement et de conservation du nouveau cadastre d'une commune, fixée en tenant compte de la situation financière de la commune, ne pourra dépasser 40 p. 100 de son montant total ; le département contribuera à la dépense au moins dans la même proportion que l'Etat, et le surplus sera fourni par la commune ou les particuliers intéressés.

« A cet effet, des centimes additionnels à la contribution foncière des propriétés non bâties pourront être votés par les conseils généraux jusqu'à concurrence de 1 centime et par les conseils municipaux jusqu'à concurrence de 5 centimes. — (Adopté).

« Art. 3. — Toute commune, pour être admise à profiter des avantages prévus par l'article précédent, devra instituer, préalablement à l'ouverture des opérations cadastrales et dans les conditions ci-après déterminées, soit une commission, soit un syndicat de délimitation ou de bornage.

« Les opérations cadastrales comprendront obligatoirement la délimitation des immeubles, le bornage restant facultatif. — (Adopté).

« Art. 4. — La commission de délimitation ou de bornage comprendra :

« 1° Le maire ou son délégué pris dans le conseil municipal, président ;

« 2° Huit propriétaires de la commune, dont au moins

deux forains, nommés à la majorité relative par les suffrages des contribuables inscrits à la matrice cadastrale ou de leurs mandataires, l'élection restant, en ce qui concerne le mode de scrutin et les réclamations, soumise aux règles fixées par la loi du 5 avril 1884 sur l'organisation municipale ;

« 3º Un suppléant du juge de paix ou un notaire de canton désigné par le préfet ;

« 4º Un agent de l'administration des contributions directes et du cadastre, désigné par le directeur local, secrétaire.

« La commission pourra s'adjoindre un géomètre avec voix délibérative. — (Adopté).

« Art. 5. — Cette commission aura pour mission :

« 1º De procéder à la recherche et à la reconnaissance des propriétaires apparents ;

« 2º De constater, s'il y a lieu, l'accord des intéressés sur les limites de leurs immeubles et, s'ils le désirent, d'en diriger le bornage ;

« 3º En cas de désaccord, de les concilier, si faire se peut ;

« 4º De déterminer provisoirement ces limites à défaut de conciliation ou de comparution des intéressés.

« La commission dressera un procès-verbal détaillé de ses opérations. Ses décisions seront prises à la majorité des voix, la moitié des membres étant présents. — (Adopté.)

« Art. 6 — Le syndicat de délimitation et de bornage sera libre ou autorisé et pourra être formé soit pour la commune entière, soit seulement pour une portion du territoire communal.

« L'association syndicale autorisée sera établie, soit sur la demande de un ou plusieurs propriétaires intéressés, soit sur l'initiative du maire ou du préfet. Elle sera soumise, pour le surplus, aux dispositions qui régissent les associations constituées pour l'exécution des travaux d'amélioration agricole d'intérêt collectif, à l'exclusion des alinéas 3 et 4 de l'article 9 de la loi du 21 juin 1865, modifié par l'article 3 de la loi du 22 décembre 1888.

« Au cas de formation d'un syndicat libre, il sera loisible aux parties contractantes de convenir que la délimitation sera accompagnée du bornage des immeubles et qu'il sera procédé à des remembrements.

« Le comité directeur du syndicat libre ou autorisé sera substitué à la commission de délimitation ou de bornage pour les terrains compris dans l'association et il aura les mêmes attributions que cette commission, sans préjudice des pouvoirs particuliers qui pourront lui être conférés en cas d'association libre. — (Adopté).

« Art. 7. — La délimitation provisoire prévue au paragraphe 4 de l'article 5 sera portée à la connaissance des intéressés qui auront un délai d'un an pour s'entendre sur leurs limites ou pour introduire une action devant la juridiction compétente,

« Passé ce délai, les limites déterminées provisoirement deviendront définitives sauf les droits du propriétaire réel lorsqu'il viendra à se révéler, et dont la réclamation ne pourra avoir d'effet qu'entre lui et ses voisins immédiats. — (Adopté).

« Art. 8. — Après l'achèvement des travaux techniques le plan cadastral sera déposé pendant trois mois à la mairie de la commune où les intéressés seront admis à en prendre connaissance.

« A défaut de réclamation dans ledit délai, les résultats de l'arpentage seront réputés conformes à la délimitation sous réserve de la tolérance qui sera fixée par les règlements.

« Toutefois, en cas d'erreur matérielle, les réclamations seront toujours recevables. — (Adopté .

« Art. 9. — Afin d'assurer la conservation des plans et des registres cadastraux dans les communes où ils auront été renouvelés ou revisés, tout changement de limite devra, pour être opéré sur les plan du nouveau cadastre, être préalablement constaté par un procès-verbal de délimitation ou de bornage dressé en présence des parties ou de leurs mandataires et certifié par elles.

« Dans ces communes, la désignation des immeubles d'après les données du cadastre deviendra obligatoire dans tous les actes authentiques et sous seings privés, ou jugements translatifs ou déclaratifs de propriété ou droits réels immobiliers.

« L'omission ou l'inexactitude de cette désignation entraînera une amende de 25 francs qui sera due par les officiers publics ou greffiers pour chaque acte authentique ou jugement et par les intéressés pour chaque acte sous signatures privées.

« Cette amende sera recouvrée comme en matière d'enregistrement. — (Adopté).

(*L'ensemble de la proposition de loi est mis aux voix et adopté*).

OBSERVATIONS.

Cette loi est, sous une appellation différente, la création du cadastre patronymique, patrimonial, qui doit servir de fondement au livre terrier, personnel et réel par le bornage cadastral.

Ce livre devra être le *palladium* ou l'arche sainte dans laquelle seront renfermés tous les éléments et documents relatifs à la propriété foncière : ils y seront conservés et tenus au courant des mutations.

Pour cette œuvre grande et patriotique, la loi du 17 mars 1898 n'est pas suffisante, elle est dangereuse. On peut la réformer et la compléter en lui adaptant les dispositions des lois fondamentales de la propriété foncière, dont certaines devront être modifiées suivant les leçons de la théorie, de la pratique et de l'expérience.

Article 1er. — Le premier paragraphe de cet article est un engrenage dans lequel le Gouvernement pourrait être entraîné au-delà de toutes prévisions.

Nous pouvons dire dès à présent qu'il engage témérairement, sans limites, les finances de l'Etat ; on annonce déjà que pour la confection des plans, il faudra des millions, des milliards.

L'article premier de la loi Boudenoot était plus prudent en limitant à 100.000 fr. la dépense. Si les 36,142 communes de France demandaient la réfection de leur cadastre, quelle serait la réponse de M. le ministre des finances ? — Pour leur donner satifaction, il lui faudrait, *au minimum*, *et dans des conditions exceptionnellement bonnes,* 800 millions et un personnel technique ; c'est l'administration des contributions directes qui le dit.

* *

La justification de nos observations s'est manifestée dès les premiers essais d'exécution de la loi du 17 mars 1898.

Il y a en France 36,142 communes sur lesquelles 300 auraient demandé à refaire leur cadastre. Dans ce nombre, celle de Bienville et de Gourzon (Haute-Marne) ont insisté. M. le député Rozet, qui les représente, est intervenu. Il s'est adressé à M. le Ministre des finances qui lui a répondu en ces termes : « *J'ai le regret de vous informer que l'administration des finances ne dispose actuellement ni du personnel technique, ni des crédits nécessaires pour entreprendre en 1899 les opérations cadastrales.* »

A la séance du 20 mars 1899, le même député a dit tenir de M. Boudenoot, rapporteur du budget de la guerre, que le crédit de 50.000 fr. alloué pour la réfection du cadastre avait été reversé au ministère de la guerre. M. Rozet a terminé son discours par ces mots : « *Nous sommes en présence d'une simple apparence, d'une satisfaction verbale.* »

M. le ministre des finances se trouve donc forcé à la déclaration de son impuissance pour l'exécution de la loi du 17 mars 1898. Cette loi étant facultative, M. le Ministre peut conseiller aux intéressés de recourir aux lois anciennes qui ne sont pas abrogées, mais alors se présente la nécessité de reprendre notre proposition de loi qui donne les moyens de remédier aux défectuosités de l'ancien temps et aux lacunes de la loi du 17 mars 1898. Ces dispositions législatives marcheraient parallèlement à la confection du bornage cadastral sans encombrer le gouvernement.

Les deux textes sont d'accord pour les subventions aux communes, mais la loi du 17 mars fait une restriction qui nous paraît regrettable, parce qu'elle crée une catégorie de communes privilégiées, tandis qu'il serait plus pratique et plus équitable de faire participer la généralité. De plus, on ne comprend pas un cadastre subventionné dans une commune, non subventionné dans l'autre. Le cadastre ne serait pas généralisé, il y aurait un cadastre *par ci, par là.*

L'inconvénient le plus grave de cet article est la subvention faite aux communes, alors qu'il faudrait qu'elle fût faite aux propriétaires des communes. Les communes ne sont intéressées dans les bornages que pour leurs biens communaux. Leurs ressources ne doivent pas servir à payer des frais de délimitation et de bornage auxquels elles sont étrangères.

La commune est un être moral dans lequel sont compris les propriétaires. Il serait bon de laisser à ces derniers le soin de régler leurs affaires de bornage. Si on s'adresse aux communes, on fait du gouvernement ou du maire qui le représente, un *negotiorum gestor* chargé des responsabilités et des frais de l'opération, sans compter les complications et les difficultés insurmontables qu'entraînerait cette immixtion.

A la commission du cadastre, M. Cheysson a dit, page 51 du fascicule n° 6, qu'en votant l'intervention de l'Etat (ou des communes) c'était leur faire un présent dangereux. M. le colonel Bassot, membre de l'institut a ajouté, page 279, qu'il y voyait le plus grand danger. M. Boudenoot dit lui-même : « Ce n'est pas par commune isolée qu'il faudra procéder. »

L'immixtion de l'Etat, des départements et des communes est dangeux pour eux et nuisible à l'œuvre.

L'article 2 règle d'une manière confuse la part de l'Etat, du département et de la commune pour l'établissement et la conservation du nouveau cadastre. Comment comprend-on qu'ils soient tenus de payer les frais de la conservation du cadastre, qui, d'après l'article 9, est à la charge des intéressés et sanctionné par une pénalité? Comment tiendra-t-on compte de la situation financière d'une commune? La loi ne sera donc pas la même pour toutes? Qui réglera les différences? Le département payera autant que l'Etat et le reste sera payé par la commune ou par les particuliers intéressés. Est-ce l'un, est-ce l'autre? Si le cadastre était refait au point de vue l'impôt, l'Etat devrait tout payer ; mais il n'en est pas ainsi.

Vient ensuite le mode de créer des ressources. Les conseils généraux voudront-il se prêter aux exigences ? Les communes obérées ou les conseils municipaux mal disposés voteront-ils des fonds ? Et d'ailleurs, ce qui serait payé par l'Etat, le département ou les communes viendrait des fonds de tous les contribuables. Or, est-il juste de faire supporter par des habitants qui ne sont pas propriétaires, des frais de délimitation et de bornage qui leur sont étrangers ?

L'article 3 de la loi du Sénat a changé malheureusement l'article 3 de la loi des députés. Cette dernière avait la prudence d'enjoindre aux communes seulement la constitution d'un syndicat de bornage réunissant les conditions de majorité requises par la loi du 22 décembre 1888, sur les associations syndicales. C'était déjà bien assez pour faire courir aux propriétaires les dangers de se voir dépossédés par des procédés décrits à la commission du cadastre par par M. Gorce qui, à la fin de l'exposé de son système, termine ainsi :

« Choses bizarres ! Dans une des communes que je viens de régler, à Buissoncourt, un seul propriétaire qui avait une ferme de 43 hectares, divisée en 150 parcelles, s'est vu retirer 5 hectares ; il est arrivé à 38 d'après ses titres ; 5 hectares à 2.000 fr. l'un, cela fait 10.000 fr. qu'on lui a pris, et il a encore été obligé de payer les frais de bornage. — Et plus loin : dans cette commune de Buissoncourt nous avons découvert 6 hectares d'excédent, 5 ont été attribués aux propriétaires. — Et ailleurs : En commençant d'un côté, après avoir attribué aux premiers ce qui leur revenait, il ne restait rien pour les derniers ; ils ont été payés en argent. »

C'est un singulier systéme, celui qui d'après son auteur arrive à de pareilles bizarreries. C'est la négation du droit de propriété, c'est une expropriation forcée d'un nouveau genre ; c'est une monstrueuse coërcition, spoliation ! Dans un grand nombre de départements, l'opinion est hostile aux syndicats. Beaucoup de communes n'en ont pas.

Mais la loi du Sénat va bien plus loin : elle oblige les communes à instituer préalablement à l'ouverture des opérations cadastrales, dans des conditions déterminées à son article suivant, soit une commission soit un syndicat de délimitation ou de bornage, et elle termine son article par un paragraphe coercitif pour la *délimitation obligatoire* en

laissant le *bornage facultatif*. — Si on veut se rendre
compte des erreurs et des compromissions de ce paragraphe,
il faut se rapporter aux définitions, significations et aux rôles
de ces mots que nous venons de donner, Dans le langage
ordinaire et même du palais, les mots délimitation et bornage sont le plus souvent pris l'un pour l'autre, mais s'il
devait y avoir coërcition à établir ce serait pour le bornage,
qui peut être considéré comme la consécration de la délimitation, et qui d'après l'article 646 du code civil est obligatoire vis-à-vis du voisin.

Dans les lois anciennes et modernes, dans le Code civil,
dans le Code de procédure et ailleurs, il est question du
bornage comme droit et comme fait ; il n'est question de la
délimitation que comme moyen préliminaire. Si la délimitation n'était pas suivie du bornage, elle serait éphémère.

Nous avons vu à l'article premier ce que dit M. Cheysson
des inconvénients de l'immixtion de l'Etat et des communes
sur l'obligation de la délimitation. Il est bien plus explicite
dans les pages 47 et suivantes du fascicule n° 6 des procès-
verbaux de la commission du cadastre. Il serait utile de rapporter le texte *in-extenso*, nous en donnons seulement des
extraits.

Page 48..... « Pour la délimitation, on touche à des pro-
fondeurs à la fois économiques et sociales ; si l'on s'est
trompé, les erreurs sont presque irréparables. . . . .

. . . . De toutes les opérations que comporte l'entreprise
du cadastre, la délimitation est sans contredit la plus délicate..... La délimitation devant mettre en jeu et en opposition les intérêts privés, réveiller tous les désaccords latents,
peut soulever, selon la manière dont les opérations seront
conduites, une opposition devant laquelle viendraient échouer
tous les efforts de l'administration. La question de délimitation et de bornage étant d'ordre privé, c'est aux intéressés
qu'il doit appartenir de les résoudre eux-mêmes en dehors
de l'intervention de l'Etat. — Un travail général de délimitation donnera inévitablement naissance à des conflits d'intérêts et à des mécontentements ; si les difficultés sont réglées
sur place par les intéressés entre eux, les mécontentements
resteront localisés. Avec la contrainte locale, c'est l'Etat qui

dirigera les opérations, et c'est lui, par conséquent, que prendront à partie les propriétaires qui seront ou se croiront lésés dans leurs intérêts. »

A la page 283, M. Cheysson se déclare *irréductible* contre l'obligation de délimitation ; Il la trouve imprudente, car, dit-il, « elle pourrait sembler une atteinte à la propriété contre laquelle sont dirigées aujourd'hui tant d'attaques. »

A la page 304, M. Cheysson rappelle que, cinq fois, il a fait ses réserves contre l'obligation de la délimitation.

L'article 4 est le corollaire et le complément de l'article 3 ; il détermine la composition de la commission prise dans les élus du suffrage universel, ou d'un suffrage restreint, ou mieux encore du choix du préfet, complétée par un agent de l'administration fiscale. Cette commission doit remplacer les juges de toutes catégories, les officiers ministériels, tous les hommes d'affaires investis par la loi et la confiance publique, fournissant toutes garanties, et conférer le droit de propriété par le bornage qui est aujourd'hui le droit privé, pour la demande duquel les propriétaires ont seuls la personnalité suffisante. — Dans la plupart des communes, cette commission ne pourra pas être formée ; le serait-elle, elle ne fonctionnerait pas. Salariés ou non, ces commissaires ne sacrifieront pas leur temps d'une manière continue à ces opérations longues, difficiles et délicates. Les 8 propriétaires dans la commune, faisant partie de la commission, devront se retirer quand viendra leur tour d'être délimités ; et alors !... Ils ne pourront cependant pas être juges et partie.

Il n'y a pas besoin d'être jurisconsulte pour voir la différence entre l'ancienne et la nouvelle procédure. La première, tutélaire et équitable ; l'autre, celle que l'on vient d'introduire, inique et révolutionnaire.

Tous ceux qui ont des biens au soleil nous comprendront et nous donneront raison. On peut facilement s'imaginer quelles seraient les conséquences de ce remaniement de la propriété et de la façon de l'établir. Toutes les communes seraient pourvues de syndicats se livrant au chantage électoral.

Sur la commission édictée par l'article 4 à la page 49 du fascicule précité, M. Cheysson dit ceci : « Cette commission comprendra des fonctionnaires de l'Etat nommés directement par l'administration, lesquels, chargés de l'exécution des travaux, en auront, dans la pratique, la direction effective. N'est-il pas à craindre, que par excès de zèle, certains agents n'exercent vis-à-vis de la population une contrainte qui mécontentera les propriétaires et les portera à s'abstenir, d'où la nécessité pour l'administration de nommer une commission d'office et d'assumer ainsi toute la responsabilité de ces délicates opérations qui touchent aux fibres les plus intimes du paysan et à sa passion pour la propriété. »

Dans ce même article 4, la présence d'un géomètre au lieu d'être facultative, devrait être obigatoire. La direction de l'opération devrait lui être confiée à cause de son habitude professionnelle.

L'article 5 de la loi des députés réglait d'une manière arbitraire et dangereuse la mission de la commission ; mais l'article 5 de la loi du Sénat porte en plus des dispositions étonnantes. Nous ne comprenons pas sa mission de rechercher et de reconnaître les propriétaires *apparents*. Ce genre de propriétaire nous est inconnu. Dans notre pratique nous avons toujours eu affaire avec des propriétaires *réels*, les seuls qui puissent être mis en cause. Chaque propriétaire connaît son voisin *réel*, qu'il a le droit d'appeler en bornage. Quiconque veut savoir qui est le propriétaire *réel* d'une parcelle doit consulter la matrice cadastrale qui le fixera positivement. S'il y a eu des mutations, elles ont été constatées par le contrôleur des contributions directes. Si le bornage était fait avec des propriétaires *apparents*, on n'aurait que l'*apparence* d'un bornage, il en serait de même du cadastre.

Le reste de la loi des députés a été mis à néant et remplacé par les articles 6, 7, 8, 9, dont nous allons nous occuper ; mais avant, nous exprimons le regret de voir supprimées des dispositions très sages de la loi Boudenoot. Une commission permanente était nommée pour examiner les demandes et faire tous les ans un rapport circonstancié qui aurait permis aux pouvoirs publics de remédier aux inconvénients signalés et à ceux que la pratique aurait mis à jour.

*
* *

Nous continuons l'examen de la loi du Sénat.

Art. 6. — Aux termes de l'article 6, le syndicat de délimitation et de bornage (contradiction avec l'article 3 qui sépare la délimitation du bornage) libre ou autorisé, peut être formé pour une partie de la commune. Quel sera le sort des autres parties de la commune ? Que deviennent les règles générales ? Comment distinguer les conditions des territoires soumis au syndicat autorisé et ceux du syndicat libre ?

* * *

Art. 7. — L'article 7 est tout à fait révolutionnaire du code civil. Toutes les lois sur la propriété foncière sont mises de côté. Heureusement, il suffira pour tout arrêter, d'introduire une action devant la juridiction *compétente* pour laquelle on revient aux lois ordinaires du code civil, du code de procédure et autres.

Un grand danger menace les propriétaires qui ne seraient pas vigilants. Gare aux surprises ! Le délai pour la dépossession est fatal. Il est vrai que le propriétaire *réel* ne sera pas forclos, et alors, la propriété sera toujours incertaine.

L'article 7 fixe le délai d'un an pour accepter les limites proposées par la Commission ou pour introduire une action devant la juridiction compétente.

La délimitation provisoire sera portée à la connaissance des intéressés.

Mais comment ?

Le délai partira-t-il du jour de la décision de la Commission ?

Ou du jour où la décision aura été portée à la connaissance des intéressés ?

Cette connaissance sera-t-elle donnée par voie administrative ou par voie extra-judiciaire ?

Dans quel délai ?

La loi est muette sur ces points importants.

Un grand nombre de propriétaires n'habitent pas les communes où leurs immeubles sont situés, et il importe qu'ils soient prévenus de l'œuvre de la Commission (¹).

* * *

(1, Rapport de M Corpechot.

L'article 8 décide que les plans remplaceront les titres ; qu'après trois mois de leur dépôt à la mairie, ils seront réputés conformes à la délimitation, sous réserve de la tolérance qui sera fixée par les règlements.

Cet article, compréhensible peut-être pour les techniciens, même pour les praticiens, pourrait bien ne pas l'être pour d'autres. On peut se demander ce que signifie la réserve de la tolérance pour les mesurages ; cette tolérance ne sera donc pas la même partout ? Dans les limites de cette tolérance, les questions de bornage ne pourront pas être tranchées ; il faudra revenir aux moyens de droit que nous préconisons. L'échelle de proportion ne serait pas la même pour tous les plans ? Appliquera-t-on la méthode de cultellation ou celle par développements ? Ces mesures techniques, qui remplacent des moyens de droit, prévoient le cas des erreurs matérielles qui, d'après le dernier paragraphe de l'article 8, seront *toujours recevables*. Il n'y aura plus de prescription ; la propriété terrienne n'est plus garantie.

Quid vis-à-vis des mineurs, interdits, femmes mariées ou autres incapables ? — La principale objection qui dans tous les temps a été faite contre le bornage général, c'est la difficulté et même l'impossibilité d'opérer régulièrement, lorsqu'au nombre des intéressés, se trouvent des mineurs, des incapables. — Notre proposition levait la difficulté ; la loi du 17 mars n'en parle pas.

Cet article 8 est la justification du cri d'alarme que les géomètres ont jeté dernièrement par leur journal, pour avertir les propriétaires et les juristes du danger dont la propriété foncière terrienne est menacée par des ingénieurs et des fonctionnaires du ministère des finances, qui font, dans les communes de Neuilly-Plaisance et Massy, des essais de cadastre qui ont pour but de détruire les lois fondamentales de la dite propriété, et de leur substituer des procédés techniques insuffisants et dangereux.

Ces expériences sont exécutées par les soins et sous la surveillance de MM. Lallemand, ingénieur, Boudenoot, aussi ingénieur, et Saint-Paul, ancien contrôleur du cadastre, tous trois faisant partie de la sous-commission technique de la commission du cadastre, qui, *par une anomalie singulière,* s'occupe de la juridiction, alors qu'il y a une sous-commission juridique qui reste silencieuse.

De là, le péril social dénoncé par les géomètres qui affirment d'ailleurs : 1º qu'au plan de Neuilly, tous les propriétaires n'ont pas fait la reconnaissance des parcelles ; 2º qu'il est inexact de dire que les reproductions sur zinc soient rigoureusement semblables aux originaux ; 3º Qu'on ne peut connaître le prix de revient du travail de Neuilly, puisqu'on n'a fait entrer dans celui qu'on dresse, qu'une partie de la dépense effective, et qu'encore, dans cette dépense, ne sont pas compris les appointements du personnel qui a exécuté les travaux, lequel, appartenant au bureau de M. Lallemand, était directement payé par l'Etat ; qu'il en serait de même pour la commune de Massy qui aurait à payer six francs par hectares et trois francs cinquante centimes par parcelle. (*On a sans doute voulu dire par unité de propriété*). Le tout pour avoir un plan incomplet, inexact, qui ne ferait pas foi en justice, qui nécessiterait la dépense de deux milliards pour un plan général.

Les plans de Neuilly, qui sont donnés pour exemples, n'offrent pas de garanties à MM. les Géomètres-Experts. M. Sanguet, qui est maître en la matière, dit à la page 248 du 6ᵉ fascicule de la commission du cadastre, que tout y est mystérieux, hypothétique, *en l'air*, sans base réelle.

Il est établi, à la page 339, que les plans ne sont pas exempts de faute. A la page 461, M. Degouy affirme que les hommes les plus compétents sont très divisés sur la valeurs des plans et qu'on ne saurait croire à leur impeccabilité ni infaillibilité.

Il est impossible que les plans puissent relater les servitudes et autres circonstances de la propriété.

Les plans ne sauraient donc prétendre à la force des titres qui résultent des procès-verbaux de bornage.

Les plans doivent être faits par la méthode de cultellation ou par celle du développement. L'une et l'autre de ces méthodes ne reproduisent l'exactitude ni la certitude.

*
* *

L'article 9 pour la conservation du cadastre est impraticable, inapplicable, inefficace.

Le notaire qui recevra le consentement des parties, pour un acte translatif de propriété foncière, ne pourra pas savoir dans quelles conditions cadastrales se trouve la commune dans laquelle sont situés les biens dont il s'agira.

Cette question de conservation du cadastre a été agitée en 1867, à l'enquête agricole (voir les pages de cet ouvrage); nous l'avons traitée dans notre déposition devant la commission supérieure réunie à Paris sous la présidence de M. le Ministre de l'agriculture (3e série, *volume des dépositions orales, pages 407 et suivantes*). Nous y avons montré la nécessité de faire tourner l'instruction primaire dans le sens de la géométrie et spécialement de l'arpentage et des nivellements, afin d'obtenir facilement les plans indispensables pour la constatation des mutations.

Cette question a fait l'objet d'une disposition dans notre proposition de loi, *in fine*, page 194. Il faut aussi se reporter à ce que nous allons dire sur l'enseignement agricole.

* *

La loi du 17 mars 1898 a été suivie d'un décret créant au ministère des finances un service du renouvellement ou de la revision et de la conservation du cadastre, et d'un arrêté nommant chef de ce nouveau service, M. Lallemand, Ingénieur en chef des mines, Directeur du service du nivellement général de la France.

Voilà donc la question juridique du bornage sous la direction d'un grand maître de la science technique. Cette anomalie a motivé la constitution d'un comité consultatif du cadastre ; remplace-t-il la commission extraparlementaire du cadastre ?

* *

Le 11 février 1898, M. Auricoste a dit à la Chambre :
« M. Boudenoot a fait voter par la Chambre un projet de
« loi tendant à rendre plus rapide et plus économique la
« revision du cadastre. Ce projet est maintenant au Sénat ;
« il vient d'être rapporté par M. le Sénateur Morel. Je vois
« que M. Boudenoot aura bien de la peine à se reconnaître
« dans la nouvelle rédaction du Sénat. En tout cas, j'ai la
« profonde conviction que, si ce projet arrive à l'état de loi,
« celle-ci *restera lettre morte et ne produira aucun effet.*

« Tant qu'on s'en remettra aux communes du soin de refaire
« le cadastre, on ne fera rien. Il y aura peut-être quelques
« opérations isolées, mais il n'y aura jamais un travail d'en-
« semble. »

Il est suggestif de dire en quels termes d'*humour* M.
Boudenoot parle de la loi du 17 mars 1898, dont il est le
promoteur. — *Textuel*, page 299 du fascicule n° 6. — Séance
du 8 décembre 1897, à la commission du cadastre. — M. Boudenoot : « Notre commission a consacré 7 ans à la question.
La Chambre et le Sénat y consacreront au moins autant de
temps ; c'est à peu près le temps que Jacob a mis à se ma-
rier ; il travailla 7 ans pour Lia ; pour Rachel, 7 ans encore..... Le projet de loi que je propose est une préface
aux projets d'ensemble que nous avons en vue..... Sans
doute ce projet est destiné à disparaître. Je serai heureux
tout le premier, de le voir remplacer par la loi définitive
sur le cadastre..... Ce n'est pas par commune isolée qu'il
faudra procéder.... »

Citons encore d'autres passages du rapport de M. Cheysson :

Page 496. — « Le moment est donc venu pour la Commission plénière d'entrer en scène, de rapprocher ces travaux, jusqu'ici dirigés sous des angles différents, de les coor-
donner, d'assurer leur unité et de les faire converger vers
un même but. La période des études séparées est finie et
doit céder la place à celle de la concentration et de la syn-
thèse. »

La loi du 17 mars n'admet pas de nouvelles résolutions ;
la réunion plénière est devenue inutile.

Page 507. — « Les dépenses sont supportées par les propriétaires au prorata de leurs contenances respectives et
s'élèvent en moyenne à 15 francs par hectare, savoir :
5 francs pour la confection du cadastre et 10 francs pour
l'abornement ; mais, sur certains points, particulièrement
morcelés, accidentés ou litigieux, les frais se sont élevés
jusqu'à 25 et 30 francs pat hectare. »

Ces dispositions sont contraires à la loi du 17 mars, et, de
plus, elles indiquent les chiffres de 25 à 30 par hectare qui

nécessiteraient des milliards pour la confection du cadastre.

A la page 509, M. Cheysson fait l'éloge de notre système et dit : « Les opérations de M. Freyssinaud ne suppriment pas la nécessité de la réfection du cadastre, mais elles lui servent d'excellente préface. Une fois le terrain préparé par cette délimitation amiable, les géomètres peuvent venir et procéder avec sécurité à leurs opérations techniques. »

Mais alors il faut procéder comme nous le disons.

Le rapport de M. Cheysson s'élève partout contre l'obligation de la délimitation et du bornage qui est prescrite par la nouvelle loi.

M. Cheysson termine son rapport par l'annexion d'un avant-projet de loi proposée par la commission du cadastre. Cette loi, contraire à beaucoup de dispositions de la loi du 17 mars 1898, est à peu près conforme à nos propositions.

* *

Nous croyons avoir démontré que la loi du 17 mars 1898 est défectueuse; elle met en danger la propriété foncière ; elle engage inutilement les finances de l'Etat et M. Cheysson dit qu'elle charge le gouvernement de *responsabilités politiques et sociales*. Sa mise à exécution nécessite sa réforme et son complément avec de nouvelles dispositions législatives, des facilités, des dégrèvements.

L'inanité, l'inefficacité de toutes les mesures prises jusqu'à ce jour pour faire et refaire le cadastre au point de vue physique et juridique de la propriété foncière, nous fait persister dans la pensée que l'opération *individuelle* du bornage (le bornage particulier des propriétés particulières) est le seul mode qui puisse réussir.

Nous n'avons pas la prétention d'imposer nos idées ; mais nous espérons qu'avec l'appui de personnes autorisées, nous arriverons à faire examiner et discuter ces graves questions pour aboutir à des résolutions utiles à la propriété foncière terrienne.

Pour donner de l'efficacité à la loi du 17 mars 1898, il est indispensable de lui adapter les dispositions de notre projet, comme, par exemple, l'obligation à l'Etat de faire borner les routes, les biens communaux, les biens de l'Etat, ceux qui sont sous sa surveillance. Tout le pays souffre de l'incertitude des limites des routes. Les biens communaux sont envahis, faute de bornage, etc., etc.

L'impulsion judicieuse au bornage doit être donnée par le gouvernement, suivant le rapport de M. Casabianca.

La dispense des frais profitant au fisc est conforme au projet de loi de 1877.

Il est indispensable de donner aux juges de paix la compétence pour juger, sauf appel, les questions de bornage.

Toutes les opérations de bornage et de délimitation seront nulles, vis-à-vis des mineurs et des incapables, si le législateur ne donne pas aux tuteurs et administrateurs le droit de provocation et de défense au bornage en premier ressort.

La nécessité d'inscrire les noms et qualités des propriétaires est évidente.

Pour la conservation du cadastre, il est indispensable d'obliger les notaires et autres officiers ministériels à annexer aux actes, des plans figuratifs.

La loi du 17 mars 1898, ne saurait se passer des dispositions ci-dessus; il faut la compléter.

Dans son rapport à la Chambre des députés, M. Boudenoot dit que le projet de révision du cadastre est utile et intéressant pour la propriété rurale qui doit en recevoir le salut et la prospérité; que cette mesure devient de plus en plus nécessaire, mais qu'il ne faut pas attendre le grand travail d'ensemble; qu'il vaut mieux résoudre, par la méthode expérimentale, suivant les diverses régions de la France, le problème qui, pris en bloc, présenterait les plus grandes difficultés. C'est tout notre programme établi dans notre proposition de 1893. Seulement, nous sommes en divergence sur les voies et moyens.

On trouve dans le rapport très sage de M. Delombre la crainte des livres fonciers qui le *hante*, alors qu'il reconnaît la nécessité de les faire.

MM. les professeurs Cheysson et Beauregard ont donné à cette loi les épithètes d'avant-garde et d'essai; elle ne les mérite pas. L'*avant-garde* a pour mission d'*éclairer* le régiment, de démasquer les embuscades; cette loi fait le contraire. Elle n'est pas une loi d'essai, malheureusement elle est définitive et peut produire par ses articles 7, 8 et autres, les résultats néfastes que nous avons indiqués. Déjà elle a supprimé la commission du cadastre.

Nous donnerons aux annexes, des extraits d'un savant article de M. Beauregard, député et professeur de droit, qui termine la critique de la loi du 17 mars par ces mots : *C'est une loi à refaire.* Nous y donnerons aussi le texte du projet des conventions rédigé par M. Saint-Paul en vue de la délimitation des propriétés de la commune de Massy.

Dans un remarquable article du *Monde Universel*, M. René Lavollée dit que la loi du 17 mars 1898 est une *tuile* colossale qui tombe sur la tête des propriétaires et des contribuables. Avec une logique très serrée, sa dissertation enchevêtre les questions fiscales et juridiques ; mais ses conclusions les distinguent. Sur la question juridique l'auteur dit avec raison que le plus grand danger de cette loi est dans les pouvoirs de la commission de délimitation, qui, dans certaines circonstances, pourrait opérer des spoliations, et il ajoute que, dans ces conditions, la délimitation ne fera qu'augmenter l'incertitude des limites. — Sur la question fiscale nous sommes d'accord avec M. Lavollée à déplorer la dépense inutile d'un milliard et la situation anormale des contribuables qui sont *taillés* par ceux qui ne payent pas. L'éducation du suffrage universel est à faire.

⁂

Il ne faut pas que cette loi soit une lettre morte, comme l'a dit M. Auricoste. Il ne faut pas, comme l'a dit M. Bassot, membre de l'Institut, qu'elle arrête l'œuvre du bornage et du cadastre. Il ne faut pas qu'elle oblige M. le ministre des finances à déclarer qu'il n'a rien de ce qu'il faut pour sa mise à exécution. Il faut, au contraire, qu'elle produise de *bons effets.* Son application au bornage des communaux aurait les résultats heureux que nous signalons au chapitre des délimitations particulières de ces sortes de biens. Les communes trouveraient dans les dispositions de cette loi des facilités d'exécution pour la dite mesure et les moyens de se procurer les ressources nécessaires pour faire face aux dépenses, qui du reste seraient minimes.

La Chambre remettra la question du cadastre en délibération et reprendra notre proposition de loi, pour régler définitivement le bornage cadastral qui intéresse au plus haut degré la propriété foncière. M. le Ministre des finances, auquel notre proposition a été envoyée, peut lui faire donner suite.

Le bornage cadastral est une mesure économique, démocratique et sociale qui s'impose. Elle est économique, comme base fondamentale de la propriété foncière, comme sécurité de tous les crédits ; elle est démocratique, parce que la démocratie rurale souffre le plus de son absence ; elle est sociale, puisqu'elle doit porter la détermination physique, juridique et fiscale de la propriété foncière sur laquelle la société est assise.

Si nous avons réussi à faire dans le canton nord de Limoges le livre terrier juridique par le bornage cadastral, c'est que nous avons agi par les moyens simples, usuels, légaux et sociaux.

Si M. l'ingénieur Lallemand a pu faire le livre terrier de la commune de Neuilly-Plaisance, c'est qu'il a suivi notre exemple, qu'il a utilisé les documents et les explications que nous avons eu le plaisir de lui fournir.

Il est certain que le cadastre (livre terrier) serait fait en France, si les gouvernements de l'Empire et de la République avaient donné suite aux observations et propositions que nous avons présentées en 1866 et renouvelées en 1893. M. Grimpel, conseiller-maître à la Cour des comptes, a dit à la commission du cadastre que, sous l'Empire, le mot d'ordre était de *conclure contre toute réforme cadastrale.* — Sous la République, notre proposition de loi envoyée par la Chambre à M. le Ministre des finances a été dénaturée.

Notre propostion, qui s'explique par elle-même, avait puisé ses motifs principaux dans le rapport que le sénateur Casabianca a fait en 1856 sur le code rural.

A la commission du cadastre les approbations n'ont pas manqué. Les dispositions et les vœux sont, pour la plupart, conformes à nos propositions.

Une personne de grande autorité nous écrivait dernièrement ceci : « Le moment est venu de s'étonner que votre système si simple, si économique, si pratique n'ait pas déjà été accepté et appliqué. »

Le bornage devant la Société des Agriculteurs de France.

La Société des Agriculteurs de France était à peine constituée, qu'elle mettait à son ordre du jour les questions de
bornage, livre foncier-terrier, constitution et transmission de
la propriété foncière rurale.

Un des membres de cette Société, M. le sénateur Labiche,
a fait un rapport très circonstancié, dont les conclusions favorables au bornage ont été acceptées. Il a donné, comme
exemple, les travaux de bornage que nous faisions exécuter
alors dans le canton nord de Limoges.

A la session de 1873, sur un rapport de M. Cochin, elle
a voté le bornage obligatoire pour constituer le grand livre
foncier terrier et le tenir au courant des mutations.

Les discussions, au congrès international de la propriété
foncière, avaient édifié sur les tendances de quelques économistes qui voulaient un livre foncier exotique, diabolique.

En repoussant les livres fonciers tels qu'ils étaient présentés et définis par la commission du cadastre, le congrès
et la société n'ont pas repoussés l'idée de constitution de la
propriété, de la sécurité de sa transmission ; ils l'ont, au
contraire, affirmée en recommandant le bornage.

C'est cette mesure utile, économique, politique, conserva-
trice, démocratique, sociale et libérale que nous avons demandé à la Société des agriculteurs de continuer à préconiser. Le bornage devait fournir les éléments du livre
terrier qui aurait été celui des agriculteurs de France.

Le 14 décembre 1893, M. le président Sénart a fait à la
dite société une communication pour lui soumettre notre
travail.

La commission extraparlementaire du cadastre a délégué
M. Bonjean, l'un de ses membres, près de la Société des
agriculteurs de France, pour lui expliquer son livre foncier.
M. Bonjean n'a pu obtenir d'être entendu.

La loi du 17 mars 1898 a ému la Société. Elle a accepté
nos observations qui en indiquaient les défectuosités et les
dangers. Seulement, nous proposions de la réformer, de la
compléter. La Société a conseillé aux communes de ne pas

s'en servir, sauf aux propriétaires à s'entendre entre eux pour le bornage de leurs propriétés. C'est la consécration de notre système.

Dans un rapport très documenté, très circonstancié, M. le le député Fouquet a dit ceci : « La loi du 17 mars 1898 a donné lieu à de très intéressantes observations de notre collègue Freyssinaud, qui a indiqué les modifications qu'elle devait subir pour rendre les services qu'on attend d'elle. »

Sur nos propositions, la Société a aussi proclamé la nécessité de borner les communaux et les talus de routes. C'est par cette mesure que la loi du 17 mars 1898 doit être mise à exécution.

A la Société des agriculteurs de France, où nos propositions sur la loi du 17 mars 1898 ont été discutées, M. Le Marois, avocat à la la Cour de cassation, a parlé dans le sens des réformes ; il s'est dressé contre la répulsion draconienne de cette loi.

***

Instruction primaire. — Enseignement agricole
à tourner dans le sens de la géométrie et spécialement
de l'arpentage et des nivellements.

L'instruction primaire, se rattache essentiellement à la réfection et à la conservation du cadastre ; nous insistons sur cette vérité dont la loi du 17 mars 1898 a fait une nécessité. — Avant d'indiquer le mode de procéder que nous croyons le plus simple, le plus pratique et le plus économique pour ces grandes œuvres, il est utile de parler des rapports de l'enseignement agricole avec le bornage et la conservation du cadastre.

A la séance du Sénat du 4 juin 1898, M. Leplay, sénateur de la Haute-Vienne, a interpellé le gouvernement sur l'insuffisance de l'enseignement agricole dans les écoles primaires. — Il a montré les embarras de l'agriculture, les charges et les inconvénients qui pèsent sur la propriété et la démocratie rurales. Il a donné comme moyen de les soulager, l'enseignement agricole, vulgarisant les connaissances pratiques chez les plus modestes ouvriers ruraux.

Parmi ces connaissances utiles et pratiques, nous en présentons une qui fait depuis quarante ans l'objet de nos préoccupations. Elle prend aujourd'hui une grande actualité dans la loi du 17 mars 1898 sur la revision du cadastre. — Nous voulons parler de l'enseignement agricole tourné dans le sens de la géométrie et spécialement de l'arpentage et des nivellements.

Il est nécessaire d'expliquer le lien qui relie l'enseignement agricole au cadastre et de rapprocher ces deux mots qui paraissent distants.

Le mot cadastre entraîne l'idée complexe de la fiscalité et de la géométrie ; mais il renferme aussi l'idée de la constitution physique et juridique de la propriété foncière rurale, par la délimitation et le bornage des propriétés. Laissons, pour le moment, de côté la fiscalité pour ne parler que de la géométrie élémentaire et du bornage usuel dans les campagnes, afin de montrer l'utilité de l'enseignement agricole pour les nombreuses circonstances où la propriété rurale aura besoin du concours des écoles primaires, pour sa constitution et sa transmission.

La loi du 17 mars 1898 sur la revision du cadastre rend indispensable l'enseignement agricole tourné dans le sens de la géométrie et spécialement de l'arpentage et des nivellements.

A la lecture de cette loi, on demeure convaincu de la nécessité, pour tous les propriétaires grands et petits, de savoir lire les plans géométriques, de savoir en faire l'application sur les terrains, d'être en mesure de les discuter, de pouvoir en établir de nouveaux.

C'est surtout l'article 9 (conservation du cadastre) qui rend indispensable l'enseignement agricole tourné dans le sens que nous avons indiqué.

Cette question de l'enseignement agricole nous a préoccupé depuis longtemps. En 1860, nous nous sommes mis à l'œuvre de la constitution physique et juridique de la propriété foncière rurale; par le bornage cadastral. Nous avons ainsi opéré le grand livre terrier juridique qui sert depuis 30 ans de règle entre les propriétaires du canton nord de Limoges.

Dans les départements du centre de la France, les géomètres de profession sont rares ; on est obligé de s'adresser aux fonctionnaires qui pratiquent la science de la géométrie.

Il est difficile de les détourner de leurs occupations habituelles, et, de plus, il faut les payer très cher.

Pour obvier à ces inconvénients, il nous est arrivé souvent, dans le cours de nos opérations de bornage, de nous faire assister et aider par les instituteurs et leurs écoliers.

En 1868, nous avions institué, pour les écoles primaires de Limoges, des prix d'arpentage et de nivellements ; voici en quels termes le journal de la localité rend compte de la distribution de ces prix.

« Prix pour l'arpentage et le nivellement institué par M. Freyssinaud, juge de paix du canton nord de Limoges.

« Concours des écoles primaires de la ville de Limoges.

« . . . .

« Concours des écoles primaires du canton nord extra muros.

« . . . .

« Avant de lever la séance M. le Président a remercié chaleureusement, au nom de M. le ministre de l'instruction publique, M. Freyssinaud, de l'excellente initiative qu'il a prise et dont on peut espérer les meilleurs résultats. »

On peut se demander si l'instruction primaire, dirigée dans un sens favorable à l'agriculture et tout spécialement de l'étude des questions d'arpentage et de nivellement, peut arriver à la solution demandée ou plutôt aux résultats entrevus.

La vérité sort des compositions qui portent les opérations d'application du cadastre actuel, de son renouvellement et de sa conservation, sérieusement et exactement faites par les jeunes élèves des écoles primaires du canton nord de Limoges, qui ont concouru aux prix établis.

Les élèves ont retracé par écrit et sur le terrain les limites des numéros du cadastre sur lesquels s'étendent le champ de foire de Limoges et la grande esplanade de l'église de Couzeix; c'est *le bornage d'après le cadastre actuel.*

Ils ont, sur la feuille cadastrale, tracé à l'encre rouge les lignes nouvellement établies, les modifications faites sur le terrain depuis la confection du cadastre : c'est le *cadastre rectifié, renouvelé.*

Ils ont indiqué sur la feuille cadastrale les lignes *divisoires* d'un terrain à partager : c'est le *cadastre tenu au courant des mutations.*

*
* *

Lorsqu'on a fait le cadastre en France, les hommes suffisamment instruits manquaient ; les instruments manquaient également de perfection ; on prenait partout de simples chaîneurs, des aides géomètres, pour en faire des géomètres et le travail se faisait tant bien que mal et par à peu près ; il y avait peu de concours à attendre des autorités municipales et des populations ; on ne pouvait faire qu'une œuvre imparfaite ; on la fit au point de vue de l'impôt.

Aujourd'hui les circonstances seraient meilleures ; mais on souffrira beaucoup des difficultés anciennes, si l'on n'introduit pas dans les écoles primaires les éléments d'arpentage, de -nivellement et de lecture des plans.

Des nivellements : Toutes les fois qu'on parle d'arpentage, l'idée des nivellements suit de près, car dans les propriétés se trouvent toujours des servitudes d'eau, de passage ou autres qui nécessitent l'emploi du niveau. Cette science est si facile, que déjà la plus grande partie des élèves en connaissent les éléments. Son utilité appliquée aux irrigations et aux drainages n'a pas besoin d'être démontrée, surtout dans notre beau pays, où les prairies naturelles, arrosées par des eaux vives bien réparties, produisent des végétations véritablement luxuriantes, où les terres drainées produisent d'abondantes récoltes. De même en Tunisie, en Algérie où la pratique des irrigations est telle que, dans le concours agricole qui s'est ouvert à Tunis, il y a eu des prix spéciaux pour les irrigations.

Tout le monde comprend que l'usage du niveau entre les mains des cultivateurs chargés de rigoler les prés, d'arroser les vignes et les autres cultures, leur apprendra à conduire les eaux dans les endroits où les irrégularités du terrain trompent l'œil le mieux exercé et font négliger des parties sèches et arides, qui peuvent être vivifiées par des irrigations bien conduites, de même que les terrains humides peuvent être fécondés par les desséchements.

La pratique des nivellements est appelée à un grand avenir ; c'est par les élèves des écoles primaires qu'elle doit
pénétrer de plus en plus dans les campagnes.

Pour arpenter et niveler il faut des instruments. On regrette
de constater que la plus grande partie des écoles primaires
de France, d'Algérie et de Tunisie, manquent de ces instruments essentiels. Ce serait le cas de demander à Leurs Excel-
lences MM. les Ministres de l'Instruction publique et de
l'Agriculture, de ne point oublier ces écoles dans la répartition des fonds alloués par la loi du 26 juillet 1868 et autres
et de les faire doter des instruments indispensables à la pratique des arpentages et des nivellements, au point de vue
agricole.

On ne comprend pas qu'après tout ce qui a été dit et fait
depuis 1863 jusqu'à nos jours, la question de l'instruction
primaire dans le sens de l'agriculture soit restée la même.

Le second Empire s'est préoccupé de ces questions ; nous
en trouvons la preuve dans un décret impérial du 2 juillet 1864
qui rend obligatoire dans les écoles normales primaires l'enseignement de l'agriculture, de la géométrie, de l'arpentage
et du nivellement, et dans les rapports géminés des ministres
de l'agriculture et de l'instruction publique à l'Empereur au
mois de février 1867.

Ces rapports ont été suivis d'un autre décret qui nomme
une commission chargée d'étudier et de proposer les mesures nécessaires pour développer les connaissances agricoles
dans les écoles normales primaires, dans les écoles communales et dans les cours d'adultes des communes rurales.

Le 8 avril 1868, M. le ministre de l'agriculture, président
une distribution de récompenses, prononçait ces paroles : —
« Parmi les questions importantes soulevées par l'enquête,
« il en est deux qui sont déjà l'objet de l'attention parti-
« culière du gouvernement, je veux parler de l'enseignement
« agricole et des chemins vicinaux.

« Une commission spéciale, composée des hommes les
« plus compétents, a indiqué les mesures à prendre de
« concert avec M. le Ministre de l'Instruction publique, pour
« former dans les écoles normales primaires des instituteurs
« capables d'enseigner aux enfants certaines connaissances

« utiles à l'agriculture. *L'instruction dans les campagnes* « *doit surtout avoir un but pratique, les notions de l'ar-* « *pentage, des nivellements* ».

En 1889, nous avons été admis à l'exposition scolaire en collaboration avec M. le ministre de l'Instruction publique. Nous avons fourni à cette exposition une collection de plans, que nous avons appuyés d'un mémoire.

En 1893, nous avons fait accepter par la Chambre des Députés une proposition de loi qui porte ces dispositions. .

« *Écoles primaires.* — Dans les écoles primaires, dans les cours supérieurs des écoles élémentaires, dans les classes d'adultes, l'instruction sera dirigée vers les études de la géométrie, particulièrement vers l'arpentage et les nivellements. Ces écoles seront dotées des instruments indispensables à l'étude et à la pratique de cette science. »

. A l'exposition philomathique de Bordeaux qui a eu lieu en 1895, nous avons envoyé nos plans et documents ; le jury nous a décerné une médaille d'argent. La commission a gardé les motifs de notre exposition et, malgré l'insistance de notre correspondant, elle ne nous a pas rendu nos plans. Nous sommes ainsi privé de la satisfaction d'en donner communication.

L'ère de la géométrie va s'ouvrir de nouveau. La nécessité de son concours va lui donner un brillant éclat. L'étude de ses éléments est appelée à fournir les plus grands avantages.

* * *

Mode de procéder pour le bornage cadastral.

Il est utile de copier quelques pages du rapport de M. le sénateur Casabianca sur le code rural. C'est sous les impressions de ce rapport que nous avons conçu notre travail et que nous avons fait, par le bornage cadastral, le livre terrier du canton nord de Limoges. Cette opération a été faite, simplement, avec l'assentiment, même le concours, des propriétaires aidés de toutes les influences locales (').

Année 1856. — Sénat. — Extrait des rapports faits par M. le

(1) Bornage à *la bonne franquette.*

comte de Casabianca au nom de la Commission du Code rural, et adressés par le Sénat à l'Empereur. — Votés sans modifications dans la séance du 3 avril 1856.

§ 2. — *Bornage.*

« Le Code Napoléon a rangé parmi les servitudes l'obligation imposée à tout propriétaire de concourir, si le voisin le requiert, à l'abornement des immeubles contigus. Cette opération est facile et peu dispendieuse, toutes les fois que les parties sont d'accord sur les limites. Malheureusement il n'en est plus ainsi, dès que s'élève une question de propriété. Il faut alors, quelque minime que soit la valeur du terrain contesté, recourir au tribunal de première instance. Ces sortes de procès nécessitent des expertises et souvent des enquêtes et des descentes sur les lieux, quelquefois même la mise en cause de tous les voisins. De là des frais énormes et d'interminables incidents. Les parties reculent devant ces épreuves ; et voilà pour quel motif on rencontre en France un si grand nombre de propriétés rurales qui n'ont ni bornes ni clôtures, et dont la ligne séparative n'est marquée que par un sillon de charrue. La facilité des empiètements les multiplie. Combien de cultivateurs, devenus petits propriétaires, qui, si leur champ n'est pas borné, ne se font pas scrupule de l'agrandir au détriment de celui de leur voisin ! C'est, dans les campagnes, la principale cause de désunion, de voies de fait ou de litiges ruineux. La législation qui les préviendrait serait donc éminemment utile ; mais par quels moyens ? Ici des difficultés inextricables se présentent.

Déclarer le bornage forcé et y faire procéder par voie administrative, ce serait ébranler le droit de propriété dans ses fondements et couvrir la France de procès.

La voie de la persuasion nous paraît devoir être plus efficace que celle de la contrainte législative, pour déterminer là masse des propriétaires à borner leurs champs. On nous a cité des juges de paix qui ont reçu de leurs administrés le mandat de délimiter eux-mêmes toutes les propriétés de leur ressort, qui se sont acquittés de cette tâche si importante à la satisfaction générale et qui ont ainsi fait disparaître de leur canton tout germe de discorde. Nous émettons le vœu que le Gouvernement donne de la publicité à ces faits, indique la marche qui a été suivie, *invite les magistrats des localités, juges de paix, maires, adjoints, à imiter cet exemple, les y encourage par des récompenses honorifiques, fasse un appel à tous les autres fonctionnaires, aux membres des Conseils généraux, des départements, des communes, des chambres d'agriculture, des comices agricoles, et les engage à user de toute leur influence, à unir leurs efforts pour fixer partout la propriété par des signes apparents et incommutables* . . . .

On pourrait faciliter l'opération du bornage *en diminuant les frais judiciaires ;* la réduction des droits d'enregistrement porterait sur les actes que désignerait un règlement d'administration publique. On rendrait aussi les expertises moins onéreuses, si on en chargeait les fonctionnaires déjà salariés par les communes ou l'Etat, arpenteurs, géomètres, agents voyers, employés des ponts et chaussées. On leur allouerait une taxe moins élevée qu'aux experts actuels, et on leur recommanderait de ne donner à leurs procès-verbaux que l'étendue strictement nécessaire. »

* * *

Identité et qualité des propriétaires.

Il est de principe que le bornage, pour avoir la force et les qualités de titre, ne peut être fait que du consentement des propriétaires des terrains contigus, ou par suite d'une demande judiciaire en bornage (art. 446 du C. c.). Les intéressés dans le bornage devront donc réciproquement s'assurer des droits des voisins et de leur situation au point de vue de la propriété. Les détenteurs, fermiers ou autres chargés de procuration peuvent donner la désignation de celui pour qui ils exploitent une propriété rurale.

Le mode de convocation varie de la simple lettre à la citation.

Mineurs, interdits, communes, établissements publics.

La principale objection qui, dans tous les temps, a été faite contre la délimitation générale, c'est la difficulté, et même l'impossibilité d'opérer régulièrement, lorsqu'au nombre des intéressés se trouvent des mineurs, des établissements publics, etc.

Depuis plusieurs années, partout où il y a bonne gestion, les propriétés rurales des établissements publics sont particulièrement l'objet de délimitations isolées, malgré les difficultés et les vices inhérents à l'opération ; toujours les tuteurs et autres représentants des incapables prennent part à cette opération, et même parfois la requièrent, sans qu'on ait jamais songé à l'attaquer et à la faire annuler comme irrégulière.

Néanmoins, il sera bon, pour donner une complète sécurité à tous les propriétaires qui concourront aux délimitations générales, d'insérer dans une loi la disposition qui consacrera en principe le droit pour les tuteurs et autres administrateurs de consentir dans ces opérations à toutes les conventions relatives à la fixation des limites des propriétés dont ils ont la gestion, de manière à donner à ces conventions un caractère de légalité incontestable. C'est ce que nous avons demandé dans notre proposition de loi.

Immunités, primes, subventions.

Le Gouvernement devra favoriser, par tous les moyens qui sont en son pouvoir, la délimitation générale, dont les résultats seront si utiles, si précieux à tous les points de vue. Il doit être, il est assurément loin de sa pensée de l'exploiter comme une source d'impôts nouveaux.

Les encouragements du Gouvernement qui s'étendent avec une si judicieuse générosité sur toutes les institutions d'utilité publique, spécialement sur celles qui s'appliquent au progrès et à la prospérité de l'agriculture, ne devront pas se borner aux immunités dont nous venons de parler.

Il pourra être bon d'accorder des primes aux propriétaires qui exécuteront des délimitations, surtout dans les premiers temps où dans certaines localités ce stimulant sera reconnu nécessaire : le Gouvernement y trouvera l'avantage, au moyen de cette modique dépense, de se procurer un cadastre bien préférable à l'ancien, qui lui a coûté si cher (¹).

**

Crédit hypothécaire. — Crédit agricole.

La loi du 20 juillet 1860 a autorisé la création d'un éta-

(1) Noizet.

blissement annexé à celui du Crédit foncier pour réaliser sur ce point les intentions de l'Empereur, manifestées dans le programme du 3 janvier précédent, en ces termes : « *Il faut faire participer l'Agriculture aux bienfaits des institutions de crédit* ».

Cette institution dite *Caisse du crédit agricole* est organisée ; un décret du 16 février 1861 a approuvé les statuts de la société anonyme formée à Paris sous cette dénomination, tels qu'ils sont contenus dans un acte notarié du 30 janvier précédent ; elle s'accommodera et se prêtera plus que celle du Crédit foncier aux besoins, aux mœurs et aux habitudes des petits cultivateurs, mais elle ne peut faire disparaître le vice capital du défaut de bornage.

La délimitation des propriétés rurales, en leur donnant la consistance et la stabilité qui leur manquent, et en régularisant leur transmission et les moyens de justifier leur possession, est le seul remède qui permettra à la petite culture de profiter de ces avantages créés particulièrement pour elle et dans son intérêt.

Ainsi, dès 1808, lorsque le Gouvernement consulta les cours impériales sur un projet de code rural, la cour de Grenoble, après une dissertation fortement motivée, demanda que ce code posât, en principe, l'obligation pour tous les propriétaires ruraux de délimiter leurs terres, et déterminât les règles et les procédés de la délimitation générale. Les cours de Nancy et d'Amiens émirent à cette occasion des opinions fort remarquables dans un sens analogue.

Les conséquences de la loi du 20 juillet 1860 ont été poursuivies jusqu'en ces derniers temps ; elles font encore aujourd'hui l'objet des préoccupations des économistes et du Gouvernement. — La loi du 24 juillet 1867 a accordé toute facilité pour fonder des sociétés de crédit agricole, des caisses de crédit rural. — La loi de 1884 facilite la création des syndicats agricoles.

En 1892, il a été présenté un projet de banque agricole qui fut abandonné. — La loi du 5 novembre 1894 a créé les sociétés locales du crédit agricole. — En 1898, M. Méline, président du conseil, présenta pour le Gouvernement un projet de loi ayant pour but « l'institution de caisses régionales de crédit mutuel et les encouragements à leur donner, ainsi qu'aux sociétés et aux banques locales du crédit agricole mutuel ».

D'un autre côté le crédit hypothécaire fut soumis a des études et motiva des rapports de la part des hommes compétents et spéciaux.

A tous ces grands travaux, à toutes les mesures qui tendent à favoriser les crédits hypothécaires, agricoles ou autres, nous répondrons par le renvoi à nos observations faites au congrès international de la propriété foncière, pages 63 et 64.

*

* *

Bases d'après lesquelles le bornage doit être effectué. — Les titres. — La possession.

La possession annale doit être le moyen principal pour fixer les limites ; elle joue le plus grand rôle, mais elle n'est pas exclusive des moyens de fait et de droit.

Nous n'avons pas à nous inquiéter du pétitoire ; il est examiné par les tribunaux après épuisement de la conciliation.

Possessoire et pétitoire donnent lieu à des difficultés souvent inextricables ; nous en abandonnons l'étude à Messieurs les Juristes avec toutes les subtilités qui les entourent. Nous en affranchissons les gens simples, mais pratiques, avec lesquels nous voulons faire du bornage. Les propriétaires fonciers, agronomes, conseillers municipaux, experts, géomètres, hommes d'affaires de toutes les catégories, habitués aux choses de famille et de propriétés, les personnes étrangères à la magistrature, mais initiées aux intérêts de la propriété foncière rurale, ceux qui sont journellement chargés par les tribunaux ou par les parties de reconnaître la possession, la limite des héritages, d'appliquer des titres, de constater des anticipations, de planter des bornes, etc., ceux-là n'ont pas besoin de connaître la doctrine, souvent incertaine sur ces questions. Il en est autrement des juges de paix et magistrats des degrés supérieurs, des avocats, avoués et autres officiers ministériels ; ceux-ci sauront trouver les ouvrages de droit, qui les édifieront sur les différents cas en controverse,

L'importance pratique du bornage n'est pas douteuse ; et cependant, chose étrange, malgré la multitude des questions de bornage, malgré leurs difficultés qui tiennent aux appréciations les plus délicates, celle des titres et de la possession, aucun ouvrage, aucun monument de jurisprudence, n'existe sur ce sujet.

Nous cherchons à combler ce vide par les diverses matières élémentaires que nous traitons relatives au voisinage. Nous croyons ce travail utile puisqu'il n'est pas un propriétaire, un détenteur ou régisseur des biens d'autrui, qui n'ait besoin d'y recourir journellement, pour s'éclairer sur ses droits et devoirs envers ses voisins. Et de plus, en ce moment où la question de bornage est à l'ordre du jour sous les diverses appellations de Cadastre, Livres fonciers-terriers et autres, il faut que les propriétaires soient avertis et qu'ils se tiennent prêts sur la défense de leurs droits, surtout en présence de la loi du 17 mars 1898.

Nous ne nous dissimulons pas toute la difficulté de notre sujet, il semble que plus on va, plus les obstacles naissent ; mais les encouragements que nous avons reçus, les prises en considérations de notre travail, qui date de 40 ans, sa consécration dans diverses mesures gouvernementales, doivent être pour nous un motif de persévérance dans un projet depuis longtemps conçu, mais retardé, par suite des circonstances.

Dans les conditions où nous nous plaçons vis-à-vis des personnes et des choses, les difficultés de notre entreprise nous paraissent diminuées. Notre travail reçoit un caractère d'opportunité par la loi du 17 mars 1898, qui laisse plus que jamais dans les limbes la question juridique sur le bornage.

Titres : Pour les demandes en revendication, les titres sont très utiles ; ils ont aussi très souvent des indications pour les limites ; mais en l'absence de ces indications ils sont d'un faible secours. Dans notre déposition à l'enquête de 1867, nous avons suffisamment édifié sur la valeur des titres qui sont pour la plupart, *res inter alios acta*, et qui ne peuvent servir à régler les questions de contenance ; nous y avons aussi parlé de l'inanité des mesurages, on peut s'y reporter.

La possession annale : Malgré notre désir d'éviter la doctrine, il nous faut sommairement parler de la possession, pour guider les propriétaires dans la recherche et la défense de leurs droits. Elle est une présomption légale de la propriété; elle doit remplir les mêmes conditions que celles qu'exige la loi pour prescrire.

Les actes de possession varient suivant la nature des terrains, les usages des pays, les circonstances diverses. Il faut que ces actes soient bien spécifiés ; des actes légers ne sont pas suffisants. Ils doivent être faits *animo domini*. Les anticipations peu considérables qui sont des variations de labourage, de sciage des blés, de fauchage des herbes, de ramassage de fruits, même de coupe de bois taillis et autres cas semblables, ne tirent pas à conséquence pour la possession et la prescription.

Du reste, il ne faut pas oublier que, dans les bornges, il faut avoir en vue la conciliation, l'amiable composition, pour lesquelles l'application draconienne du droit n'est pas indispensable ; c'est le cas d'appliquer le principe, *sommum jus somma injuria*, surtout entre voisins qui doivent vivre en bonne intelligence.

*
* *

L'action en bornage est-elle réelle, personnelle ou mixte ? — Sans vouloir entrer dans la doctrine, nons dirons que l'objet auquel elle se rapporte étant essentiellement immobilier, cette action est réelle, et cependant plusieurs auteurs l'ont considérée comme personnelle. Pottier dit qu'elle a ce caractère, puisqu'elle naît de l'obligation personnelle que les voisins ont contractée par le voisinage. Nous aimons mieux dire avec Poncet qu'elle est mixte.

Gardons-nous de confondre l'action en bornage avec l'action en revendication.

*
* *

Des règles du bornage. — Ce qu'on doit y comprendre : chemins publics et privés. rivières, ruisseaux, haies, confins fossés, titres, etc. (Millet, page 351.)

En dehors de la borne proprement dite, les autres signes limitatifs qui ont certaines dimensions, qui sont soumis à des variations, ont besoin eux-mêmes de points fixés et de signes mathématiques appliqués sur eux et désignés dans les écrits. Aux rochers, aux murs, aux arbres, on incruste des rainures, des croix, des marques quelconques. Aux fossés, aux haies, aux tertres on place des bornes en pierres pour fixer et assurer la ligne divisoire ; on en met aussi aux pieds des arbres, des pieds corniers. Les rideaux, termes ou lisières qui ont quelquefois des dimensions considérables doivent être munis de bornes à points fixes pour empêcher les empiètements, les déchaussements, les éboulements.

Dans certains pays, les tertres sont supposés faire partie de l'héritage supérieur, dans d'autres c'est le contraire. Nous estimons que ceux qui sont chargés du bornage doivent tenir compte des usages, des circonstances, des exigences de l'agriculture et des dispositions des terrains. La possession peut être déterminante.

Les clôtures appartiennent le plus souvent aux héritages qui en ont besoin.

Les arbres et les haies non mitoyens sont censés plantés en deça de la ligne séparative.

Les chemins privés, toutes les voies privées, qu'ils portent le nom de ruraux, vidanges, sentiers, sentes, piésentes, de servitude ou autrement, étant communs, à moins de titres contraires, aux propriétés qu'ils bordent, doivent être bornés; d'abord pour en empêcher la variation de çi et de là, ensuite pour fixer la jouissance à cause des herbes, des feuilles, des fruits, comme la chataigne, les noix, etc.

Les petites rivières, les ruisseaux, doivent aussi recevoir le bornage pour les mêmes motifs.

* * *

Recherche des bornes. — Plantation de bornes.

Les discussions de délimitation ne se jugent bien que sur les lieux. C'est en leur présence que les titres s'interprètent sans équivoque ; que les subterfuges échappent à la mauvaise foi ; que les droits s'éclaircissent.

Lorsque la ligne de séparation entre deux propriétés est incertaine, il faut d'abord consulter les titres et les anciennes marques s'il en existe ; ensuite la possession ; enfin le cadastre et autres renseignements publics. Il faut rechercher les bornes par les moyens pratiques, qui varient suivant les contrées, leurs usages, etc. Il en est de même pour leur plantation.

Parmi les marques sur le terrain, il y a celles des sillons ou autres travaux manuels dont les empreintes sont de longue durée. C'est autour de ces marques, de ces sillons, qu'il faut fouiller pour trouver les anciennes bornes.

Lorsqu'entre deux voisins les titres manquent, c'est le cas d'appeler à son aide toutes les autres circonstances, la possession, les signes limitatifs, les bornes naturelles du terrain, ravins, ruisseaux, etc. ; la disposition des lieux, les anciens arpentages, plans terriers, cadastre et autres documents utiles à découvrir la vérité et fonder une décision.

On doit s'attacher aux confins plus qu'à la contenance, qui dans les actes est presque toujours indiquée d'une manière incertaine. On a même vu des acquéreurs insister pour que la véritable contenance soit augmentée afin de s'en prévaloir par la suite. Le principe que les confins doivent être préférés à l'énonciation de contenance est d'une jurisprudence constante.

A mesure que les propriétaires se mettent d'accord sur la délimitation, on place des pieux, des bornes provisoires qui deviennent définitives par la plantations de bornes fixes, décrites dans le contrat de bornage.

On peut borner les héritages par toutes sortes de manières : planter des arbres, des haies pour servir de limites, creuser des fossés, élever des murs, etc. Mais le seul moyen auxquel une partie puisse forcer l'autre de contribuer, est celui de borner avec des pierres plantées debout et enfoncées en terre aux confins des héritages. On plante ainsi à chaque extrémité, ou deux pierres réunies, ou une seulement, et dans ce cas, pour la mieux caractériser, on brise une brique ou l'on fend une pierre en deux morceaux qui puissent se réunir, puis on les place au-dessous de la borne, ces deux morceaux sont appelés des témoins ; leur but étant de faire distinguer la véritable borne des autres pierres.

Les bornes doivent être décrites dans un procès-verbal,

Après que les bornes auront été plantées, que le procès-verbal de bornage aura été régularisé de manière à faire titre, les techniciens, ingénieurs et praticiens du cadastre en assureront la position sur le papier par les procédés techniques. Ce seront les plans.

*
* *

Procès-verbal de l'opération de bornage.
Ce qu'il doit contenir. — Plan figuratif.

Dans les pages qui précédent, nous avons analysé ce qu'ont écrit les auteurs Currasson, Millet, Jay et autres. Pour le présent chapitre nous allons emprunter des pages de M. Millet.

Il ne suffit pas de planter des bornes aux extrémités des confins de chaque champ, il en faut encore en constater l'existence. Sans cette précaution, le bornage peut devenir illusoire et donner lieu à de fréquentes usurpations, certain que l'on sera que l'on ne pourra arriver au rétablissement des limites que par une nouvelle et dispendieuse opération.

Tous les auteurs prennent soin de recommander cette mesure, et cependant il arrive presque toujours que les propriétaires qui procèdent à un bornage amiable ne l'exécutent pas.

Mais en justice, il n'en peut point être ainsi ; la preuve de l'opération du bornage est une formalité tellement importante, qu'elle doit être constatée par le juge qui y a présidé.

TOULLIER dit qu'il est d'usage de faire mention des témoins dans le procès-verbal où il est bon de donner les dimensions de la pierre *bornale*.

VAUDORÉ, droit rural. — « Pour prévenir les difficultés qui peuvent survenir après la plantation, on doit faire dresser un procès-verbal de l'opération et y fixer la longueur et la largeur de chaque pièce limitrophe. »

PERRIN. — « On éviterait bien des difficultés et on se trouverait dans les termes et l'esprit d'un arrêt rendu par la Cour de Pau le 29 mai 1839, rapporté aux ANNALES DE LA LÉGISLATION, t. VII, n° 171, si, profitant de l'avis qu'en donne TOULLIER, on avait la précaution de clairement désigner la pierre bornale, ou tout autre objet pris pour borne, dans le procès de bornage ; d'y établir la dimension et la forme de cette pierre, la distance qui existe entre les unes et les autres, leur direction, leur éloignement des murs, arbres, haies, fossés, etc., de l'un ou de l'autre voisin, et même de tous les deux, s'il est possible, enfin de désigner aussi les objets qu'on a déposés comme témoins. »

VAUDORÉ, Droit civil des juges de paix. — « On doit, pour empêcher le déplacement des lignes divisoires, dresser procès-verbal de l'abornement; on y énonce la figure des *devises* et la distance observée entre chacune d'elles ; enfin, on peut prendre des rochers, des édifices pour repère ; il est bon qu'on y indique la forme et la nature des témoins. L'opération doit être faite par le juge et par un rapport dûment homologué. »

Les auteurs ne s'occupent pas du plan des pièces de terre, et cependant ce plan est la chose la plus nécessaire pour la constatation des opérations. Dans ce plan doivent être indiquées les anciennes limites ainsi que les nouvelles, et la distance des bornes entre elles.

CURASSON a le mieux compris l'importance de ce que devait contenir le procès-verbal, en disant que la plantation des bornes, qu'elle soit pratiquée par les parties elles-mêmes, ou sous la surveillance du juge, doit être accompagnée d'un procès-verbal dans lequel il ne suffit pas de mentionner le nombre, la forme des pierres servant de bornes et les morceaux placés dessous pour témoins ; il faut avoir attention d'indiquer, dans ce procès-verbal, comment ont été levées les lignes d'une borne à l'autre ; si la ligne est droite, ou si, étant circulaire, elle forme telle ou telle courbure d'un côté ou d'un autre. Cette démonstration est la seule manière d'empêcher la transposition des bornes et de faciliter le rétablissement des limites. Un plan joint au procès-verbal d'arpentage et de bornage serait le moyen le plus sûr ; mais il ne saurait être employé que dans les délimitations de quelque importance.

CURASSON est le seul auteur qui ait parlé d'un plan à à joindre au procès-verbal de bornage, mais il ne le considère praticable que pour les opérations importantes. Il ne donne pas de motif de cette opinion. Nous n'en connaissons aucun, et nous pouvons assurer qu'il n'en existe point, car nous avons pour nous l'expérience. et il nous est déjà arrivé de faire faire par l'expert un plan d'un bornage de deux pièces de terre et même d'un simple rideau présentant des sinuosités.

Le plan est le plus sûr moyen d'obtenir une opération durable ; il peut avoir lieu pour tout bornage, quelque minime ou important qu'il soit. Il est l'image, la reproduction de ce qui est, de ce qui a été fait : aussi cette reproduction est-elle appelée plan figuratif. Dans tout bornage un plan doit avoir lieu et être joint au procès-verbal qui n'en est que l'explication motivée.

Voici ce que doit contenir, dans les cas ordinaires, le procès-verbal de bornage :

1º D'abord les formalités communes à toutes les visites de lieux faites avec expertise ;

2º La décision du juge sur les difficultés matérielles d'exécution ;

3º Les contenances matérielles selon les jouissances actuelles;

4º Les contenances d'après les titres représentés ;

5º Les pièces de terre qui n'ont pas leur compte ;

6º Les reprises effectuées sur telles ou telles pièces;

7º La contenance de chaque pièce par suite des reprises ;

8º La condamnation à fin de restitution, si les parties n'y consentent ;

9º La plantation des bornes, leur position, leur direction et la distance des bornes entre elles, ou portée de chaîne de l'une à l'autre borne, ou balance des bornes entre elles ;

10º Les restitutions des fruits, le cas échéant ;

11º La condamnation aux dépens, avec la distinction admise entre les frais de procédure et ceux de l'opération, ainsi que les frais des incidents.

***

Sans vouloir entrer dans le domaine de la géométrie, nous avons plaisir à donner quelques indications de pratique pour la rédaction des procès-verbaux et les indications à mettre sur les croquis visuels, plans synoptiques, figuratifs.

Il faut abréger autant que possible les écritures sur les procès-verbaux et les indications sur les plans, mais il faut y mettre ce qui est nécessaire pour être compris de tout le monde.

Il est facile d'appliquer le cadastre actuel et de le rectifier. Quand il s'agit de lignes courbes, c'est un peu plus difficile; mais voici un moyen simple pour établir sur les lignes courbes, les plans, les bornes et les explications.

* *

Il est facile pour le géomètre, même pour les propriétaires, de joindre les deux extrémités de la ligne courbe par une ligne droite fictive à laquelle on donnerait le nom de base.

Que cette base passe chez l'un ou chez l'autre des riverains, il n'y aucun inconvénient. Sur cette base on élèverait des perpendiculaires à la rencontre de chaque point ou devrait être placé cette borne.

Exemple ; borne A et borne B.

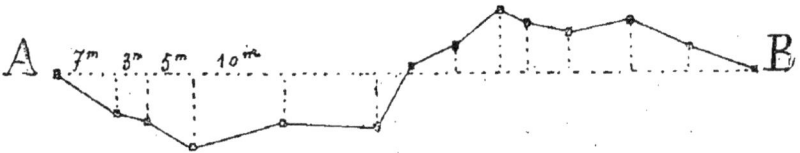

(Fig. 1.)

En consignant au procès-verbal qu'en partant de la première borne A dont la position est indiquée, vous avez fait mesurer 7 m sur la base, et qu'à ce point de la base, vous avez fait élever une perpendiculaire sur la droite de cette ligne passant par la borne n° 2 qui a été plantée à 3 m de la base; pour la 3me borne, vous avez fait mesurer sur la même base, 3 m à partir du pied de la 1re perpendiculaire et à cette distance, vous avez fait élever une seconde perpendiculaire ; aussi sur la droite sur laquelle vous avez fait placer la 3me borne à 4 m de la base; pour la 4me borne, etc., etc.

Cette ligne droite ou base passant par les deux bornes extrêmes de la partie courbe, serait mesurée par partie entre les perpendiculaires sur lesquelles seraient plantées les bornes. Ces perpendiculaires ou bases ordonnées ont été employées par tous les géomètres qui ont travaillé au cadastre, parce qu'elles abrègent le travail et que c'est le seul moyen de relever des courbes brusques et irrégulières.

Un autre avantage, c'est qu'avec deux ou trois bornes d'une courbe aussi irrégulière que possible, on peut retrouver le plan de toutes les autres.

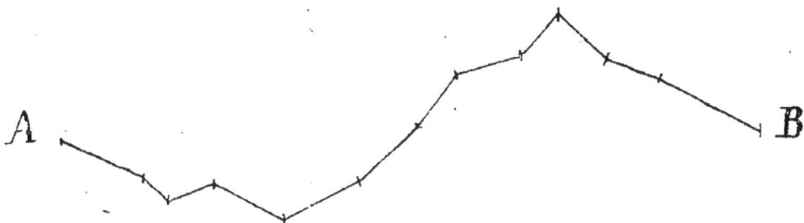

(Fig. 2.)

En ne mesurant que la distance entre les bornes, la figure pourrait changer ainsi qu'à la 2me figure. Pour obvier un peu à cet inconvénient, on pourrait indiquer les courbes et les directions. La fixation des bornes sur le plan les rendrait immuables.

La désignation des bornes d'une même propriété doit être celle d'un polygone irrégulier dont tout s'enchaîne ; aussi sera-t-il nécessaire de signaler les ruisseaux, les chemins, etc., qui bordent la propriété.

Les droits de passage, de prises d'eaux, le passage des rigoles qui vont d'une propriété à l'autre devraient être consignés, de manière que l'on puisse retrouver le point de la limite sur lequel ils sont, où ils passent.

S'il y a des haies ou des murs mitoyens, ils devront être indiqués.

Il serait utile de signaler également les fontaines, puits, abreuvoirs et lavoirs communs.

Les chemins de servitude donnent aussi souvent lieu à des discussions par rapport à leur largeur et à leur entretien.

Les irrigations donnent lieu à des contestations de toutes sortes ; les eaux des ruisseaux, celles qui sortent des étangs des réservoirs, sont l'objet de répartitions diverses. D'après

les titres, ou suivant les besoins de l'agriculture, les propriétés inférieures y ont droit, les uns pendant un jour,
d'autres deux ou trois jours, etc.

Parmi les rigoles qui se trouvent chez un propriétaire et
qui servent à un autre, il y a plusieurs usages ; le propriétaire taille la largeur de la rigole qui passe chez lui, et celui qui s'en sert la nettoie, et souvent le propriétaire du
terrain trouve qu'il la fait trop grande.

En un mot toutes les circonstances, conventions ou nécessités doivent être consignées dans les procès-verbaux.

Servitudes

Il y a nécessité de constater les servitudes dans toutes les
opérations de bornage et de délimitation des propriétés.

Nous avons parlé de cette nécessité dans plusieurs endroits
de notre ouvrage, principalement à la page 146 au titre du
cadastre, dans notre déposition, à la page 141 dans le
formulaire des procès-verbaux de conciliation, préliminaires du bornage, et ailleurs. — Les servitudes sont les
choses principales de la propriété foncière ; elles forment
sa vitalité. Cette matière exigerait des développements que
ne comporte pas notre cadre. Nous dirons même qu'il serait
dangereux pour l'opération du bornage d'insister sur la
recherche et l'examen des servitudes. Nous devons nous
en tenir à la recommandation de les faire constater dans
les procès-verbaux de bornage *lorsqu'elles ne sont pas contestées.* Cette précaution est essentielle, mais elle doit rester
facultative. Nous avons signalé aux pages citées les dangers
de l'article 691 du Code civil ; cela suffit pour avertir les
propriétaires de la nécessité de faire constater les servitudes,
pour en renouveler les titres.

Cultellation et développement.

Dans tout ce qui précède, nous avons eu occasion de parler des plans, de la contenance et du mesurage. Nous
croyons utile de donner quelques explications sur les méthodes employées par les techniciens et les praticiens pour la
confection des plans et le mesurage des propriétés.

Cultellation. — Nous lisons dans le *Journal des géomètres* : « l'expérience a prouvé aux observateurs qui s'occu-

pent d'économie rurale qu'un terrain incliné produit, en raison, non pas de son étendue en surface, mais de celle que
présente sa superficie horizontale ». Et plus loin : « Un terrain montueux ou accidenté ne donne pas plus de revenu
qu'un terrain plan, et souvent moins ».

Le problème de géométrie se trouverait résolu par un phé-
nomène d'agriculture *erroné*, qui aurait pour résultat d'affirmer que la base d'un mamelon a la même contenance que
sa superficie et que les brins d'herbe et de paille qui crois-
sent sur sa surface ne sont pas plus nombreux que si cette
surface était réduite aux dimensions de la base.

Ce raisonnement contraire à la vérité est ainsi présenté
pour justifier la méthode du lever des plans par la cultellation.

La méthode de cultellation a pour effet de réduire l'étendue inclinée d'un terrain à celle de sa base horizontale. Le
mot cultellation vient de *cultellus*, couteau, parce que dans
cette opération on ramène *idéalement* une surface inclinée
à une surface horizontale *successivement* et comme en faisant des coupes avec un couteau.

Le commissaire du gouvernement écrivait le 20 pluviose,
an XII : « Il n'y a pas de doute que la surface inclinée
d'une montagne ne soit plus grande que sa base horizontale,
. . . .
Néanmoins, il n'y a pas lieu de déroger au système généralement adopté et suivi en France d'arpenter la propriété ho-
rizontalement sans avoir égard aux pentes ou inclinaisons
accidentelles du terrain. — Ce procédé est indispensable
pour faire entrer dans la carte d'un territoire les montagnes
et les cavités qui, sans cela, ne pourraient pas y être cir-
conscrites. Il est d'ailleurs prescrit par les instructions du
ministre pour l'exécution des travaux ordonnés par les arrêtés du gouvernement des 12 brumaire an XI et 27 vendémiaire, an XII ».

La méthode de cultellation a été adoptée par le gouvernement pour l'arpentage de tout le territoire français. C'était
forcé pour la confection des plans.

Développements. — La méthode de développement relève
les mesures suivant la pente et les ondulations des terrains.

.On est forcé d'y recourir lorsqu'il s'agit de la contenance portée aux titres, parce que la mesure de la contenance a été faite par cette méthode.

La première de ces méthodes est *idéale ;* la deuxième est positive. On ne peut pas en faire l'application ensemble.

Il paraît que pour certaines contrées, la méthode par développements aurait été employée lors de la confection des plans. On se demande alors comment les géomètres ont pu faire entrer sur un plan horizontal les surfaces convexes, et comment on pourrait aujourd'hui faire le mesurage de ces dernières avec les plans dont la surface a été restreinte.

La vérité est que pour faire les plans d'ensemble, il faut la méthode de cultellation, mais que pour faire le mesurage des propriétés partielles, il faut la méthode de développement.

Dans les circonstances d'*idéalisme,* d'incertitudes, d'inexactitudes où les plans sont faits, ils ne peuvent être considérés que comme annexes indispensables, aux procès verbaux écrits.

* *

Frais et dépens.

Les lois romaines, pas plus que les lois françaises, n'ont de dispositions formelles à l'égard des frais et dépens pour la matière qui nous occupe.

Le bornage ayant lieu dans l'intérêt commun des propriétaires, les frais doivent être en commun. Si des frais étaient occasionnés par la malveillance de l'un d'eux ou dans son intérêt particulier, ce dernier devrait les supporter ; mais ceux qui sont faits pour l'opération générale doivent être payés au prorata des longueurs de la ligne divisoire de chaque propriété qui intéresse les deux voisins limitrophes ; la répartition doit être équitable suivant les circonstances. — Quand aux incidents, les frais qu'ils occasionnent doivent être supportés par ceux qui succombent dans leurs prétentions.

Nous donnerons un exemple des frais et dépens ordinaires et de leur répartition au chapitre III du bornage.

CHAPITRE III

Délimitations et Bornages internationaux.

En tous lieux et en tous temps, le besoin de limites s'est fait sentir. Les limites naturelles ont été recherchées, désirées par les nations en état de contiguïté. Les exemples en sont anciens, et récemment nous avons pu voir des incidents de frontières en des endroits où les limites sont incertaines.

Nous préconisons un système de bornage pour la France ; il peut être appliqué à toutes les nations.

Roumanie : — La Roumanie, qui paie ses dettes en vendant les biens nationaux, trouvera toute garantie dans les livres terriers tels que nous les décrivons.

Russie : — La Russie surtout en a besoin pour établir ses nouveaux changements dans la constitution de sa propriété foncière. — Il paraît que les biens-fonds appartenant personnellement à l'Empereur de Russie ont une étendue aussi grande que celle de la France entière. — Si sa Majesté faisait opérer par notre système le livre foncier-terrier de ses propriétés, cette opération qui entraînerait le bornage cadastral d'un grand nombre de propriétés contiguës serait aussi un grand exemple qui ne tarderait pas à être appliqué à toutes les Russies [1].

Les terres dépendant du domaine impérial consistent en 81,000,000 environ dessiatines [2]. La population qui y est attachée dépasse 23,000,000 d'âmes. Le reste des terres et des habitants de la campagne appartient aux seigneurs.

---

[1] M Noïzet donne sur quelques pays des renseignements qui remontent à l'année 1860 ; nous en avons de plus récents que nous ajouterons.

[2] Une dessiatine est égale à un hectare un dixième, ou cent dix ares

Dans chaque commune, avant les lois nouvelles sur l'affranchissement des serfs, ou bien le seigneur se réservait le
tiers environ des terres de son domaine qu'il faisait cultiver
par ses serfs à titre de corvée, sans pouvoir exiger d'eux
plus de trois journées de travail par semaine, et alors la
jouissance du surplus des terres appartenait à la commune ;
ou bien il se faisait payer par chaque serf une rente annuelle,
dite *obrok*, dont il fixait arbitrairement le chiffre, et alors
il abandonnait à la commune la jouissance de toutes les
terres du domaine. Dans les deux cas, tous les serfs de la
commune avaient individuellement un droit égal sur les
terres délaissées par le seigneur.

En 1837, une nouvelle ère s'est ouverte pour le cadastre,
lors de la création du ministère des domaines impériaux,
par la nomination à cette fonction du comte de Kisseleff.
C'est à ce ministre que sont dues les institutions communales de la Russie.

C'est lui aussi qui a institué le cadastre parcellaire. L'impôt personnel sur les serfs de la couronne a été alors con-
verti en un impôt foncier, qui est plutôt une espèce de fermage dont le cadastre est devenu la base.

Partout l'arpentage et l'expertise ont été effectués avec le
concours des possesseurs qui ont approuvé le travail ou présenté des observations pour éclairer les agents de l'administration, et qui ont pris ainsi part à l'imposition régulière de
leurs terres.

Les chefs de l'administration manifestent la volonté d'y
apporter toutes les améliorations dont elles sont susceptibles,
et qui concourront à l'établissement des institutions libérales
que l'Empereur a récemment octroyées à la nation. Par leurs
habitudes, les Russes sont disposés à accueillir avec em-
pressement toutes les mesures qui auront pour objet d'assurer l'intégrité des biens-fonds.

Angleterre : — Le grand cadastre d'Angleterre, dit *dooms-
day-book*, était un parcellaire conçu par Alfred le Grand
vers 880 ; il a été commencé sous Guillaume-le-Conquérant
vers 1080, et exécuté en six ans par des commissaires spéciaux accompagnés de jurés pris sur les lieux.

Ce monument des premiers temps du moyen âge que Hume

considérait comme le plus précieux que possèdent les nations modernes, est religieusement conservé dans les archives de l'Échiquier.

Depuis cette époque, il a été procédé plus d'une fois à l'évaluation des revenus des biens-fonds. La dernière évaluation a eu lieu après la révolution de 1648, sous les règnes de Guillaume et de Marie : c'est sur cette évaluation que l'impôt foncier est établi en ce moment : il en résulte que les améliorations apportées depuis aussi longtemps par les propriétaires ou leurs représentants sur leurs terrains leur profitent sans donner lieu à aucune augmentation d'impôt. C'est là une des causes auxquelles on attribue la prospérité de l'agriculture en Angleterre ; c'est une prime d'encouragement accordée à l'augmentation des produits du sol.

Les propriétés foncières sont agglomérées et ne subissent que de rares mutations : la division des parcelles est plus rare encore ; les lois qui en régissent la transmission sont loin de favoriser cette division. D'ailleurs l'impôt foncier est faible, et un simple registre où sont inscrites les propriétés est suffisant pour assurer la répartition de cet impôt. Le besoin d'un cadastre parcellaire, avec plan, se fait, par ces motifs, bien moins sentir en Angleterre que partout ailleurs.

Aussi les travaux géométriques exécutés dans ces derniers temps (1860), ne sont-ils pas de la même nature que dans les autres pays. Ils consistent dans la détermination du périmètre du territoire de chaque commune, sans distinction des natures de culture, des chemins, des rivières, des terres, des maisons, des prairies ; et encore moins des parcelles de chaque propriétaire ; tout est confondu sans indication particulière. (Extraits du livre de M. Noizet).

Espagne : — Jusqu'à présent il n'a pas existé en Espagne de véritable cadastre.

Le 5 juin 1859, une loi a ordonné l'exécution, dans tout le royaume, de grands travaux scientifiques de statistique et de mathématique sous les points de vue : 1° géodésique ; 2° maritime ; 3° géologique ; 4° forestier ; 5° itinéraire ; 6° et du cadastre parcellaire.

Des commissions, composées des hommes les plus éminents

dans les sciences et des praticiens les plus habiles, sont chargées de présider, chacune dans sa sphère propre, à l'exécution de ces immenses travaux.

La première et la dernière partie se rattachent seules tout spécialement à notre sujet.

En 1885, S. A. le prince Philippe de Bourbon a proposé à son cousin le roi Don Alphonse de se charger de l'établissement du cadastre de l'Espagne en s'entendant avec une société financière, laquelle entreprendrait tous les travaux pour la création *du grand livre foncier-terrier juridique et fiscal* de l'Espagne. Ce projet fut accueilli par le roi, sauf références aux ministres et aux Cortès.

Un rapport très complet fut fait par M. Besnier de la Pontonnerie qui a évalué la somme à dépenser à 375 millions, et qui a établi une combinaison financière pour couvrir ce chiffre.

Des correspondances ont été échangées entre le prince de Bourbon et M. Sagasta, président du conseil des ministres. On s'est adressé aux financiers de France, à ceux d'Angleterre, et finalement le projet a été abandonné faute de ressources pour son exécution.

Avec notre système, le gouvernement de l'Espagne, comme celui de France, n'aurait rien à dépenser, et il profiterait des avantages et bénéfices qui sont énumérés dans le cours de la présente brochure.

Italie : — L'Italie possède un cadastre comminatoire, élastique. On a vu ce qui s'est passé dans ce pays, quand son gouvernement a voulu passer de la menace à l'exécution, de la perception habituelle des impôts aux exigences du fisc, harcelé par les besoins de cette nation.

Caractère international. — Notre système a une portée internationale qu'il est utile de démontrer.

Si le système présenté était propagé dans les diverses nations du monde, il prendrait un caractère international ; il faciliterait les acquisitions dans tous les pays, il augmenterait la valeur vénale des propriétés en donnant aux acquéreurs une sécurité complète. La force des documents légaux, l'uniformité, la sincérité des renseignements particuliers fe-

raient disparaître toutes les incertitudes. Le caractère international est encore plus prononcé quand il s'agit des intérêts généraux-internationaux.

En 1863, lors du projet du sénatus-consulte pour la délimitation de l'Algérie, l'auteur a envoyé au Sénat une note
sur le système de délimitation qu'il croyait utile d'employer.

En 1864, un sénatus-consulte a décidé que la délimitation
en Algérie serait commencée par les tribus, et les premières
opérations ont eu lieu aux endroits les plus éloignés ; il en
est résulté de graves inconvénients, de grandes difficultés.

En 1865, des révoltes se sont manifestées, des soulèvements ont eu lieu, une prise d'armes est devenue nécessaire.
L'ordre et le calme ont été rétablis ; mais l'agitation ayant
continué, l'Empereur s'est rendu en personne dans notre co-
lonie africaine pour en étudier les besoins et y satisfaire.
Le mémoire que nous lui avons adressé au moment de son
voyage porte nos appréciations sur les conséquences de la
délimitation telle qu'elle a été commencée en Algérie.

Voici un extrait de ce mémoire : « Peut-être aurait-il mieux
« valu commencer par l'intérieur, où les choses étaient fa-
« ciles, et se développer en dehors en poussant ainsi les
« opérations jusqu'aux limites. Ce fait arrivant peu à peu
« vers les tribus ne les aurait pas effrayées ; parce qu'elles
« auraient été préparées, elles n'auraient pas craint une sur-
« prise, et la délimitation qui est une barrière morale et
« matérielle n'aurait pas produit de mauvais résultats. Il se-
« rait possible que l'opération de délimitation fût une des
« causes qui ont produit de récents soulèvements. Cette opé-
« ration a, en effet, pour but d'asseoir la propriété. C'est
« pour les arabes la consécration de notre conquête ; la coopé-
« ration ou le consentement au bornage, c'est la sanction
« d'un état de choses qu'ils n'ont pas encore accepté fran-
« chement.

« Une commission nouvelle fut nommée pour la constitu-
« tion de la propriété dans l'Algérie ; le bornage devrait
« être un des points principaux de cette opération ».

* * *

Le 26 mai de la même année 1866, à la suite de rixes

survenues entre les populations françaises et espagnoles, qui faisaient vaguement pacager leurs troupeaux dans les montagnes des Pyrénées, Sa Majesté l'Empereur des Français et Sa Majesté la Reine des Espagnols concluaient à Bayonne le traité de délimitation dont les dispositions, pour être en harmonie avec les aspirations des intéressés, comprenaient l'énumération des chemins libres et consacraient certains usages existant, ou convenus de part et d'autre. L'opération de fixation de limites et de constatation de servitudes de la frontière internationale des Pyrénées a été close par acte final signé par les plénipotentiaires de France et d'Espagne le 11 juillet 1868. On peut remarquer dans cet acte le soin avec lequel les bornes sont marquées, distancées, répertoriées, régularisées ; mais les chapitres qui frappent le plus par leur importance et les services qu'ils sont appelés à rendre à l'ordre et à la paix, sont ceux qui contiennent les conventions, les transactions, les facilités réciproques pour satisfaire aux besoins respectifs des communes limitrophes au sujet des pâturaux situés sur leur frontière, pour satisfaire d'une manière équitable à des besoins réels afin d'effacer toutes traces d'anciennes rivalités et de garantir la paix et les bonnes relations entre les intéressés ; c'est ainsi qu'il est convenu : qu'un pâturage espagnol est donné à une commune française ; que des troupeaux d'une commune espagnole peuvent pacager promiscument avec ceux d'une commune française ; que les troupeaux français ont passage libre dans une commune espagnole, et qu'une soulte en argent est spécifiée.

C'est ainsi qu'un chapitre a pour titre : *Enumération des chemins libres.*

Un autre chapitre : *Usages entre communes limitrophes*, désigne les servitudes de compascuités réciproques, de nécessités forcées pour la pêche, etc., etc.

Un autre est relatif à la jouissance des eaux d'un usage commun entre les deux pays.

Et enfin le règlement par la commission administrative internationale complète les conditions de la délimitation et assure la paix dans l'avenir entre l'Espagne et la France.

Actuellement, en Algérie, on procède à des opérations de

bornage pour l'établissement et la constitution de la propriété foncière rurale. — Loi du 16 février 1897, article 6. Dans les 30 jours qui suivront le dépôt de la requête (cette requête a pour but d'obtenir un titre délivré par l'administration des domaines), un agent de l'administration désigné par le préfet ou le général se rendra sur les lieux accompagné du requérant, ou lui dûment appelé, et procédera au bornage de l'immeuble et au lever du plan.

Bornage entre la France et l'Allemagne.

Extrait du recueil des traités de France, t. X., p. 430, — Préliminaires de paix entre la France et l'Empire germanique, signé à Versailles le 26 février 1871.

Dans l'art. 1, il est dit : une commission internationale composée de représentants de toutes parties contractantes en nombre égal des deux côtés sera chargée, immédiatement après l'échange des ratifications du présent traité, d'exécuter sur le terrain le tracé de la nouvelle frontière, conformément aux stipulations précédentes.

Cette commission internationale arrêta à la date du 26 avril 1877 un procès-verbal de délimitation (De Clercq, XII, p. 10), dont voici deux articles intéressant le bornage : — Art. 1er La frontière entre la France et l'Empire d'Allemagne a été déterminée, abornée et mesurée. . . . . Le tracé de la frontière conforme aux indications contenues dans la description générale et dans le registre d'abornement est figuré par un liseré rouge sur la carte d'ensemble et sur la carte de détail. — Art. 27. La conservation des bornes et autres signes déterminant la frontière sera confiée à la vigilance des autorités locales qui devront constater par des procès-verbaux qu'elles transmettront aux autorités supérieures les altérations que la limite aura pu éprouver.

Ces derniers renseignements nous ont été fournis par M. Ronard de Cars, professeur à l'école de droit de Toulouse, auteur d'un ouvrage sur le droit international.

CHAPITRE IV

Bornages administratifs, Bornages mixtes.

Bornages administratifs. — Délimitations administratives
des départements, arrondissements, cantons et communes.

Le bornage administratif doit être refait. Les limites
administratives ont été fixées par le cadastre qui avait fait
ses plans par limites de propriétés. C'est la délimitation
administrative telle qu'elle existe aujourd'hui. Nous ne dou-
tons pas qu'elle soit remplacée par le système des limites
naturelles préconisé par nous et accepté par la commission
extraparlementaire du cadastre.

On a bien parlé de division du territoire de la France
par carrés, avec des bornes administratives qui seraient
immuables et serviraient de repère pour le bornage des
propriétés ; mais il y aurait le grave inconvénient de laisser,
aux limites des propriétés et des parcelles, de petits morceaux de terrains, tandis que les limites naturelles (rivières,
canaux, ruisseaux, ravins, rochers, routes et chemins de fer)
terminent le plus souvent les propriétés, leurs parcelles et
leurs cultures. Rien n'empêcherait le placement de bornes
administratives ; elles seraient même indispensables pour
pour compléter les limites naturelles.

Le présent travail trouve son actualité dans les divers projets de décentralisation, dont la plupart proposent le remaniement des limites administratives, parmi lesquelles il
faut remarquer le retour aux délimitations anciennes de provinces, qui, en groupant certains départements, auraient le
bénéfice très appréciable de faire de grandes économies sur
le fonctionarisme administratif.

Nous ne discuterons pas la valeur des divers projets ; nous ne dirons pas que la commission de décentralisation ressemble à la montagne du fabuliste ; mais nous pouvons dire que, quelles que soient les modifications, il faudra les limites naturelles dont nous venons de parler, complétées par des bornes administratives.

Les questions de décentralisation, d'organisation et de réorganisation sont à l'ordre du jour ; la délimitation des circonscriptions administratives a besoin d'être refaite ; elle le sera dans un délai rapproché ; déjà des modifications sont faites dans les communes par des adjonctions et des retrictions ; on voit pas exemple à l'*Officiel* du 15 décembre, page 1351, un projet de loi portant l'érection en commune de la localité des Trois Bassins détachés de la commune de Saint-Leu. Ces exemples fourmillent. Le *Journal Officiel* du 17 décembre, page 1863, porte encore une loi qui distrait de la commune de Gentilly (Seine) la section de Kremlin-Bicêtre pour l'ériger en municipalité distincte.

Les travaux publics ont changé l'état ancien par des routes, des canaux, des chemins de fer, etc. Il y a lieu de donner satisfaction aux besoins créés par le nouvel état des choses ; les limites conventionnelles actuelles ont de graves inconvénients à cause de leur mobilité ; il y a lieu de les remplacer par les limites naturelles, sauf à les compléter par des bornes administratives immuables.

Le gouvernement s'occupe des questions de délimitation. En ce moment, il fait faire la délimitation des forêts d'Algérie (*Journal Officiel* du 15 décembre, pages 1353 et suivantes) cette mesure va être appliquée aux forêts domaniales de la France.

*
* *

Pour l'application des lois du Code civil, on a établi des tribunaux dont les limites territoriales sont incertaines ; ce qui rend souvent l'attribution de juridiction inextricable. Nous devons donc insister sur le système de limites naturelles, à substituer à celui des limites conventionnelles.

Nous prenons nos exemples dans le département de la Creuse.

La rivière le *Taurion*, traverse les communes de Mérignat et de Chatelus-le-Marcheix, laissant, au sud, de grandes parties de territoire séparées des chefs-lieux des communes et même des cantons. Il y a une partie notable de la commune de Montboucher qui est de l'autre côté de l'eau. Cette situation est d'autant plus préjudiciable aux villages qui sont séparés des chefs-lieux, des églises et des cimetières, que la rivière est torrentielle, et souvent en débords.

La commune de Sauviat fait un promontoire dans la Creuse. Elle fait partie de l'arrondissement de Limoges, dont le chef-lieu est à 40 kilomètres ; elle a vainement demandé d'être adjointe à celui de Bourganeuf, qui n'est qu'à 15 kilomètres.

Comme exemple de délimitation de commune nous prenons le polygone de celle de Saint-Amand. Une ligne tortillée, indique sur la carte de l'état-major les limites conventionnelles actuelles ; nous proposons de les changer par les limites naturelles qui seraient ainsi : Partant du Pont de Soudanas sur la rivière de Vige, nous suivons la route qui va à Bourganeuf et nous arrivons au village de Jartoux, où nous prenons à gauche le ruisseau de la Béraude, que nous suivons jusqu'au point où nous rencontrons la route nationale, que nous suivons aussi jusqu'au pont de Sauviat, puis, remontant la Vige, nous allons retrouver notre point de départ.

Beaucoup de communes se trouveraient dans des circonstances semblables. Partout où besoin serait, des bornes administratives complèteraient les polygones.

Comme anomalie, nous faisons remarquer l'étranglement de la commune de Montboucher à son milieu. Cette commune pourrait avoir comme limites naturelles, la route nationale et les rivières le *Taurion*, la *Vige*, et la *Béraude*.

Non seulement la délimitation actuelle des communes est défectueuse, mais leur formation est singulière. Il y en a qui ont une grand étendue de territoire tandis que d'autres sont minuscules. La commune de Monteau, dans l'arrondissement de Chaumont (Haute-Marne), a 22 habitants. Il y a trois électeurs inscrits. Au conseil municipal, l'un est maire, un autre est adjoint, le troisième conseiller.

La commune la moins populeuse du département de la

Somme est Guémicourt, du canton d'Hornoy qui compte 23 habitants, 7 électeurs.

Dans le canton de Vignory, la commune de Genevoye n'en a que 19. — Dans les Pyrénées, une famille tient la commune entière. — Les conseils municipaux sont composés de parents.

*
* *

Délimitations. — Bornages mixtes.

Bornage des communaux (terrains nus et terrains boisés) et des talus de routes (déblais et remblais). — Constatation de leurs servitudes actives et passives. — Plantations sur le bord des routes.

Dans notre étude sur les communaux, nous avons établi les droits des communes et ceux des sections de communes sur ce genre de propriété. Nous avons fait le tableau de leur état misérable. Nous avons traité la question sociale à leur endroit et leur rôle chez le *riche* et le *pauvre*, considérés comme grand et petit propriétaire. Nous avons démontré que la mise en valeur des biens communaux ne pourrait avoir lieu qu'en supprimant la commune jouissance par le partage en nature, mesure qui est le sujet de controverses. Il nous reste à parler de leur bornage et de la constatation de leurs servitudes actives et passives, nécessité qui doit être unanimement reconnue à cause de la notoriété des envahissements, usurpations et dilapidations de toutes sortes dont ils sont l'objet. Les dissentiments ne pourraient avoir lieu que pour des raisons inavouables.

Comme corollaire au bornage des communaux, nous demandons aussi le bornage des talus de routes (déblais et remblais), qui sont une espèce particulière de communaux. Il n'est pas un propriétaire bordier des routes, qui n'ait à souffrir des exigences de l'administration des ponts-et-chaussées, et qui ne soit exposé aux vexations et aux prévarications de ses agents. Le cantonnier est souvent le plus gênant des voisins.

Nous donnons à ces bornages la qualification d'*administratifs-mixtes*, parce qu'ils sont soumis à certaines règles administratives et qu'ils sont faits entre les propriétaires des terrains contigus et les administrations municipales, sous le contrôle de l'administration préfectorale et son autorisation.

Le bornage immédiat des biens communaux ordonné par le gouvernement aurait l'avantage de fournir une amorce considérable à l'opération du bornage général dont il poursuit l'exécution par la loi du 17 mars 1898. Leur superficie est de 4 millions d'hectares ; celle des routes en dépasse 1 million, ce qui fait 5 millions sur la superficie totale de la France qui est de 50 millions. Si ces 5 millions de communaux étaient bornés, ils entraîneraient le bornage d'une quantité au moins égale de propriétés particulières, ce qui ferait dix millions d'hectares de propriétés bornées, soit le cinquième de toutes les propriétés de la France.

De plus, les bornes limitatives des communaux et des talus de routes seraient immuables et serviraient de repères pour le bornage des propriétés particulières.

Dans la mémorable séance du 6 avril 1866, M. le sénateur baron de Ladoucette, après avoir approuvé notre système de bornage, a exprimé au Sénat, le désir de voir le gouvernement agir sur les communes à l'effet de faire borner leurs terrains communaux. Aujourd'hui, après 30 ans, ce désir est devenu une nécessité que nous constatons.

Les communes sont soumises pour les biens de leur domaine privé au droit commun. Spécialement, en matière de bornage des communaux, l'action est portée devant le juge de paix et la procédure suivie est la même qu'entre particuliers. (Requête 19 avril 1880, Dalloz 1880, 1re partie, page 416.)

La commune est représentée par son maire, spécialement habilité à cet effet par une délibération du conseil municipal et une autorisation du conseil de préfecture. (Loi du 5 avril 1884, Art 90, Nos 8 et 121).

Si l'action en bornage est intentée par le particulier, il doit déposer préalablement, à la Préfecture, un mémoire, conformément aux articles 124 et suivants de la loi de 1884.

Quant à la délimitation des fonds dépendant du domaine public, elle appartient toujours à l'autorité administrative. Elle s'exerce notamment en matière de voirie, au moyen de l'alignement. Cet alignement n'est donné qu'en cas de construction à faire dans un délai déterminé. Les limites des propriétés rurales, joignant les talus de routes restent incertaines ; elles sont à la discrétion et au caprice de l'administration des ponts et chaussées. Cette question est intimement liée à notre sujet, puisque nous demandons le bornage des talus de routes, qui sont une espèce de biens communaux.

Bornage des biens communaux.

En droit commun, les actions en délimitation ou bornage sont portées devant le juge de paix ; mais il n'en est pas de même, lorsqu'il s'agit de fixer les limites de bois soumis au régime forestier. Les règles à suivre pour procéder à la délimitation de ces bois sont tracées par le code forestier, l'ordonnance du 1er août 1827, et de nombreuses instructions de l'administration des forêts. Ces règles se résument ainsi qu'il suit :

Délimitation amiable. — La partie qui requiert le bornage doit adresser une demande au préfet du département dans lequel est situé le bois à délimiter. — Si c'est le propriétaire riverain d'un bois communal qui prend l'initiative, sa demande doit être sur timbre. Si l'iniative est prise par la commune, la demande est formulée dans une délibération du conseil municipal.

Ces lignes sont tirées d'un ouvrage de M. Bouquet de la Grye, conservateur des forêts, membre de la Société nationale d'agriculture ; elles sont suivies de plusieurs pages qui indiquent les voies, moyens et précautions que l'administration préfectorale emploie pour donner suite à la demande qui lui a été faite. Nous les emprunterons *in extenso*, pour ne pas diminuer leur saveur juridique, scientifique, professionnelle et pratiques ; nous les mettrons en annexes avec nos observations.

* * *

Le 4 novembre 1883, Messieurs les Ministres de l'agriculture, du commerce et des travaux publics, ont adressé à MM. les Préfets la circulaire qui suit ;

« *Examen des servitudes actives et passives des immeubles appartenant aux départements et aux communes.* Un assez grand nombre de départements et de communes se trouvent en possession d'immeubles qui leur ont été concédés par le gouvernement, en vertu, soit du décret général du 9 avril 1811, soit de décrets spéciaux. Ces immeubles, au moment de la cession, pouvaient posséder des servitudes actives sur les fonds voisins, ou au contraire être soumis à des servitudes passives plus ou moins justifiées de la part des propriétés adjacentes. En général, il n'a été fait aucun acte dans le but, soit d'assurer la conservation des servitudes actives, soit d'empêcher l'établissement ou de faire ordonner la suppression des servitudes passives ; il en est de même des autres empiètements qui auraient pu être commis au préjudice du département ou de la commune propriétaire. — Vous n'ignorez pas qu'aux termes de l'article 690 du code civil, les servitudes continues ou apparentes s'acquièrent sans titre par la simple possession de trente ans, et que, d'après l'article 706 du même code, les servitudes s'éteignent par le non-usage pendant le même espace de temps. Or, l'article 2281 porte, § 2, que les prescriptions commencées antérieurement au code civil, et pour lesquelles il eut fallu encore, suivant les anciennes lois, plus de trente ans à dater de la promulgation de ce code, seront accomplis par ce laps de trente ans : d'où il résulte qu'au 4 février prochain, toutes les prescriptions commencées avant la publication du code civil seront définitivement acquises. — Vous concevez dès lors, la nécessité pour les départements et pour les communes de faire examiner attentivement leurs titres de propriétés, afin d'interrompre les prescriptions qui pourraient les menacer à l'époque dont il s'agit, et particulièrement en ce qui concernent les bâtiments cédés par le gouvernement, et qui en général, acceptés sans examen par les donataires, dans l'état où ils se trouvaient, n'ont pas toujours été depuis l'objet d'une attention suffisante. Le but de la présente circulaire est donc de vous inviter à provoquer sur ce point la sollicitude des administrations locales. Il serait utile que pour les départements et les communes qui possèdent des immeubles, quelle qu'en soit l'origine, des commissions de jurisconsultes fussent nommées pour rechercher les usurpations commises, les servitudes établies sans titres par les propriétaires voisins et celles qui appartenant aux départements ou aux communes auraient cessé d'être exercées. Ces commissions pourraient être composées et nommées de la manière prescrite par le décret du 21 Frimaire, an XII, relatif aux transactions sur procès. En ce qui concerne les communes, il sera bon que le receveur municipal, qui est spécialement chargé par l'arrêté du 19 Vendémiaire, an XII, de veiller à la conservation des droits de la commune et d'empêcher les prescriptions, soit appelé dans le sein de la commission, afin d'y donner tous les renseignements qui pourraient être nécessaires. Sur les rapports de ces commissions, vous prendriez ou prescririez, suivant les cas, les mesures judiciaires ou de conciliation propres à interrompre les prescriptions. »

* * *

Excusons-nous de ce que les faits nous deviennent de plus en plus personnels, mais ils rentrent dans l'esprit des généralités.

Trente ans après la circulaire qui vient d'être copiée, et le 30 janvier 1864, M. le Préfet de la Haute-Vienne nous adressait, en notre qualité de juge de paix du canton nord de Limoges, une circulaire par laquelle il disait à Messieurs les maires :

« Toutes les communes sont propriétaires d'immeubles soit par suite de concessions du Gouvernement, soit par actes d'une autre origne. Ces immeubles peuvent posséder des servitudes actives sur les fonds voisins, ou être soumis à des servitudes passives plus ou moins justifiées, de la part des propriétés limitrophes. A la suite d'une circulaire de Son Exc. le Ministre de l'agriculture, du commerce et des travaux publics, du 4 novembre 1833, vous fûtes appelé à faire examiner attentivement les titres de propriété de ces immeubles, afin de prévenir les prescriptions qui, aux termes de l'article 2281, § 2, du Code Napoléon, allaient être définitivement acquises. Aujourd'hui, une nouvelle période trentenaire est sur le point de s'accomplir. Il est donc important, Monsieur le maire, pour les communes, de faire examiner attentivement leurs titres de propriété, afin d'interrompre la prescription qui pourrait menacer leurs propriétés, en vertu des articles 640 et 706 du Code Napoléon, et, plus particulièrement, celles qui, acquises par la concession, ont été acceptées sans examen dans l'état où elles se trouvaient, et dont la possession n'a pu être l'objet d'une attention mieux suivie. En conséquence, Monsieur le Maire, je vous engage, si votre commune possède des immeubles dotés ou grevés de servitudes, à réunir votre conseil pour rechercher les usurpations commises, les servitudes établies sans titres par les propriétaires voisins, ou celles qui, appartenant aux propriétés communales, auraient cessé d'être exercées. Les conseils municipaux délibéreront s'il y a lieu de réprimer les usurpations constatées ; il sera bon que le receveur municipal, qui est spécialement chargé, par l'arrêté du 19 ventôse an XII, de veiller à la conservation des droits de la commune et d'empêcher les prescriptions, soit appelé dans le sein du conseil municipal, afin d'y donner tous les renseignements qui pourraient être nécessaires. Les délibérations me seront ensuite adressées par l'intermédiaire de Messieurs les sous-préfets, afin de provoquer les autorisations et donner suite à ces délibérations s'il y a lieu. »

* *

Le 17 février de la même année, nous avons exposé à M. le ministre de l'agriculture que le seul moyen de donner satisfaction à ses circulaires, c'était d'ordonner le bornage des communaux avec constatation des servitudes et rectifications des plans parcellaires par des opérations semblables à celles que nous faisions dans le canton nord de Limoges pour y opérer le livre-terrier judiciaire, fiscal et agricole de la propriété foncière.

Toutes les précautions pour et contre les servitudes des communaux devaient être renouvelées 30 ans après, vers l'année 1894. Mais hélas ! malgré les avertissements de l'ancien juge de paix de Limoges, malgré ses lettres à MM. les sous-préfets, préfets, procureurs généraux, M. le ministre de l'agriculture, de la justice, lesdites précautions n'ont pas été prises, et les prescriptions, concernant les envahissements de terrains et les servitudes, sont acquises depuis l'année 1895 ; seulement, la surveillance pour les faits récents *doit être éveillée* ; il faut prévoir l'avenir.

* *

Nous avons vu ce qui s'est passé pour les bois communaux de la section de Nouhaud. Voyons ce qui est arrivé pour les autres biens appartenant à la commune et à toutes les sections de Saint-Amand.

Vers l'année 1855, nous habitions à Limoges, mais nous faisions partie du conseil municipal de Saint-Amand. Nous avons proposé à cette assemblée le bornage des communaux et le redressement des terrains envahis. La majorité de ce conseil, composée de propriétaires envahisseurs, s'opposa à cette proposition.

Il est instructif et suggestif de lire dans la délibération ce motif : « *La plupart des propriétaires voisins des communaux les ont envahis ; il leur serait désagréable et préjudiciable de les obliger à rentrer dans leurs limites à cause du trouble qui serait occasionné dans leur propriété.* »

La commune ayant été administrée par des maires et des conseillers qui avaient intérêt à conserver le *statu quo*, les envahissements et les déprédations se sont continués jusqu'au moment où les inconvénients sont devenus intolérables.

Le 8 novembre 1891, nous étions maire, et non imbu des mêmes idées que nos prédécesseurs ; nous avons eu assez d'autorité pour faire prendre au conseil municipal une délibération qui fut précédée de l'exposé et des conclusions qui suivent : — « Délibération du conseil municipal de la commune de Saint-Amand-Jartoudeix (Creuse). — Séance du 8 novembre 1891. Présidence de M. Freyssinaud, maire. — Bornage cadastral des communaux.

Le maire expose :

Les communaux de la commune de Saint-Amand-Jartoudeix sont pour la plupart soumis aux anticipations des propriétaires voisins ; mais, dans la section du Nouhaud, certains sectionnaires ont poussé l'audace plus loin : ils ont usurpé, envahi des parties notables à différents endroits qu'ils ont choisies en plein corps des propriétés promiscues, les ont closes, limitées, cultivées, pour en jouir *animo domini*, sans s'inquiéter de la promiscuité et de la gêne qui pourrait résulter pour la jouissance des autres parties de la propriété. Il est arrivé qu'après des prises de possession de cette nature, d'autres sectionnaires ont établi des cultures dans ces mêmes endroits déjà préparés pour l'ensemencement. Il en est résulté des rixes, des procès que le conseil municipal a le devoir de faire cesser pour éviter des conséquences fâcheuses. Cet état de sauvagerie ramènerait, par la méthode de *primo occupanti*, aux premiers actes de la civilisation : nous en sommes heureusement loin.

Le maire demande au conseil de nommer une commission de 5 membres, y compris le maire, laquelle pourra opérer à 3, avec le concours de l'instituteur remplaçant les géomètres qui manquent dans la contrée, à l'effet de rechercher les limites des communaux de la commune, d'arriver amiablement à leur bornage, de provoquer le déssaisissement des parties envahies après que la récolte actuelle aura été levée par ceux qui l'auront semée ; qu'aux cas de résistance aux voies amiables, le maire soit autorisé à procéder par les voies judiciaires ; qu'en tous les cas, il soit autorisé à transiger avec les voisins, et à employer l'argent de ces transactions en travaux au profit de la section ; que les frais relatifs à chaque section soient payés par elle, (le tout en se conformant aux formalités administratives) ; que dans les bornages amiables ou judiciaires, la constatation des servitudes soit faite ; que les plans soient mis au courant des mutations, modifications ; que la position des bornes soit indiquée ; qu'il soit dressé procès-verbal écrit de toute l'opération *contradictoire*, lequel procès-verbal sera, sous forme de délibération, entériné et inscrit aux registres des délibérations de la commune, dans les formes ordinaires et signé par les parties qui pourront signer ; qu'ainsi le cadastre, le livre terrier, constitutif de propriété relatif aux communaux soit mis en harmonie avec l'état actuel qui, par ventes, transactions, démembrements ou autrement, aurait modifié l'état ancien ; que les questions de partages, de ventes, d'amodiations qui sont soulevées, soient suspendues jusqu'après le bornage qui doit être préliminaire ; qu'il faut éviter ce qui s'est passé récemment dans les communes voisines, Bourganeuf et Saint-Pierre-Chérignat. On a fait des lots de partage des communaux, sans en avoir fait la délimitation, cela a fait surgir des difficultés inextricables de la part des voisins qui revendiquent des parcelles comprises dans les lots.

Avant de faire procéder au vote, le maire ajoute :

Par cette délibération, vous obéirez par avance aux instructions qui ne manqueront pas d'être données en 1893, par

M. le ministre de l'agriculture pour les mesures a prendre contre l'envahissement des communaux et pour la conservation des servitudes. Ces instructions données en 1833, renouvelées en 1863, le seront encore, comme il est dit, en 1893, pour empêcher les prescriptions trentenaires. Le seul moyen de donner satisfaction aux circulaires ci-dessus est de faire opérer le bornage des communaux avec constatation des servitudes et rectification des plans parcellaires. — Le conseil adopte à l'unanimité. »

Bornage des talus de routes. — Plantation sur les routes.

Comme corollaire au bornage des communaux, nous demandons aussi le bornage des talus de route (déblais et remblais) qui sont une sorte de communaux appartenant aux communes, aux départements ou à l'Etat, suivant le classement des routes. Pour justifier notre demande, nous allons donner copie d'une autre délibération du conseil municipal de notre commune, dans laquelle nous avons présenté les motifs qui exigent la mesure du bornage et une réglementation pour la plantation sur le bord des routes.

« Délibération du conseil municipal de la commune de Saint-Amand du 8 novembre 1891. Présidence de M. Freyssinaud, maire. — Bornage cadastral des talus de routes (déblais et remblais). Plantations sur le bord des routes.

Le maire expose :

L'incertitude des limites des talus de routes (déblais, remblais) gêne l'agriculture et produit de graves inconvénients, entre autres celui de ne pouvoir planter au bord des routes. Les propriétés bordant les routes sont livrées à l'arbitraire de l'administration des ponts et chaussées. Les propriétaires sont soumis au bon vouloir de ses agents ; ils ne sont plus bordiers des routes ; ils ont pour voisins les cantonniers qui profitent des produits qui se manifestent en bois, fruits, fourrages, etc., sur les routes et talus.

Ces inconvénients existent sur les routes vicinales surveillées par les maires et entretenues par les cantonniers ; mais ils sont bien plus désastreux en ce qui concerne les routes nationales.

Il y a des exemples d'une tracasserie vexatoire.

Dans les pays accidentés, les talus en déblais partent de la route et montent sans distinction de limites jusqu'au sommet dès montagnes, à plusieurs hectomètres ; ceux en remblais descendent en sens inverse, aussi sans distinction de limites, jusqu'au fond des vallées. Il y a des collines coupées en *cul-de-lampe* par la route qui n'a nécessité aucun travail dans un des côtés qui a la forme d'un talus naturel ; l'administration prétend y avoir des droits et y fait des actes de possession. Dans les plaines, la route est limitée par les fossés : leur curage jeté sur le champ voisin produit des tertres, des talus, qui s'augmentent au préjudice des propriétaires.

Si le riverain fait un acte de jouissance près de la route, il encourt non seulement des observations et des menaces, mais aussi des procès-verbaux. Il faut plaider avec une forte administration qui ne tient pas compte des moyens de droit ordinaire, de la jouissance par ébranchage ou autrement. Elle ne tient aucun compte de ce que la plantation a été faite par nos pères, il y a 100 ans, époque à laquelle, la loi à la la main (Décret de 1791 ou 1792), ils ont obéi aux instructions du moment, qui obligeaient les propriétaires à planter sur le bord des routes dans des conditions de distance et autres, édictées dans les ordonnances. Aujourd'hui l'administration des ponts et chaussées se les attribue, et elle fait mutiler les arbres dont les branches viennent aux fossés de la route, sous le prétexte, dit-elle d'assainissement et, inconséquence ! elle fait elle-même opérer à un mètre des fossés, sur le bord des routes, des plantations de diverses essences.

L'ancien système ne valait-il pas mieux ? Les plantations étaient faites dans de bons terrains ; elles réussissaient. Sans nuire à l'assainissement de la route, elles procuraient aux intéressants voyageurs à pied un doux ombrage pendant l'été et laissaient passer en hiver le soleil vivifiant. L'alignement était donné. S'il empiétait sur les talus, c'était sous le contrôle et la surveillance d'une administration bienveillante qui combinait l'intérêt de la voirie avec celui de l'agriculture, et qui, *sur ses terrains*, imposait des obligations comme celle de ne couper les arbres et même les ébrancher qu'avec une autorisation. — Nul doute que les arbres ainsi plantés par les propriétaires, jouis par eux, leur appartenaient.

Or, voilà ce qui se passe dans notre commune et dans celles voisines. Sur la route nationale n° 141, entre les bornes 77-78, un arbre séculaire, laissé au bord d'un talus par une rectification de l'ancienne route, a été exploité par le propriétaire riverain. L'administration a revendiqué, menacé ; elle a obtenu 20 francs pour ce chêne têtard. D'autres arbres séculaires, plantés irrégulièrement sur le bord de la route avec une haie que la déclivité a fait varier, n'ont pas tous été liés dans la haie ; l'administration les réclame.

Entre les bornes 81-82, à un endroit où il n'y a pas de talus, près du fossé, le propriétaire bordier se disposait à faire couper un mauvais cerisier d'une valeur de 2 à 3 francs ; il a été arrêté par le cantonnier qui, par les ordres du conducteur des ponts et chaussées, a coupé les broussailles de manière à isoler l'arbre et à simuler un talus, le tout sans appeler le propriétaire à fournir ses explications.

Parlons maintenant de ce qui se produit à propos des plantations que l'administration des ponts et chaussées fait opérer sur les routes à un mètre des fossés, par conséquent à 2 mètres des propriétés riveraines.

Heureusement qu'elles ne sont pas viables. Si les arbres ainsi plantés venaient grands, leurs branches s'étendraient chez les riverains. Elles iraient se balancer sur les murs, faire tomber les crépis, briser les toitures, etc. — L'agriculture aurait à en souffrir. A plusieurs mètres des arbres rien ne vient.

Mais, rassurez-vous. Les arbres que l'administration fait planter sur nos routes ne sont pas destinés à vivre.

Voici les raisons : nos routes accidentées sont la plupart en déblais ou en remblais, par conséquent des rochers et du tuf sont partout. — Partout la terre végétale fait défaut, partout les arbres sont encastelés dans le roc ou dans le tuf comme des orangers dant les caisses ; ils périssent après avoir rabougri. Quelques-uns, plus rustiques, plantés dans les remblais poussent timidement quelques branches, mais l'administration les arrête par un élagage excessif.

L'administration des ponts et chaussées, qui a pour mission de veiller à la libre circulation, lui porte des entraves.

Dans les pays de plaine, où les routes ne sont ni en déblais ni en remblais, les arbres plantés par l'administration peuvent profiter, mais ils auront toujours l'inconvénient d'encombrer les routes, de gêner la circulation et de nuire à l'agriculture. Quand à planter sur les routes des arbres à fruits, il n'y faut pas penser. En admettant de la part des habitants des campagnes et des voyageurs une réserve qui n'est ni dans leurs mœurs, ni dans leurs habitudes, le produit des fruits serait difficile à recueillir. Il faut revenir au décret de 1791 qui réglemente la plantation d'arbres sur les terrains qui bordent les routes. Les propriétaires bordiers de routes pourront ainsi faire des plantations régulières dans des terrains propices, avec des essences choisies ; ils profiteront de leurs produits. Ces plantations fourniront de l'ombre aux voyageurs, n'encombreront pas les voies publiques, ne gêneront pas la circulation.

Le bornage est obligatoire, aux termes de l'article 646 du Code civil. Le gouvernement n'a qu'à envoyer des instructions aux diverses administrations et particulièrement à celles des routes, chemins et voiries pour qu'elles appellent les bordiers en bornage de leurs propriétés, à l'exemple des chemins de fer.

La question n'est pas nouvelle. En 1867, lors de la grande enquête agricole, le bornage des talus de routes a été demandé (voir le livre des 35 déposants, déposition de M. Freyssinaud, page 409).

Après cette exposé, le maire demande au conseil de l'autoriser à faire des démarches près de l'administration des ponts et chaussées et du service vicinal pour obtenir que leurs agents appellent les propriétaires bordiers des routes et chemins en un bornage amiable, où les droits de chacun seront discutés ; qu'ils établissent les plans et profils à une échelle suffisante pour porter l'indication des limites de talus, déblais, remblais ; que la description soit faite en même temps par des procès-verbaux écrits ; qu'une copie de ces plans et procès-verbaux soit déposée aux archives de la commune pour y recourir en cas de besoin ; que toutes les routes, chemins vicinaux et autres, soient inscrits sur les plans parcellaires, à l'effet de les mettre en harmonie avec l'état actuel.

Le conseil adopte à l'unanimité ».

Les délibérations ci-dessus nous dispensent des commentaires. Elles portent les motifs du bornage des communaux et des talus de routes, en même temps qu'elles traitent la question de plantation sur le bord des routes.

La circulaire des ministres en date du 4 novembre 1833 explique la nécessité du bornage des communaux. Celle du 30 janvier 1864 renouvelle les précautions à prendre pour la seconde période trentenaire, à l'effet d'interrompre les prescriptions.

En 1894, les mêmes précautions devaient être prises ; elles ne l'ont pas été ; des prescriptions sont acquises ; il faut surveiller l'avenir.

Voulant remplir la mission qui nous était confiée par les délibérations du conseil municipal de notre commune, nous en avons transmis des copies à M. le Préfet, à M. l'ingénieur principal des ponts et chaussées du département de la Creuse, à l'administration générale des ponts et chaussées, à M. le ministre des travaux publics, en demandant les moyens pour satisfaire au mandat qui nous était donné. Nous avons fait toutes démarches ; nous n'avons obtenu qu'un silence désespérant. Les agents des ponts et chaussées ont continué leurs procédés arbitraires et vexatoires.

Personnellement, nous avons souffert des procédés ci-dessus décrits, dans notre propriété du Nouhaud. Tout dernièrement et malgré nos protestations précédentes, le conducteur des ponts et chaussées en résidence à Bourganeuf, a fait ébrancher des arbres qui nous appartiennent et a fait conduire trois charretées de ces branches chez le cantonnier. Nous avons fait de ces actes l'objet d'une plainte et d'une pétition aux chambres.

* * *

Nos conclusions tendent à ce que, préalablement au partage, si on l'ordonne, et à *fortiori* si on ne l'ordonne pas, le bornage des communaux soit fait avec constatation des servitudes et rectification des plans parcellaires ; que cette mesure soit appliquée aux biens des communes et à ceux des sections ; qu'elle soit aussi appliquée aux talus de routes (déblais et remblais).

Si, conformément aux conclusions que nous avons formulées pour les communaux, on ordonne l'aliénation, il faudra qu'elle soit précédée du bornage pour déterminer les parcelles vendues ou données en partage. Si on conserve les communaux comme propriété communale, il est indispensable de les sauvegarder des empiètements et autres malversations auxquels ils sont soumis. Dans tous les cas, le bornage cadastral doit leur être appliqué.

Quand au bornage des talus de routes (déblais et remblais) les motifs déduits dans les délibérations que nous venons de rapporter suffisent pour justifier la mesure. Le gouvernement n'a qu'à donner des ordres pour que le bornage se fasse avec les propriétaires contradictoirement. Il serait aussi à désirer que le gouvernement revienne au décret de 1791 qui réglemente la plantation sur le bord des routes.

La loi du 17 mars 1898 sur la révision du cadastre a des dispositions favorables à la délimitation et au bornage des communaux et des talus de routes ; elles sont d'une application facile. On peut aussi procéder par les voies ordinaires et usuelles. Les communes qui voudront faire borner leurs communaux trouveront dans cette loi des facilités pour obtenir des fonds nécessaires pour couvrir les frais minimes de l'opération. Elles y trouveront aussi le mode de formation des commissions chargées de procéder à la mesure.

En 1892, au congrès de la propriété foncière, M. Rebreyend, vérificateur du cadastre, a rappelé notre proposition. Elle a été admise plus tard par la commission du cadastre. La loi du 17 mars 1898 n'en parle pas ; c'est une lacune à combler.

CHAPITRE V.

Bornages des propriétés particulières.

Connaître le sol, c'est l'aimer, (Paroles de M. Cheysson).

Pour aimer le sol, il faut le connaître.

Pour le connaître, il faut en avoir la constitution physique, juridique, fiscale et agricole.

Le bornage est pour les propriétaires un acte de simple et bonne administration.

Toutes les choses transmissibles sont déterminées ; la propriété foncière rurale seule ne l'est pas. — Le bornage fait disparaître cette fâcheuse anomalie.

Article 646 du code civil :

« Tout propriétaire peut obliger son voisin au bornage de leurs propriétés contiguës. Le bornage se fait à frais communs ».

*
* *

Avant d'arriver à ce chapitre V du bornage des propriétés particulières, nous avons traité les choses générales qui l'ont préparé. Notre tache va devenir facile. Il suffira de se reporter aux divers titres et motifs répandus dans ce qui précède principalement dans la 3ᵉ partie. Nous allons résumer la méthode expérimentale et pratique qui a été employée il y a 30 ans par le juge de paix du canton nord de Limoges pour constituer dans ce canton le livre foncier terrier de la propriété foncière rurale.

En matière de bornage, l'initiative des Juges de Paix se confond avec l'impulsion judicieuse du Gouvernement dont ils sont les fonctionnaires autorisés. Leur situation de premiers magistrats leur donne dans le canton une légitime influence ; c'est à eux d'obtenir la confiance de leurs administrés.

Voici comment a procédé l'ancien juge de Paix du canton nord de Limoges.

Il répandait dans son canton cette circulaire, dont nous allons donner la formule :

« Un grand nombre de propriétaires du canton nord de Limoges ont adressé à leur juge de paix des demandes en bornage conformément à l'art. 646 du code civil.

Il est utile pour la régularité des opérations, de dresser un plan d'ensemble.

En conséquence, il a été ouvert, au greffe de la justice de paix, une liste des demandeurs en bornage. »

. . . .

Dans les circonstances fréquentes où l'on parlait des difficultés entre les propriétaires voisins, il développait l'idée du bornage comme remède.

Toutes les fois qu'une contestation survenait sur un point d'une propriété, il conseillait au demandeur de ne pas réduire sa demande à un point spécial sur lequel il pourrait exister déjà une certaine animation, mais d'en prendre occasion pour former une demande en bornage général de sa propriété, comme acte de simple et bonne administration. L'opération générale diminuerait l'irritation qui s'était manifestée sur un point et le règlement s'en ferait plus facilement. Le plus souvent la proposition était acceptée. — Les voisins recevaient alors la convocation suivante :

Avertissement pour le bornage.

Art. 646. — Tout propriétaire peut obliger son voisin au bornage de leurs propriétés contiguës. Le bornage se fait à frais communs.

CABINET
du Juge de Paix

Limoges, le....

M....,

M...,, voulant user du bénéfice de l'article 646 du Code

civil, se propose de faire procéder au bornage général de ses propriétés.

Pour éviter des frais par moitié entre les propriétaires, je serai le....., à l'heure de......, à..... Je vous donne *avertissement* de vous y trouver en personne ou par fondé de pouvoirs.

Pour épargner les frais de citations, jugements et procédures, je recevrai par procès-verbaux de conciliation les consentements au bornage amiable.

L'opération du bornage a pour but la délimitation de la propriété ; elle est faite à l'aide des titres, du cadastre et des moyens de droit, avec l'assistance d'un géomètre. Cette opération serait complète et fournirait des garanties de sécurité pour l'avenir, si vous consentiez, en même temps, à faire constater et même établir les servitudes qui existent sur les propriétés.

Les difficultés qui peuvent surgir sont, pour le bornage, le plus ou le moins d'étendue de la propriété, la fixation de la limite séparative. — Quant aux servitudes, bien des questions peuvent se présenter ; elles se règlent à l'aide des titres et des lois. Vous aurez à voir si, dans le procès-verbal de conciliation, il vous plaira, sur le bornage, de proroger, en cas de difficultés, les pouvoirs du juge pour qu'il puisse poser irrévocablement les bornes. Et, pour les servitudes, si vous consentez à ce qu'elles soient constatées, quand elles ne sont pas contestées.

Vous remarquerez que la demande qui vous est faite en bornage n'est pas un procès qui vous est soulevé : c'est une mesure de prudence que tout propriétaire intelligent, désireux de la paix et de bons rapports de voisinage, doit s'empresser de provoquer, utilement avec ses amis, *nécessairement* avec ses ennemis,

Je vous invite à saisir cette occasion pour appeler vous-même en bornage vos autres voisins. Pour arriver à ce but, vous n'aurez qu'à me retourner, après l'avoir rempli, le cadre ci joint, et je vous fixerai ultérieurement un rendez-vous convenable à tous.

DEMANDE de M. .... en bornage général de sa Propriété

dont l'exploitation est située à .... commune d ....

RENSEIGNEMENTS extraits du plan cadastral et de la matrice cadastrale des communes

d ....

SECTION.	FEUILLE.	NUMÉROS des PARCELLES à délimiter appart•nan• AU DEMANDEUR.	NOMS des PARCELLES contiguës.	NOMS et DEMEURES des VOISINS à appeler en bornage	NOMS des PARCELLES.	NATURE des PARCELLES.

Pour activer leurs démarches, les propriétaires qui voulaient entrer dans la voie des bornages réclamaient ces cadres confectionnés pour les renseignements et les remplissaient. Quand plusieurs propriétaires étaient d'accord pour demander le bornage, ils étudiaient les terrains et s'entendaient pour placer amiablement des bornes aux divers points de jonction des propriétés.

Les renseignements étant complets, les formalités étant remplies, le juge de paix rédigeait un procès-verbal de conciliation dont la teneur très variable était à peu près conforme à ce qui suit :

Procès-verbal de conciliation pour arriver au bornage.

(Ce procès-verbal change suivant les conventions et les réserves).

Aujourd'hui,.... devant nous, Eugène Freyssinaud, juge de paix du canton nord de Limoges, assisté de..... se sont volontairement présentés :

MM. (noms et prénoms, professions et qualités de tous les propriétaires demandeurs ou défendeurs en bornage).

Lesquels nous ont exposé ce qui suit :

Désireux de conserver dans l'avenir les bons rapports de voisinage qui ont existé entre eux, ils croient utile de faire procéder au bornage amiable de leurs propriétés contiguës situées dans le canton nord de Limoges, en conformité de l'article 646 du Code Napoléon. Voulant éviter toutes les difficultés auxquelles pourraient donner lieu, non seulement l'incertitude des limites, mais encore la confusion et le vague des servitudes, les comparants demandent que le procès-verbal de délimitation écrite, dont il va être parlé, constate les servitudes actives et passives inhérentes aux propriétés de chacun, quant elles ne seront pas contestées.

Dans ces circonstances, les parties conviennent de ce qui suit :

M. le juge de paix se transportera sur les lieux sans qu'il soit besoin de citation, jugement ou autres procédures jugées inutiles ; il sera assisté d'un expert géomètre de son choix, lequel sera dispensé de serment. M. le juge de paix est autorisé à réclamer lui-même, à la direction des contributions directes, un extrait du plan cadastral pour les parcelles à délimiter. Les rectifications ou modifications, s'il y a lieu, par suite de l'opération, seront indiquées par le géomètre sur les extraits de plan officiels, ainsi que le placement des bornes ; ces plans resteront au greffe de la justice de paix ; les parties pourront en obtenir une copie qui leur sera délivrée par le géomètre que le juge de paix commettra à cet effet. Les copies certifiées conformes par le géomètre et visées par le juge de paix vaudront titre aussi bien que le bornage écrit.

Les comparants prévoient le cas où il y aurait des difficultés pour fixer les limites. En conséquence, ils déclarent interpréter la loi du 25 mai 1838 dans ce sens : la juridiction de M. le juge de paix s'étendra à toutes les difficultés qui auraient trait à la délimitation, quelque notable que soit la partie de terrain en litige et sur laquelle réside l'incertitude de la ligne séparative.

Les comparants donnent à M. le juge de paix le pouvoir de faire les susdites opérations tant en leur absence que présence, mais à la condition qu'ils seront prévenus du jour des opérations, par avertissements constatés par la poste ; leur signature ne sera pas indispensable à la validité de l'opération.

Fait et rédigé . . . .

Le juge de paix faisait toutes les observations utiles pour la bonne marche de l'opération. Il recommandait aux propriétaires d'étudier les réclamations et propositions à faire sur le cours de la délimitation. Il insistait sur la question des servitudes, sur l'avantage qu'il y avait à les faire insérer dans le procès-verbal de bornage, lorsqu'elles ne seraient pas contestées.

Il y avait aussi lieu à remise de titres.

Toutes précautions étant prises, toutes pièces étant rassemblées, les parties remettaient une copie officielle du plan cadastral contenant les parcelles à délimiter.

Le géomètre faisait faire des reproductions avec des annotations et des cotes mesurées d'avance. A jour et heure indiqués, il y avait transport sur les lieux pour commencer la course sur les limites. Dans ce parcours qui variait suivant

les circonstances et les lieux, on s'arrêtait aux points où
l'on présumait la nécessité de placer des bornes ; on fixait
ces points par des piquets cachetés ou marqués. La délimitation se poursuivait ainsi sur tout le périmètre des *unités*
grandes ou petites. Les servitudes étaient indiquées et expli-
quées. Dans ce parcours, chacun prenait ses notes pour établir les procès-verbaux de bornage dont les projets étaient
communiqués aux parties par la voie du greffe, et le greffier
transcrivait sur un registre tenu à cet effet toutes les observations. Après quoi, le juge de paix dictait au greffier la
minute définitive, qui était signée par les parties, ou qui
contenait le motif de l'absence des signatures.

Voici un extrait que nous donnons pour exemple ou formulaire sauf à MM. les rédacteurs et géomètres à mieux
faire et à compléter par les sciences techniques et suivant
les circonstances ('). Le plan a été choisi à un endroit où
il est défectueux.

*Extraits ou partie d'opérations officielles de bornage
général périmétrique avec constatation des servitudes et
rectification des plans parcellaires, faites par M. Freyssinaud, juge de paix du canton Nord de Limoges.*

Suite d'opérations :

14 avril.

Advenant le 14 avril, nous, juge de paix, en conformité
de notre renvoi pour la continuation du bornage dont s'agit,
nous sommes transporté aux dépendances des villages du
Mas-Bourianne, Buxerolles et Mas-Gigou, assisté de M. Ar-
naud, greffier, et de M. Jeanthon, géomètre, et nous avons
procédé comme suit (La rédaction change suivant les circonstances) :

Nous plaçant à la borne L (') déjà plantée dans notre opération du 11 courant, traversant le ruisseau et allant dans la
direction du nord-est, le long d'une *haie* appartenant au n°
622 *bis*, nous avons mis une deuxième à 60 mèt., à l'angle
nord-est du n° 622 (³) ; tournant au nord-ouest, la troisième

(1) Constater l'angle de la boussole à chaque nouvelle borne; rattacher la dernière borne d'un polygone à la première en indiquant la distance.
(2) Voir le plan à la page 280.
(3) M. Barthélemy nous a présenté une très ingénieuse formule des polygones.

est à 53 mèt. 40 cent. Une *servitude* de prise d'eau dans le ruisseau existe au profit du n° 621 sur les n°ˢ 622 *bis* et 625.

L'opération se continue au nord, sur des parcelles non comprises au plan annexé.

Revenant à la borne K placée lors de notre opération du 11 courant, et redescendant le ruisseau, au sud, nous avons mis une deuxième à 77 mètres sur le bord du ruisseau, à l'angle sud-ouest du n° 621 ; — la troisième, en tournant au nord-est se trouve à 12 mèt. 50 cent.; la haie appartient à ce dernier n° ; — la quatrième, au sud-est, est à 40 mètres; — la cinquième, à 77 mèt., à l'angle du n° 612 ; — la sixième, à 33 mèt. 60 cent., à l'angle du n° 611 ; — la septième, à 37 mèt. 40 cent., en tournant à l'est ; — la huitième, à 35 mèt. 50 cent., en remontant au nord-est ; elle se trouve près d'un petit ruisseau, à l'angle des n°ˢ 6, 21, 611 ; — la neuvième, à 35 mèt. 50 cent., à l'angle nord-est du n° 611 ; — la dixième, à 28 mèt. 50 cent.; — la onzième à 45 mèt., — la douzième, à 28 mèt.; — la treizième à 33 mèt. 50 cent., à l'angle nord-ouest du n° 6. Dans ce dernier parcours, les haies appartiennent aux n°ˢ 615, 21 et 6 ; entre les bornes 10 et 12, il y a *une courbe modificative* de la ligne cadastrale ; elle rentre dans le n° 6 ; la quatorzième, en allant à l'est, se trouve à 26 mèt. dans le fossé qui sépare le n° 6 du n° 592, appartenant à Prenard ; la quinzième à 80 m.; là se trouve *une entrée dans le taillis* (¹) pour l'exploitation de ce dernier ; la seizième à 28 mèt., et la dix-septième, à 186 mèt., au bord de la route nouvelle, à l'endroit où commence la propriété de M. Jouhaud.

Observations. — La longueur de la ligne cadastrale depuis la borne 13 (angle nord-ouest du n° 6 jusqu'à l'angle nord-est), n'est pas la même que sur le terrain (²). Le cadastre donne 324 mèt., tandis que le chaînage en donne 346. Ces 22 mèt. de différence doivent provenir de ce que, dans l'opération cadastrale, la ligne a été raccourcie : c'est probablement cette erreur qui fait que les parcelles de section

(¹) Servitude de passage.

(²) Défectuosité du cadastre.

ne peuvent pas s'accorder et laissent un espace aux lettres
Y, Z, X, M, I, J, A, T, V, comme on peut le voir sur le
plan.

L'heure de cinq et demie étant arrivée nous avons remis
l'opération au lendemain 15 avril, à midi.

15 avril.

Advenant ledit jour 15 avril, à midi, assisté des mêmes
personnes que la veille, nous avons repris l'opération à l'endroit où nous l'avions laissée. Nous avons mis la dix-hui-
tième en descendant au sud-est en ligne droite à l'angle du
n° 5, modifié au bas du petit aqueduc, au bord de la route ;
toute la partie comprise entre la nouvelle route et le pré de
M. Jouhaud, et le n° 5, est adjointe au pré de M. Jouhaud ;
la dix-neuvième, à 120 mèt. au bord de la route ; la
vingtième, à 8 mèt. 50 cent., en tournant à l'est au pied de
la haie, dans le n° 4 ; la vingt-unième, à 56 mèt. 40 cent.,
au bord de l'ancien chemin de Limoges à Lajaux ; la haie,
depuis la dix-neuvième jusqu'à la vingtième, est au n° 4 ;
depuis la vingtième jusqu'à la vingt-unième, elle appartient
au n° 7 ; la vingt-deuxième est à 126 mèt., en descendant au
sud le vieux chemin, et se trouve à l'angle sud-est du n° 8,
au bord d'un ancien fossé qui sépare ce n° des communaux
de Buxerolles. La vingt-troisième, en allant à l'ouest, est à
58 mètres en suivant le bord des communaux ; elle se trouve
à l'angle du n° 9, nature de taillis, et au pied d'un grand
tertre ; la vingt-quatrième, en reprenant le sud-est, se
trouve à 110 mètres en longeant le dit tertre et l'ancien
chemin, et en laissant une lisière des communaux entre la
nouvelle route et le grand tertre, laquelle lisière va jusqu'à
83 mèt., où nous avons placé la vingt-cinquième borne.

Observations. — Les bornes plantées depuis la vingt-
unième jusqu'à la vingt-cinquième ne sont pas contradictoires ; elles forment la ligne séparative des communaux de
Buxerolles, et M. le maire n'a pu valablement être appelé à
concourir à l'opération. Néanmoins, ces bornes ont été placées d'après les prescriptions légales, et elles vaudront au
moins, pour M. de La Bastide, comme fait énergique de
possession.

La vingt-sixième est à 139 mèt.; à cet endroit, la nou-

velle route laisse une lisière de terrain à M. Jouhaud ; la
vingt-septième, à 90 mèt., à l'angle sud-ouest du n° 11, à la
croisière des chemins du Mas-Bourianne, Mas Gigou et
Buxerolles, et à 13 mèt. de l'axe du chemin de Buxerolles ;
la vingt-huitième, à 78 mèt. en allant au sud au pied de la
haie du n° 549 ; la vingt-neuvième, à 24 mèt. 50 cent, en
allant à l'ouest ; la trentième, à 38 mèt.; entre ces deux
bornes il y a une courbe rentrante de 7 mèt. dans le n° 549;
la trente-unième, à 123 mèt. à l'angle sud du n° 16 ; la
trente-deuxième est à 205 mèt. à l'angle sud du n° 33 ; la
trente-troisième, dans la direction du sud-est et suivant le
lit du ruisseau détourné, est à 53 mèt. 50 cent. sur le bord
de la route, et à 4 mètres 50 centimètres de l'axe de ladite
route.

Observations et servitudes. — Depuis la vingt-septième
jusqu'à la trente-deuxième borne, les haies appartiennent à
M. Jouhaud pour son n° 549 ; entre la trentième et la trente-
unième borne, le lit du ruisseau a été changé ; il a été porté
au pied de la haie et passe à la trente-unième pour suivre la
ligne séparative du n° 33. Ce nouveau lit a une largeur
moyenne de 2 mèt. 60 cent.; il décrit à 50 mètres de la
trente-unième borne, une courbe rentrante de 2 mèt.
50 cent. dans le n° 33, ensuite il fait une contre-courbe
jusqu'à 82 mèt., puis il rentre dans le n° 33 pendant
33 mèt. ; la contre-courbe après est de 40 mèt. jusqu'à
l'angle des n°s 32 et 34. *Le détournement du ruisseau a occasionné un petit empiètement sur le n° 33, mais a été fait
d'accord avec M. de La Bastide, parce qu'il a trouvé avantage à élever les eaux dans le n° 34, lorsqu'elles arrivent
à la borne 32 à l'angle dudit numéro.* Aussi, il est de convention expresse que, dans tout le parcours du ruisseau,
M. Jouhaud a le droit d'user de l'eau pour l'irrigation de
ses près, mais qu'il ne doit pas en abuser, et que M. de La
Bastide a droit à tout le superflu qu'il peut prendre au bout
du ruisseau à l'angle sud du n° 33.

Après ces opérations, dans lesquelles nous n'avons pas
trouvé de difficultés sérieuses sur lesquelles les parties ne se
soient pas mises d'accord, nous nous sommes transportés au
point M pour délimiter les n°s 551, 552, 554, 555, 556, 572,

571, 570 et 563, à M. de La Bastide, d'avec les nᵒˢ 550, 557,
560 et 562, à M. Jouhaud.

Les terrains qui se trouvent par en haut limitrophes des
communaux de Buxerolles ont été modifiés par la jouissance,
depuis le cadastre, de telle manière qu'ils ne présentent plus
la même configuration. Sur toute la ligne M N, des plantations ont été faites suivant les commodités du terrain ; dans
les numéros les plus près de la rivière, il y a eu des semis
qui ont été faits sans que les cultivateurs se soient inquiétés
des bornes, ni du cadastre, M. de La Bastide et M. Jouhaud
se croyant lésés tous les deux, ont chargé le géomètre de
faire des études sur les plans.

L'heure de cinq étant arrivée, nous avons renvoyé la continuation de l'opération au 18 avril, à midi.

Advenant le 18, à midi, toujours assisté des mêmes personnes et en présence des parties, le géomètre s'est livré sur
toute la ligne M N, longue de 850 mèt. environ, à des études
de géométrie qui n'ont pas pu aboutir à la fixation des droits
de chacun. Alors nous avons recherché les moyens de droit,
et, d'accord avec les parties, nous avons fixé les bornes ainsi
qu'il suit : — Délimitation des numéros ci-dessus indiqués :
Nous nous plaçons à la première borne N, trouvée plantée
au bord du ruisseau, à l'angle sud-est du nᵒ 562, et nous
dirigeant à l'est le long d'un fossé complanté d'arbres appartenant au nᵒ 562 modifié, nous avons trouvé la deuxième
borne déjà plantée à 18 mèt. 60 cent, ; — la troisième en
montant au nord se trouve à 109 mèt. ; — la quatrième en
tournant à l'ouest à 28 mèt. ; — la cinquième, déjà plantée,
est à 98 mèt. dans la direction du nord ; — la sixième, en
allant à l'ouest longeant une rangée d'arbres appartenant au
nᵒ 557 modifié, a été placée à 77 mèt. 80 cent. ; — la septième en allant au nord a été mise à 227 mèt. 60 cent. au
bas d'un tertre complanté d'arbres faisant partie du nᵒ 550 ;
— cette borne comme celles qui vont suivre sont à 2 mètres
de l'axe des arbres ; — la huitième est à 30 mèt. ; — la
neuvième, à 61 mèt. au sommet d'une courbe rentrante dans
le nᵒ 550 ; — la dixième, à 38 mèt. 60 cent. au sommet
d'une courbe rentrante dans le nᵒ 552 ; — tournant par
angle presque droit, la onzième a été plantée à 27 mèt. au

sommet d'une courbe rentrante dans le n° 550 ; — la douzième, en tournant au nord-ouest, se trouve à 35 mèt. au sommet de la courbe rentrante dans le n° 550 ; — la treizième est à 15 mèt ; — la quatorzième, à 34 mèt. 50 cent. ; — la quinzième, à 41 mèt. au sommet d'une courbe rentrante, dans le n° 551 ; — la seizième, à 51 mèt. ; — la dix-septième et dernière M déjà plantée est à 11 mèt. à la gorge du fossé qui divise le n° 550 des communaux n° 2. A 11 m. de la borne N, en descendant le ruisseau, les eaux ont envahi dans le pré n° 562 et ont agrandi la courbe de 4 mèt. à son sommet. — Le fossé et les arbres, depuis la borne M jusqu'à la borne N, sont à M. Jouhaud.

L'heure de cinq étant arrivée, nous avons remis la continuation de l'opération au 20 avril, à midi.

***

(*Pièce n° 10*) ÉTATS DE FRAIS (Exemple.)

Opération du 14 avril

1° Vacation au géomètre . . . . 6 fr.

2° — au greffier 6

3° Journée de deux chaîneurs 6

4° Transport du juge de paix 5

(Ce transport n'est dû qu'au-delà de 5 kilomètres.)

TOTAL . . . . . . 23 fr.

RÉPARTITION. — Demi à la charge du demandeur en bornage, soit 11 fr. 50 c. ; l'autre moitié se répartit entre les voisins au prorata de la longueur des champs à délimiter. — Dans l'opération du 14, la somme de 11 fr. 50 c. est à diviser entre sept voisins.

Il y aura à ajouter entre tous les voisins, dans toutes les opérations, des frais généraux qui sont :

1° Avertissements (25 c. par chaque voisin) . Mémoire.

2° Procès-verbal pour le bornage amiable . . 3 30

3° — de l'opération du juge de paix :

Papier . . . . Mémoire.

Enregistrement 2 30

Nota. Les frais occasionnés par des contestations qui nécessitent des opérations géométriques spéciales ou l'intervention des arbitres, sont à la charge de ceux qui les font naître.

La trainée de poudre se faisait; les propriétaires touchés sur certains points par le bornage voulaient faire compléter la constitution de leurs propriétés et appelaient leurs autres voisins en bornage.

On voit dans les copies ou extraits d'opérations officielles faites par l'ancien juge de paix de Limoges, accompagnées de plans parcellaires rectifiés par le bornage, les défectuosités, l'insuffisance et les erreurs du cadastre actuel. On voit aussi la manière d'y remédier, etc.

*
* *

L'initiative des propriétaires varie suivant les circonstances. Nous ne pouvons indiquer que les grandes lignes. Les règles générales, les observations, les appréciations sont consignées plus haut.

Nous nous résumons à peu près ainsi :

Les propriétaires qui voudront obtenir le bornage (*Palladium*) de leurs propriétés, devront d'abord s'entendre avec M. le juge de paix, un géomètre, un instituteur, ou un homme compétent en la matière, pour s'assurer de leur conseil et concours ; faire part aux voisins des intentions du bornage entre eux ; prendre toutes précautions pour éviter les susceptibilités et les froissements ; requérir à l'administration des contributions directes un extrait du plan cadastral contenant la copie des parcelles limitrophes de la délimitation ; faire copier sur le livre cadastral de la commune les feuilles entières ou se trouvent les parcelles à délimiter ; faire différents préparatifs pour la délimitation ; étudier les limites, les servitudes et faire le bornage amiable préalable partout où il n'y a pas de difficultés ; réserver les difficultés ; préparer un procès-verbal, le rendre authentique par actes devant notaires, procès-verbaux de juges de paix ou par des actes sous signatures privées.

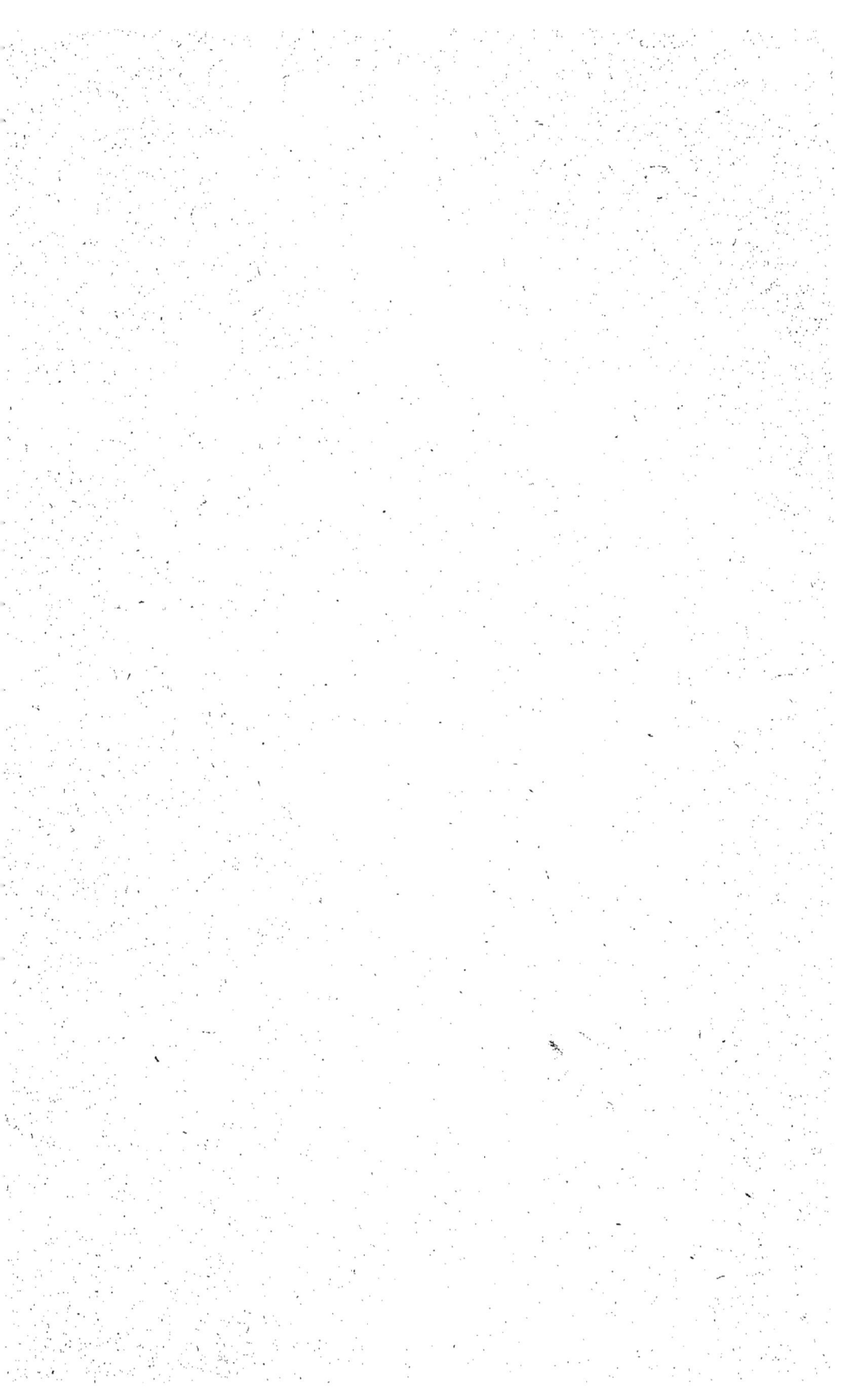

LÉGENDE

L'eau et les Bâtiments sont indiqués par des ...
Les lignes ponctuées sont officielles et indique ...
actuel accusé par les procès-verbaux de Mr le Juge ...
La partie comprise entre les points QXY, UQ, au ...
et 2ᵐᵉ du plan cadastral forme les communaux ...
rôlés.

Les lignes ponctuées dans ces communaux co...
division ou le partage que les habitants de Buxe...
fait entre eux.

Les parties comprises entre les lettres YZ, XM, V, I, ...
quoit l'écartement des feuilles cadastrales qui ne...
pas.

Échelle de 1 à 5000

Dépendances du Village de Ruxerolles.

Communaux de Ruxerolles.

Dépendances du Village du Mas-Sourianne.

ANNEXES

N° 1. — Echelle du dessin des plans.

Lorsque l'objet qu'on représente est de petite dimension, chacune de ses parties est représentée en vraie grandeur par le dessin, et l'on dit que ce dessin est de *grandeur naturelle*.

Mais lorsque les objets qu'on représente sont de grandes dimensions, ainsi que les parcelles de terre qui composent un héritage, on ne peut plus les représenter en vraie grandeur sur la feuille de papier ; alors le dessin est *semblable* à l'objet, mais en *grandeur proportionnelle*.

Le plan cadastral de chaque commune comprend aujourd'hui : 1° des feuilles parcellaires ; 2° un plan d'ensemble à plus petite échelle, dit tableau d'assemblage.

Les feuilles parcellaires sont toutes d'un format uniforme (papier grand-aigle : 1 mètre sur 0 m. 68) ; quant à leur échelle, elle a varié, suivant le morcellement, de 1 à 1,250, de 1 à 2,500, de 1 à 5,000 pour être remplacée, dès 1838, par les échelles de 1 à 500, 1 à 1,000, 1 à 2,000 et 1 à 4,000. L'échelle de 1 à 1,000 est représentée sur les mètres pliants du commerce, par les divisions par centimètres et millimètres ; ainsi 1 millimètre égale 1 mètre et 1 centimètre égale 10 mètres lorsque le plan est à 1 pour 1,000.

Les plans d'assemblage du cadastre, qui se trouvent dressés à l'échelle de 1 à 10,000, sont à des dimensions représentées pour 100 mètres par un centimètre, et pour 10 mètres par un millimètre.

N 2. — Lettre approbative de M. le Président du tribunal civil de Limoges. — (Année 1865.)

Monsieur le Juge de paix,

Je viens, au nom de mes collègues, vous remercier de

l'envoi que vous nous avez fait de votre intéressant travail sur le bornage et le cadastre. Les services que ce travail est destiné à rendre au public et surtout aux justiciables le recommandent spécialement à notre sympathie.

Veuillez, Monsieur le juge de paix, recevoir nos sincères félicitations pour le zèle et l'intelligence que vous avez déployé, dans son exécution.

N° 3. — Lettre de **M.** le **Directeur** des contributions directes.

Limoges, le 3 juillet 1864.

Monsieur le Juge de paix,

J'ai lu avec intérêt vos notes sur un projet relatif au bornage et à la délimitation des propriétés, et je vous remercie de m'avoir fait l'honneur de me les adresser.

Je comprends tellement tout l'avantage qui peut résulter des idées que vous y avez émises, que je me trouverais heureux si je pouvais, par les renseignements qui sont à ma portée, concourir, en quoi que ce soit, à vous en faciliter l'exécution.

Vous m'avez demandé, Monsieur le juge de paix, de vous faire connaître le tarif des extraits des pièces cadastrales. Je m'empresse de vous l'indiquer ci-contre. C'est celui arrêté par M. le préfet et approuvé par l'administration ; *mais, dans l'intérêt de votre entreprise et afin d'encourager les propriétaires à entrer dans la voie d'abornement que vous leur ouvrez aujourd'hui, je m'engage à fournir les extraits de plan à raison de prix réduit de moitié pour tous les demandeurs que vous me désignerez.*

Agréez, etc.

Tarif des indemnités acquises au Directeur.

Extraits de plan par parcelle, non coloriés . 0 fr. 20 c.

Extraits de plan par parcelle, coloriés . . » 30

Pour dix parcelles et au-dessous, en tout . . 2 »

Extraits de matrices.

Par parcelles au-dessus de quinze	»	03
Pour quinze parcelles et au-dessous. . . .	»	75
Ainsi, les extrait de plan de matrices pour neuf parcelles coûteront	2	75
Prix réduit	1	37
Et des extraits de plan et de matrices pour dix-huit parcelles coûteraient	3	60
Matrices	»	84
Total . . .	4	44
Moitié . . .	2	22

On appelle coloriées les parcelles mises en rouge ou en bleu, et elles sont rares : ce sont les étangs, mares et pêcheries, les maisons ou bâtiments quelconques.

Agréez, etc.

Signé : GAUDRON.

Nᵒ 4. — Atlas cadastral.

L'auteur présente un atlas qui répond aux points de vue général et particulier.

Le point de vue général intéresse le pays tout entier, suivant les aperçus déjà donnés.

Pour le point de vue particulier, c'est différent : il faut tenir compte du mouvement incessant des personnes, des idées, des possesseurs, comme des possessions. Soumis à ce mouvement continuel, l'intérêt particulier ne demande que des notions indicatives. La liberté dont chacun jouit pour ses affaires ne permet autre chose que des conseils bons à suivre en tout ou en partie. Les différentes feuilles ou numéros de l'Atlas du propriétaire sont des variantes que chaque propriétaire peut choisir à son gré ; il peut les augmenter ou les diminuer ; rien ne lui est imposé.

Explication des feuilles contenues dans la 1ʳᵉ partie. — Point de vue général.

Feuille N° 1. — Cadastre ancien. Fac-similé de la feuille cadastrale délivrée par M. le Directeur des contributions directes avant les opérations de bornage. Il est nécessaire de conserver cette feuille après que le cadastre aura été renouvelé, parce qu'elle représente nettement l'ancien état des choses. Elle est aussi nécessaire pour la mesure des surfaces des parcelles de l'intérieur des propriétés, ainsi que pour l'assiette de l'impôt foncier.

Feuille n° 2. — Cadastre rectifié. Cette feuille est la copie d'une de celles déposées au greffe de la justice de paix du canton nord de Limoges, où M. Freyssinaud, exerçant les fonctions de juge de paix, a appliqué officiellement dans les quatre communes dudit canton, son système de renouvellement du cadastre par le bornage amiable ou judiciaire, périmétrique des propriétés particulières, avec constatation des servitudes et rectification des plans parcellaires (cadastre renouvelé à tenir au courant des mutations).

Cette feuille est le fac-similé de l'une de celles du plan parcellaire de la commune de Couzeix, canton nord de Limoges. Remise par la direction cadastrale avant l'opération de bornage, elle ne portait que les lignes noires de l'ancien cadastre ; elle porte actuellement, à l'encre rouge, la rectification des lignes, les bornes et la constatation des servitudes. Les lignes noires devenues inutiles à cause des rectifications y sont bâtonnées ; le tout après le bornage et conformément aux procès-verbaux officiels du juge de paix.

L'original de cette feuille prise comme exemple est déposé au greffe de la justice de paix dans le ressort de laquelle se trouve la propriété. On comprend que plus tard les parties qui voudront recourir aux plans demanderont la copie de cette feuille, qui représente la propriété telle qu'elle est actuellement, et négligeront la feuille ancienne déposée à la direction cadastrale, laquelle n'est pas l'image vraie, et qui par conséquent est devenue insuffisante, inutile.

C'est le déplacement des plans parcellaires (cadastre) au profit des justices de paix. Les procès-verbaux de bornage déposés en minute au greffe de la justice de paix, en même temps que les plans parcellaires rectifiés, forment le livre foncier des propriétés situées dans le canton nord de Limoges.

La confusion de cette feuille n'aurait pas d'inconvénients si elle était précédée, comme dans l'atlas, de la feuille n° 1 de l'ancien cadastre, intacte, à laquelle on a recours pour l'ancien état des choses, pour la mesure des surfaces, l'assiette de l'impôt, et, si elle était suivie, aussi comme dans l'atlas, d'une feuille n° 3 qui représenterait seulement le *cadastre périmétrique renouvelé*, laquelle feuille se prêterait aux mutations avec l'encre rouge.

La feuille géométrique présentée est accompagnée d'une copie des procès-verbaux de bornage écrits, relatifs aux diverses propriétés qui se trouvent cadastrées dans la même feuille.

Les plans ainsi organisés et les procès-verbaux écrits, forment le livre foncier de la propriété dans le canton nord de Limoges.

Feuille N° 3. — Cadastre périmétrique renouvelé, à tenir au courant des mutations. — Cette feuille représente le cadastre renouvelé, refait après le bornage, tel qu'il le faudrait pour le livre foncier judiciaire et fiscal. Elle porte seulement les lignes périmétriques avec les bornes et constatation des servitudes. Les lignes à l'intérieur d'une propriété sont soumises au caprice du propriétaire comme aux besoins de son agriculture ; les limites des prés, terres, bois, etc., sont changées à chaque instant ; elles deviennent insaisissables ; il est inutile de suivre leurs modifications. Il n'en est pas de même des lignes périmétriques entre voisins ; celles-là sont immuables jusqu'à ce que des transactions, des actes translatifs ou modificatifs de la propriété viennent les changer et nécessitent une mutation à inscrire sur les plans.

Dans cette feuille les numéros des parcelles de l'ancien plan sont conservés à la place qu'ils occupent dans l'ancien cadastre.

Cette feuille est assez nette pour recevoir facilement, à l'encre rouge, les modifications qui surviendront dans l'avenir. Des périodes de dix années suffiraient et au-delà pour la mise au net de ces dernières feuilles, qui seraient recopiées à bien peu de frais.

ÉCRITURES DE LA 1ʳᵉ PARTIE DE L'ATLAS.

Feuille N° 4. — Constitution juridique de la propriété par procès-verbaux de bornages écrits.

M. Freyssinaud présente, en même temps que l'exemple d'une feuille des plans parcellaires rectifiés, les procès-verbaux écrits qui complètent la feuille géométrique.

Les imperfections du cadastre, l'insuffisance de la géométrie à indiquer d'une manière saisissable, en relief, toutes les circonstances et les particularités de la propriété, nécessitent les écritures au moyen desquelles on peut tout expliquer, établir toutes les conditions.

Il est élémentaire et certain que l'échelle de proportion de 1 à 2500, qui est celle du cadastre ne peut donner les mesures et les dimensions qu'approximativement, avec un ou deux mètres de tolérance, lesquels se trouvent dans l'épaisseur de la ligne elle-même. Comment alors la géométrie ainsi appliquée pourrait-elle régler des limites et empêcher les difficultés qui naissent le plus souvent pour des haies, des arbres, etc., dans les deux mètres du voisinage ?

Feuille N° 5. — Fiscalité. — Matrices cadastrales renouvelées. — Péréquation de l'impôt foncier. — Impôt à asseoir sur le revenu net des biens fonciers.

Cette feuille doit porter le relevé des matrices cadastrales afférente à la feuille 1re avec les mutations qui ont été faites par MM. les Percepteurs sur les livres d'impôts. Le système de cette feuille fiscale doit disparaître avec elle, si celui proposé par M. Freyssinaud pour l'assiette de l'impôt foncier était accepté.

2e PARTIE : ATLAS DU PROPRIÉTAIRE.

Point de vue particulier.

Nomenclature, titres et explication des feuillets de l'atlas.

Feuille N° 1. — *Fac-simile* du tableau d'assemblage de la commune de Saint-Amand Jartoudeix (Creuse), dans laquelle se trouve situé une propriété appartenant à M. Freyssinaud, juge de paix à Limoges, laquelle propriété peut servir de type pour le cadastre particulier. (*Atlas* de la propriété particulière).

La feuille d'assemblage est indispensable à tous les propriétaires. Il doivent avoir, au point de vue de l'intérêt général ou de l'intérêt particulier de leurs propriétés, la facilité de contrôler, apprécier et au besoin diriger les opérations générales qui se font dans la contrée, telles que routes, chemins, canaux ou réparations d'iceux.

Nos 2. 3. 4. — CADASTRE ANCIEN. — *Fac-simile* des feuilles cadastrales où se trouvent les parcelles d'une propriété.

Ces feuilles, qui se rapportent à une propriété particulière, sont indispensables pour représenter la propriété telle qu'elle était autrefois. Elles doivent rester intactes aux archives, parce que plus tard, dans les difficultés qui pourront survenir entre les propriétaires, il faudra recourir aux anciens documents et revoir les anciens plans, pour se rendre compte de l'état ancien de la propriété.

No 5. — CADASTRE RECTIFIÉ.

C'est la feuille cadastrale délivrée par M. le directeur des contributions directes ne portant que des lignes noires avant les opérations de bornage et portant à l'encre rouge après l'opération de bornage la rectification des lignes, les bornes, la constatation des servitudes. — Les lignes noires périmétriques devenues inutiles y sont bâtonnées.

Cette feuille est la plus importante pour les propriétaires ; elle doit réunir toutes les conditions et former à elle seule le tableau général de la propriété. Elle peut tenir lieu de résumé.

No 6. — CADASTRE REFAIT. — *Plan* mis au net de la propriété telle qu'elle est actuellement.

Cette feuille est destinée à recevoir à l'encre rouge, en lignes pointillées les projets d'ensemble pour adjonctions, ventes, échanges, réparations, plantations, conduites d'eaux, améliorations, travaux de toutes sortes à exécuter.

Les projets exécutés seront constatés par le complément des lignes rouges qui deviendront pleines. Cette feuille sera tenue au courant des mutations extérieures périmétriques amiables ou autres sur les lignes des voisins et des modifications intérieures facultatives aux propriétaires.

No 7. — CADASTRE JUDICIAIRE ET FISCAL. — *Plan*

périmétrique et topographique de la propriété à tenir au courant des mutations avec les voisins.

Sur cette feuille sont placées les indications topographiques : les montagnes, les vallons et les eaux.

N° 8. — *Plan* à grande échelle portant d'une manière distincte l'indication des bâtiments sur plan horizontal, leur division, la nomenclature des arbres du verger avec les essences, la nature de leurs fruits et l'époque de la cueille.

Cette feuille à l'échelle indiquée, peut donner tous autres détails de la propriété.

N° 9. — Plan horizontal des bâtiments pour représenter les divers étages avec les détails pour l'agriculture.

N° 10 et 10 bis. — Plan photographié ou dessiné des bâtiments sur toutes leurs faces. Développement des bâtiments.

— Les servitudes dites urbaines c'est-à-dire celles qui se rapportent aux bâtiments, sont ainsi constatées pour l'avenir.

N° 11. — Ce plan, dessiné et teinté suivant la nature des terrains, indique l'état ancien de l'agriculture et permet de reconnaître les améliorations.

N° 12. — Plan de la propriété telle qu'elle est aujourd'hui, dessiné et colorié suivant la nature des terrains et la différencé des cultures.

N° 13. — Division de la propriété par exploitations, assolements ou aménagement. — *Domaine du Nord.*

N° 14. — Division de la propriété par exploitation, assolement ou aménagements. — *Domaine du Midi, dit de Lavergne.*

ÉCRITURES DE LA 2º PARTIE DE L'ATLAS DU PROPRIÉTAIRE.

N° 15. — CADASTRE FISCAL. — Livre foncier au point de vue de l'impôt. — Etat de section. — Matrice cadastrale à tenir au courant des mutations.

N° 16. — CADASTRE JUDICIAIRE. — Livre foncier judiciaire constitutif de la propriété. — Titres anciens et modernes. — Bornages. — Indication par écrit des travaux exécutés. — Histoire. — Archéologie. — Minéralogie. — Topographie. — Nature des terrains. — Agriculture, etc.

N° 5. — Extraits d'un article du MONDE POLITIQUE,
sous la signature de M. Beauregard,
député de la Seine, professeur à l'Ecole de droit.
(20 août 1898.)

. . . . . . La loi du 17 mars 1898, votée hâtivement à la fin de la précédente législature, n'est pas heureuse. M. Freyssinaud, ancien juge de paix du canton nord de Limoges, dont l'expérience en la matière est connue de tous, en demande la réforme dans une brochure des plus suggestives.

. . . .

. . . . . . Cette loi *d'avant-garde*, qui aurait pu rendre des services, menace d'entraver l'œuvre qu'elle a pour mission de faciliter . . . .

Les opérations de délimitation et de bornage, ne sont pas sans causer, parfois, de cruelles désillusions aux intéressés. M. Freyssinaud en donne la preuve dans le passage qu'il emprunte à la déposition de M. Gorsse. (Page 206.)

Le premier principe doit donc être de ne pas rendre les opérations de délimitation et de bornage obligatoires : elles doivent rester facultatives.

. . . . . . C'est ainsi qu'aux termes d'un rapport de M. Cheysson, président du comité d'enquête à la commission du cadastre, M. Freyssinaud profitant de l'ascendant etc . . . . (Page 195.). . . . .

C'est là le système qu'il faudrait s'efforcer de généraliser.

Un deuxième principe : Le réglement des questions de propriété doit être laissé à l'examen des juges ordinaires.

. . . .

Ces deux principes essentiels, la loi du 17 mars 1898 ne parait guère s'en soucier. . . . . . .

Elle contient certaines bizarreries que M. Freyssinaud relève avec raison. . . . . . .

Enfin, lacune énorme, elle omet toutes dispositions concernant les mineurs, interdits, femmes mariées, etc. On se demande comment les opérations qu'elle prévoit pourront se concilier avec la protection spéciale accordée par nos lois à ces incapables. . . . . .

M. Freyssinaud a certainement raison lorsqu'il dénonce la

loi comme portant atteinte à la propriété, comme dangereuse et nuisible, parce qu'elle tend à la spoliation et qu'elle oblige à faire des procès. — *Voilà une loi à refaire.*

N° 6. — Bornage de la commune de Massy.

A une réunion dans la commune de Massy, M. Saint-Paul, délégué de M. le Ministre des finances, a ajouté que l'administration était prête à faire une seconde application de ces nouvelles méthodes sur le territoire de Massy, et à fournir une contribution égale aux deux cinquièmes de la dépense totale, moyennant la constitution préalable des trois quarts des propriétaires en un syndicat de délimitation dont les statuts sont transcrits ci-après.

La commune doit, en outre, prendre l'engagement d'assurer la conservation et la mise à jour constante du nouveau cadastre, ce qui entraînera tout au plus une dépense annuelle d'une centaine de francs (¹).

Convention entre les propriétaires fonciers de la commune de Massy en vue de la délimitation des propriétés.

« Les soussignés, propriétaires fonciers sur le territoire de la commune de Massy, déclarent associer leurs intérêts en vue de la délimitation contradictoire de toutes les propriétés qu'ils possèdent sur le dit territoire, délimitation qui se combinera avec les opérations du renouvellement du cadastre, aux conditions suivantes :

« 1° Une commission de douze membres, dont dix habitant la commune et deux forains, sera nommée, à la majorité relative, par les suffrages des propriétaires adhérents à la présente convention, convoqués à l'assemblée générale. Cette commission aura pleins pouvoirs pour, autant que de besoin, s'entendre avec l'administration du cadastre, régler, diriger et surveiller les détails de l'opération. Elle désignera un président et un secrétaire. Ce dernier pourra être choisi en dehors de la commission, mais dans ce cas, il aura seulement voix consultative. (²)

---

(1) En supposant que les conditions soient remplies, on se trouverait en présence d'un cas particulier, non applicable ailleurs

(2) Si on parvient à former cette commission, remplira-t-elle son mandat ?

« Aucune des décisions de la commission ne sera valable que si les deux tiers des membres qui composent ladite commission sont présents et si la décision réunit les suffrages de la moitié plus un des membres présents.

« En cas de partage, la voix du président sera prépondérante.

« 2º Les soussignés s'engagent à se présenter, personnellement ou par mandataire, sur leurs terrains, pour en indiquer les limites, soit à la commission, soit au géomètre chargé du levé du plan.

« Les limites de chaque parcelle (¹) seront, à défaut de bornes déjà existantes, fixées en présence des intéressés et d'après leurs indications, au moyen de forts piquets dont la position sera immédiatement relevée par le géomètre du cadastre.

« Les propriétaires seront convoqués sur le terrain par simple lettre. Ceux qui ne se rendraient pas à cette convocation seront informés, par simple lettre également, que la délimitation et le piquetage des parcelles ont été effectués en leur absence et qu'ils ont un délai de vingt jours pour vérifier la position des piquets et présenter leurs observations.

Si, dans ce délai, aucune réclamation n'est produite, ils seront considérés comme acceptant la délimitation intervenue.

« La commission jugera, en premier ressort, toutes les difficultés qui pourraient, au cours des travaux de délimitation, survenir entre les propriétaires adhérents, ou qui seraient soulevées par l'un d'eux. (²)

« Ces décisions seront susceptibles de recours, dans un délai de deux mois, devant le juge de paix du canton, que les soussignés prennent pour arbitre en tout état de cause, déclarant s'en rapporter définitivement à son jugement (³).

3º Les soussignés s'engagent, en outre, à produire leurs

---

(1) Il ne peut pas être question des parcelles intérieures, mais bien des unités comprenant des parcelles.

(2) Tribunal exceptionnel.

(3) Augmentation de compétence. — Arbitrage forcé. Suppression des règles de l'arbitrage.

titres de propriété devant la commission, lorsqu'ils y seront invités.

« A défaut de la production de ces titres, ils donnent pouvoir à la commission, représentée par son président, de se faire délivrer, par tous notaires ou dépositaires, les extraits d'actes nécessaires à la délimitation, et de consulter tous documents propres à éclairer le géomètre sur la contenance des terrains à délimiter ou sur la position de leurs limites.

« 4° Dans le cas où quelques propriétaires de la commune de Massy, non adhérents à la présente convention, refuseraient de participer aux opérations de délimitation, les soussignés déclarent donner procuration au président de la commission à l'effet d'user, en leur nom et à leur place, du droit que leur confère l'article 646 du code civil, et de poursuivre en bornage lesdits propriétaires, mais seulement après avoir employé tous les moyens de conciliation (¹).

« 5° Il demeure entendu que les dispositions qui précèdent ne s'appliquent ni aux terrains bâtis ou clos de murs, ni aux terrains non bâtis régulièrement abornés (²). A l'égard de ces derniers, les soussignés n'auront d'autre obligation que de découvrir les bornes et de les indiquer aux opérateurs du cadastre.

« 6° La commission fonctionnera gratuitement (³). Les frais généraux qui résulteront de ces opérations, à l'exclusion toutefois des frais à allouer au géomètre du cadastre qui leur prêtera son concours, et dont la rétribution rentrera dans les dépenses cadastrales (⁴) proprement dites, seront supportées par les soussignés et répartis au prorata de la contenance totale des terrains compris par chacun d'eux dans l'association.

« 7° La présente convention n'aura d'effet et n'engagera les adhérents que si elle est revêtue de la signature ou accompagnée de l'adhésion écrite des deux tiers des pro-

(1) Alors il faudra appliquer les règles de la loi actuelle.

(2) Les jardins, les enclos, les terrains bornés ne seraient donc pas portés au plan. Leur place resteraient donc en blanc.

(3) Si la commission fonctionne gratuitement, il est à craindre qu'elle ne fonctionne pas

(4) Quelles sont donc les dépenses cadastrales ? A la charge de qui seront-elles ?

priétaires représentant au moins les trois quarts de la superficie des propriétés non bâties de la commune. »

Après la lecture de ce projet de convention, MM. Lallemand et Saint-Paul fournissent à divers auditeurs les explications les plus complètes et les plus satisfaisantes sur les détails des opérations, leurs dépenses et leurs résultats.

L'assemblée, qui a prêté la plus vive attention à toutes ces communications, leur a fait un accueil des plus sympathiques qui témoigne de son esprit pratique et tout fait augurer, pour la réfection du cadastre de Massy, un succès analogue à celui dont s'applaudissent les propriétaires de Neuilly-Plaisance.

Ce sera un essai intéressant pour notre région et, nous l'espérons aussi, un bon exemple à suivre (¹). P.

Dans son assemblée générale du 24 novembre 1897, la Société nationale des Géomètres de France a nommé une commission chargée de faire son rapport sur ce projet et d'en suivre l'exécution.

Approbations et récompenses

ANNÉES

1864. Lettre approbative du Président du Tribunal de Limoges au nom de ses collègues.

1865. Délibérations des Conseils généraux de France et d'Algérie (page 30 et suivantes).

id. Le Ministre de l'Instruction publique à la distribution des prix institués pour l'arpentage et les nivellements (page 222).

1866 L'Empereur Napoléon III (page 33, 177).

id. Le Sénat dans la délibération du 6 avril 1866.

id. Rapports de M. le Procureur général de Limoges et de M. le Ministre de la Justice. (page 174).

------

(1) Les observations ci-dessus sont très succinctes ; elles ne peuvent être qu'indicatives

Le système de plan et de réfection du cadastre, présenté par les deux hommes éminents, MM Lallemand et Saint-Paul, donnerait satisfaction à l'idée de la constitution physique et juridique de la propriété foncière, s'il était appliqué au bornage cadastral, *comme moyen et non comme principe.*

Années

1867. M. le Ministre de l'Agriculture (page 165).

id. Les Membres composant la commission supérieure de l'enquête agricole de 1847 (page 165).

1868. Rapport de M. le Premier Président de la Cour de Limoges (page 177).

id. Conseil d'Etat. Rapport sur le Code rural (page 51).

id. Concours à la prime d'honneur du département de la Creuse, Médaille d'or.

1887. Le 1er des prix culturaux au concours du département de la Creuse.

1892. M. le Président de la République.

1893. Diplôme d'honneur, compliments unanimes à l'exposition Franco-Russe de Boulogne-sur-Mer.

1894. Délibération du Conseil général de la Haute-Vienne.

1895. Rapport de M. le Président d'enquête à la commission du cadastre.

1896. Médaille d'argent à l'Exposition philomatique de Bordeaux.

TABLE DES MATIÈRES

Pages

Pages

Pages